高等职业教育公共课系列教材

应用文写作实用教程

主　编　李　薇
副主编　董　君　周　江

PRACTICAL WRITING
PRACTICAL TUTORIAL

图书在版编目（CIP）数据

应用文写作实用教程 / 李薇主编. —北京：中国轻工业出版社，2024.2

高等职业教育"十三五"规划教材

ISBN 978-7-5184-2015-5

Ⅰ.①应… Ⅱ.①李… Ⅲ.①汉语—应用文—写作—高等职业教育—教材 Ⅳ.①H152.3

中国版本图书馆CIP数据核字（2019）第141287号

内 容 简 介

本书适应日益发展变化的社会与岗位要求，选取在实际工作中经常使用的应用文体作为主要的教学内容，内容全面，满足当前高职学生应用文教学的要求。

本书内容编排新颖、科学，每章以情景（故事）的方式导入，正文中穿插了【资源链接】【写作示例】【互动活动】【问题诊断】等栏目，灵活生动，每一章后面有【综合训练】，【综合训练】中的题目涉及每一节的内容，方便老师布置作业使用。

本书适用于应用性、技能型的各类相关专业，也可作为相关企业人员的参考书及培训用书。

责任编辑：崔丽娜　李金慧　　责任终审：劳国强　　整体设计：锋尚设计
策划编辑：张文佳　　　　　　责任校对：吴大朋　　责任监印：张　可

出版发行：中国轻工业出版社（北京鲁谷东街5号，邮编：100040）

印　　刷：河北鑫兆源印刷有限公司

经　　销：各地新华书店

版　　次：2024年2月第1版第4次印刷

开　　本：787×1092　1/16　印张：13

字　　数：350千字

书　　号：ISBN 978-7-5184-2015-5　定价：39.80元

邮购电话：010-85119873

发行电话：010-85119832　010-85119912

网　　址：http://www.chlip.com.cn

Email：club@chlip.com.cn

版权所有　侵权必究

如发现图书残缺请与我社邮购联系调换

240305J2C104ZBW

前　言

当前，高职高专院校为了增强学生在就业和创业中的竞争力，解决学生写作中"不会写""不能写""写不好"的问题，培养学生的应用文写作能力，开设了应用文写作课程。但在实际教学中，应用文写作课时少，教学内容比较枯燥，教学活动不能吸引学生，学生兴趣不浓，教学效果不理想。基于此，我们整合各类写作教材，编写了这本《应用文写作实用教程》教材。

本书根据新颁布实施的《党政机关公文处理工作条例》（中办发〔2012〕14号）文件要求，遵循应用文写作科学规律和各类文体实际处理操作规程，选取在实际工作中经常使用的应用文体作为主要的教学内容，介绍了40余文种的写作方法，给不同专业的老师和学生学习提供了较多的选择，易于作为开展个性化教学的基础教材。

本书内容丰富，主次分明，重点突出。本着"实用、应用、够用"的编写原则，我们对与学生的学习、生活和将来工作联系比较密切，且使用频率较高的文种，如常用事务文书、公关交际文书、科技应用文书、调研策划文书等介绍得具体实用；对那些专业性强，格式固定，学生现在难以应用，将来使用频率一般的文种，如诉讼文书，则略去不讲。

本书内容编排新颖、科学，每章导入的情景是工作或生活中经常发生的故事，是设计的"生活情景实际"，由此引出所要讲述的应用文。各文种写作理论部分，着重指导学生掌握各类应用文文体特征及写作要求。正文中穿插了【资源链接】【写作示例】【互动活动】【问题诊断】等栏目，灵活生动，与学生的学习心理和现代高职院校的教学模式一致，体现高职应用文写作教学"实用为主，以练为主"的特色。

正文讲授有关文体写作的基本知识。这些基本知识多包含文种的含义、特点、种类、结构和写法、写作要求、注意事项等内容。【资源链接】主要是吸收一些对学生理解正文内容有用但正文中又不便于展开的知识性内容，如背景资料、相关概念、法规条例、研究成果等。这主要考虑到学生日后的可持续发展，在一些重要知识点和能力点上要适当地让学生"知其所以然"。【写作示例】选取了结合实际、内容较新的典型例文供学生学习。除典型例文之外，【问题诊断】部分还从历年学生的习作中选取了一些典型病文加以分析，帮助学生理解文体区别、掌握写作要点。【互动活动】是针对一篇病文要求分析指出其存在的问题。注重过程体验，针对重点、难点，从细微处突破，强化练习，形式灵活，短小精悍，便于操作。【综合训练】中的题目涉及每一节的内容，方便老师布置作业使用。编选的习题和作文的训练，以问答、阅读思考、讨论、给材料作文、课外实践、模拟写作等为主，题材广泛，内容丰富，形式多样，情景设计突出高职教育的学习和生活环境，强化课堂内外的实践教学，注重循序渐进地培养学生的写作能力。本书的时代感强，例文新鲜度、可读性、规范性强，容易使学生产生浓厚的学习兴趣。

在教学活动中，教师可以结合实际情况及学生所学专业特点，对于教材中的内容进行删减和增加，对相同的授课内容可以采用不同的授课方式。教学方法上，一讲两练教学法（教师讲授，结合学生课堂练习及课后练习）、例文分析教学法、活动教学法实践证明都是行之有效的教学方法。此外教材还提供了大量的素材，供教师、学生阅读、练习使用。

本书由李薇担任主编，由董君、周江担任副主编。全书由李薇负责统稿。

本书各章编写分工如下：李薇编写绪论、第一章、第二章、第四章、第五章的第三节和第四节；董君编写第六章、第八章；周江编写第三章、第七章、第五章的第一节和第二节。

由于编者水平所限，书中不当之处在所难免，敬请各界专家和读者批评指正。

编者

2019年5月

目 录

绪论

第一章 应用文写作基础知识

第一节 应用文的主旨与材料……………………………………… 010
第二节 应用文的结构与语言……………………………………… 014
综合训练 …………………………………………………………… 020

第二章 常用公务文书

第一节 公告、通告、通报、通知………………………………… 028
第二节 报告、请示、批复………………………………………… 039
第三节 函、纪要…………………………………………………… 046
综合训练 …………………………………………………………… 051

第三章 常用事务文书

第一节 工作计划、总结…………………………………………… 056
第二节 工作简报、述职报告……………………………………… 063
第三节 规章制度（章程、条例、规定、办法）………………… 071
综合训练 …………………………………………………………… 077

第四章 调研策划文书

第一节 市场调查报告……………………………………………… 080
第二节 市场预测报告……………………………………………… 083
第三节 经济活动分析报告………………………………………… 086
第四节 可行性研究报告…………………………………………… 090
第五节 活动策划书………………………………………………… 093
综合训练 …………………………………………………………… 096

第五章　公关交际文书

- 第一节　求职信 …… 101
- 第二节　竞聘演讲稿 …… 109
- 第三节　邀请书、倡议书 …… 116
- 第四节　欢迎（送）词、答谢词 …… 120
- 综合训练 …… 124

第六章　科技文书

- 第一节　项目申报书 …… 130
- 第二节　产品说明书 …… 134
- 第三节　毕业设计报告 …… 140
- 第四节　学术论文 …… 142
- 综合训练 …… 149

第七章　经济合同文书

- 第一节　招标书、投标书 …… 152
- 第二节　意向书、协议书 …… 159
- 第三节　经济合同 …… 164
- 综合训练 …… 172

第八章　信息传播文书

- 第一节　消息 …… 176
- 第二节　通讯 …… 187
- 第三节　评论 …… 190
- 综合训练 …… 195

参考文献 …… 201

绪 论

一、认识应用文

（一）什么是应用文

应用文是党政机关、企事业单位、社会团体及个人在社会活动中处理公私事务所形成和使用的具有稳定格式和实用价值的文章。它最显著的特征就是实用性，即它是用来解决实际问题的，并且有着一定惯用的格式，这是它与其他文章相区别的根本特征。

人类自从有了文字就开始了写作活动。人类最早的写作就是为了解决各种实际需要而开始的。就写作的目的而言可以分成两大类，一类是文学写作，一类是应用文写作，文学写作主要用于抒发作者主观情感，反映社会现实，是为供人们欣赏而进行的艺术创作，如诗歌、小说、戏剧、散文等，应用文写作是为了公务和个人事务而写的，用于解决实际问题。人们通常把应用型文章的写作称作应用文写作。随着社会的发展，人们在工作和生活中的交往越来越频繁，事情也越来越复杂，因此应用文的功能也就越来越多了。

（二）应用文的特点

为写出像样的应用文，不至于同其他文体相混淆，必须先了解该文体区别于其他文体的独特之处，其特点主要体现在以下几个方面。

1. 实用性

应用文是实用文体，是用来解决实际问题的，因此，实用性是其根本属性。写作上，自然要有求实的要求：写作态度要老实；写作的材料要真实；提出的办法、措施要切实；语言要朴实。老实、真实、切实，最终落在一个"实"字上：求实。

2. 真实性

应用文区别一般文学作品中的艺术的真实，文中涉及的情况、事件、人物、时间、地点必须真实、准确；尤其是财经工作中常用的数据，要经过认真核实，保证确凿无误。如《关于解决救灾贷款规模和救灾资金的请示》中关于灾情的描述，要将灾害发生的时间段、受灾的程度、受灾的范围等内容用具体、准确的数字描述出来，内容真实，不允许有丝毫的虚构和夸张。

3. 规范性

应用文与其他文体有一个很重要的区别就是具有惯用格式，结构上表现出模式化的特点，这种格式或是约定俗成的，或是法定使成。其作用一方面可以防止作者自行其是，造成格式结构的残缺，影响行文效率与效果，另一方面使行文科学、简明和标准，有助于写作效率和经济工作、管理工作效益的提高。应用文写作的规范性主要体现在：文章体裁的规范性；文章格式的规范性；文章语言的规范性。

4. 时效性

时效性包括应用文的时代性、及时性、作用时间的有限性三层含义。所谓时代性，是说它要与现实紧密结合，紧跟时代、适应时代的变化与需求。所谓及时性，是说它要求在一定时限内完成写作任务，延期则会影响作用的发挥，甚至贻误工作。所谓作用时间的有限性，是说它只在一定时期内产生直接作用，写作目的实现了，其直接效用就会随之消失，文本就变成了档案材料。

基于应用文的以上特点，它和文学作品的写作有着很大不同：

第一，主旨的表现形式不同。应用文的主旨是明白清楚的，是直露的；文学作品的主旨，即主题思想是隐蔽的，需要读者通过通读以及想象、联想等再创作手段去领悟。

第二，语言的运用方式不同。应用文的语言要求规范、简洁、平实，是按照惯例使用的；文学作品的语言则讲究创造性，体现作者的创作风格，允许使用口语、方言。

第三，传达方式不同。应用文的传递有自己的固定途径，有保密要求；文学作品的传递无固定途径，随作者意愿而定，一般无保密要求，相反，作者总是希望自己的作品能得到最大范围的传播。

第四，与政治的关系不同。应用文总是体现某种政策倾向，贴近社会发展态势，与政治关系密切；而文学作品与政治的关系有可能密切，也有可能不密切，甚至没多大关系，纯粹抒发个人的情怀以及表现个人的生活。

互动活动

下面是四种实用文体的部分摘录，请根据实用文体的语言特点，找出每种的不得体处并做修改。

（1）公司决定于本月20日下午三点，在大会议室召开三季度总结大会，请全体员工准时光临。（某公司通知）

（2）昨天下午放学后，我骑车回家，不慎跌倒，扭伤足踝，不能到校学习，需请假三天，务必批准。（某学生请假条）

（3）我是本市下岗职工，现申请开办一个家电维修店。恳望审批我的申请，发给营业执照，以免影响及时开业。（某开业申请书）

（4）本公司欢迎各界朋友前来就投资进行咨询。我们将为您提供信息，在投资方向、投资策略方面鼎力相助。（某投资公司广告）

①错处：_____，修改：_____
②错处：_____，修改：_____
③错处：_____，修改：_____
④错处：_____，修改：_____

（参考答案：①"光临"，改为"参加"；②"务必"，改为"请予"；③"以免影响"，改为"以便"；④"鼎力相助"，改为"当好参谋"。）

（三）应用文的分类

应用文种类较多，按不同的分类标准可有不同的分法。按使用领域划分为两大类。

（一）通用应用文

通用应用文即各级各类机关、团体和个人可共同使用的应用文体，它又可分为国家机关公务文书和日常事务文书。

国家行政机关公文指国务院办公厅印发的《国家行政机关公文处理办法》中所规定的决

议、决定、命令（令）、公报、公告、通告、意见、通知、通报、报告、请示、批复、议案、函、会议纪要十五类十五种公文。国家机关公文是国家机关、社会团体或企事业单位处理事务的文件，主要用来传达和贯彻党和国家的政策法令，指导工作，提出要求，答复问题，通报情况，交流经验，传递信息。公文制作比较严格，具有一定的法律效力，在写作和使用时，要根据国家最新的行政机关公文处理办法，区分每类公文文种的行文要求和使用范围，确定适用的文种形式，确保其使用效率。

日常事务文书指上述国家法定的行政机关公文以外的一些事务文件。是指简报、计划、总结、调查报告、规章制度、介绍信、证明信等用来处理单位内部日常事务，与具体部门进行工作联系的应用文。它们的行文格式不像公文那样严格，写作也比较自由，不具有法定的权威。

（二）专用应用文

专用应用文是指在一定专业机构或专门的业务活动领域内，因特殊需要而专门形成和使用的应用文。由于分工不同，社会各行各业经管的事务有很大的差异。这样，在长期的工作实践中便逐渐形成了一些与其专业相适应的应用文，称为专用应用文。如财经文书、司法文书、科技文书、公关交际文书、信息传播文书等。专用应用文除了要遵守应用文的一般规则外，还有很强的专业特点，如财经部门常用的市场预测报告、项目可行性研究报告、外贸函电、经济合同等。

二、应用文的发展趋势

应用文的每一次变化与发展，都与时代的进步、科技的发展、社会体制的不断创新紧密相连。在科学技术迅猛发展、世界经济一体化日渐明显的今天，应用文写作呈以下发展趋势。

第一，专业化和知识化的发展趋势。随着社会的进步，科学技术的发展，专业分工日趋具体和精细。而应用文的发展，是随着社会进步的需求而发展的。社会分工日趋专业化，必然要求应用文写作专业化，以适应社会发展的需要，满足社会发展的需求，并促进社会更加有序、有效的发展。在世界范围内，知识已成为发展经济的最重要的、最直接的资源，知识产业成为知识经济的支柱。作为应用文写作者和应用文写作的授权组织，再也不能背上传统知识的沉重包袱，必须适应知识经济发展的新形势。

第二，电脑写作和格式规范化的发展趋势。电脑及其网络的出现，使应用文的写作、传递发生了巨大的变化。目前悄然兴起的电脑写作热，是写作史上的一次深刻革命。电脑写作使现代应用文的制作、传递、阅读和接受以及存储都改变了传统的办公形式，有望实现现代快速高效办公的要求。同时对应用文写作格式规范化的要求也越来越高。不同地域、不同国家甚至不同地区的应用文写作都有其约定俗成的格式。客观来说，无论是哪一个国家的模式，应用文格式的发展趋势，总是以简洁、明了、实用为主。

第三，快节奏和高效率的发展趋势。应用文作为一种具有极强实用性的文体，它的时效性容不得半点马虎。特别是当今社会，时间就是金钱，时间就是效率，时间就是生命的观念日益深入人心。传统的应用文写作和传递已经有了根本性的改变，但我们要清楚这并不表明应用文功能的削弱，而是它转换成另一种形式发挥着更大的作用。

第四,社会化和民众化的发展趋势。应用文的社会化,除了要和社会教化联系起来之外,更重要的是规范社会成员的行为,使之符合社会整体的利益,既保护每个社会成员的个体利益,又使社会结构适时得以合理地调整和维护。可以说,在法制的社会,应用文的社会发展趋势愈来愈明显,愈来愈显示其维系社会稳定、和谐发展的强大作用。

第五,积极参与和干预社会生活的发展趋势。应用文的领导、指导、规范等特有的功能,已直接或间接地干预了社会的政治、经济、军事、外交、文化等。由于文种的不同,干预的程度也不同。

第六,语言表述多语化的发展趋势。随着经济全球化的出现,国与国之间的经济相互依存,利益相连,无论是在技术的引进还是产品的交换等问题上,大多是以双方的共同发展为基础的,这是一种互利互惠的市场规则。随着中国加入国际贸易组织,立足本国、涉足世界的国际化趋势已经形成,因此,应用文写作也必将向多语化方向发展。

第七,主体内容经济化的发展趋势。应用文写作内容经济化的发展趋势,是由经济全球化的本质所决定的。依据应用文的功能,它既要反映经济发展全球化的实况,又要促进、推动、规范经济全球化的发展。

第八,立足本国、涉足世界的国际化发展趋势。中国的语言文字简称为中文,是我国应用文的主要载体。在我国,官方的应用文一律采用中文,而企业、商业等也是以中文为主。为了改革开放,走向世界,在广告、产品说明文等方面,已出现双语化的趋势,但不论怎样,中文的主导作用是牢固的。

三、应用文写作课程的地位与作用

应用文写作是一门综合性、实践性极强的基础课、能力课。在大学期间应用文写作课程要解决的是让学生弄清应用文写作中为什么写、为谁写、写什么和怎样写的问题。通过对各类应用文体的教学,使学生了解应用文写作的基本格式与写作要求,掌握应用文写作的方法和技巧,能熟练地写好各种常用应用文,养成良好的应用文写作思维,以适应社会实践的需要。

随着我国市场经济的深入发展,科学技术的日益进步,21世纪的大学生只有具备较高的综合素质和较强的职业能力,才能尽快适应社会,参与竞争,求得发展。因此,《应用文写作》以有利于培养和提高学生的人文素质和语言文字交流能力,而备受重视和关注,同外语、计算机等通用技能课一样,现已成为各大高职院校普遍开设的一门重要基础课、工具课。

相关链接

写作的重要性

自古以来,应用文写作就在人类信息传递、思想交流等方面发挥着重要的纽带作用。商代的甲骨卜辞,记载了当时军事、政治、经济等方面的情况,是迄今为止我国发现的最早应用文。后世人们更是用"经国之大业,不朽之盛事"来高度评价写作的重要性。随着时代的发展,应用文写作在社会生活中的作用更是越来越大,使用越来越频繁,正如叶圣陶先生所说的"大学毕业生不一定能写小说诗歌，但是一定要能写工作和学习中实用的文章，而且非写得既通顺又扎实不可"。

世界上许多发达国家都十分重视应用文写作。在美国，科技、行政、管理人员做任何一项工作都严格要求：唯有最后写出报告或论文才算真正完成；他们还设置学位以促进应用写作学的发展，20世纪80年代中后期的美国曾经兴起了"学习通过写作"的口号，把写作作为全面训练大学生思维能力和学好其他课程的基础和最佳途径。至少有二十所大学或研究所招收应用写作的硕士或博士研究生；美国著名的未来学家约翰·奈斯比特在《大趋势》一书中曾说："在这个文字密集的社会里，我们比以往更需要具备基本的读写技巧。"美国许多高等院校对本科生、硕士生、博士生都分别开设写作课，更有甚者规定："凡写作不及格者，须令其退学。"

苏联权威教材认为，写作的核心是一种智力活动，是发展智力的关键。

日本写作界认为，写作是培养学生"自由思维"与"论理机能"的有效途径。

在日本升学、就业、招聘无一例外要考"作文"，写作能力强，就能谋到好职位。

目前在我国，应用文写作也是公务员考试和各行公开招聘、考试不可缺少的一门科目。以上种种表明，应用文写作已被看作现代社会就业人员必备的素养和技能，应用文写作水平的高低，已成为个人能力与素质的体现。一封独具匠心的求职信、一份富有创意的策划书、一篇情采兼备的欢迎词，一份别具慧眼的市场调查报告，乃至一则匠心独运的启事、一份严谨规范的合同，无一不体现了一个人的智慧与才华、能力和水平。可见，应用文写作已同谋生、职薪、生活水平联系到一起，成为人生竞争的一种重要手段。在信息快速发展的今天，文章的写作是信息之源，具有极为重要的作用。

新时期的应用文书写作教学，要担负起培养学生的认知能力、思想方法、思维方式、写作技能等综合能力的重任。应用文书写作教学本身更要结合与融汇思维学、创造学、心理学、社会学、语言学等学科的有关内容。要真正从能力本位出发，使学生在"做中学、学中用、用中学"。通过实际操作，掌握真正的写作技能，为社会、为行业、为企业、为实际工作而掌握写作本领。通过学用结合，用学促进，以用促学，培养学生良好的学习习惯，提高学生的写作能力，为今后的顺利就业打下坚实可靠的基础。

四、应用文写作课程的学习方法

应用文写作课程是一门既要学习理论知识又要掌握写作技法的理论与实践结合的课程，要想写出符合国家政策法令、内容充实、观点正确、结构合理、层次分明、表达有力、语言通顺、标点正确的各类各种常用应用文章，还要掌握科学的学习方法。

1. 要端正学习态度，正确对待应用文写作这门课

为了学好本课程，首先要具有正确的学习目的和态度。一些人认为应用文一学便懂，但是，实际上往往会一写便错。于是便产生了两种极端的思想：一是认为应用文写作很简单，只不过是格式问题，没有什么好学的；另一个看法是应用文写作很复杂、难学。这两种认识都是片面的。要认识到，掌握应用文写作是我们工作、学习和生活的需要。为了提高办事效率，更好地为社会服务，必须驾驭应用文。

2. 认真阅读教材，学习理论，掌握应用文写作规律

实践必然要受理论的支配，这是一条真理。写作行为同样如此。学习应用文写作要认真学习、理解教材中的基本理论，掌握应用文写作的基本规律。应用文写作在主旨的确定、材料的搜集与选用、结构安排、语言表达等方面，与中学阶段训练的记叙文、说明文、议论文写作有一定的区别，与文学创作更是大相径庭，并且每一应用文体又有各自独特的写作程式、技法与要求。如果不认真消化教材内容，不懂得"应该怎么写""不应该怎么写"，就很难避免走弯路，就不能写出规范的应用文。

以行政公文为例，除内容外，决定和影响其作为行政公文的因素主要有三个方面：其一是文面格式。不同大类的应用文书文面格式特点不同；其二是文章遵循的行文制度。行文制度，包括行文关系、行文方向、行文方式和行文规则。一份"报告"，若违反行文规则在文中夹带请示事项，便不是规范的报告；其三是语言。从大的方面看，行政公文遵循应用文书本身的语言特点，如明晰、准确、简朴、庄重等，在此前提下，其上行文、平行文、下行文的语言特点也有差别。而具体的文种，也有其本身的特点。如对函的语言，便要求其能体现尊重、谦恭、礼貌而又非恭维逢迎的特点。总之，语言要十分得体、到位。而以上三点在第二章的理论知识部分中都已涉及了。可见认真阅读教材，掌握应用文写作规律对于写出规范化的应用文具有事半功倍的作用。

3. 认真研究例文、范文，增强感性认识

教材知识是系统化、理论化的实践知识，在学习应用文写作过程中，如果仅就事论事地学习教材，理解教材，效果不会太好；如果能把教材的理论知识、基本原理与具体的应用文实例结合起来学习，那么，无论是对教材知识的掌握，还是对写作能力、阅读应用文的能力的提高都会起到事半功倍的效果。

例如，在所有的行政公文中，通知是使用范围最广、使用频率最高的一种。其使用范围不容易记住。如果我们阅读了教材上的三个通知例文以及其他材料上的一些例文，通过了解钻研以上各种类型的通知，脑子里留住一批"例文档案"，那么，就容易理解通知的适应范围：一是发布行政法规和规章，二是转发和批转文件，三是布置要办或执行的工作，四是告知需要周知的事项。例文和写作知识、写作原理相互融汇，结合在一起学习，就可以起到记得牢、理解得快、掌握得准的学习效果。

更重要的是通过认真阅读、理解例文，并以例文作为借鉴的范本，再通过模仿写作，就能逐步提高写作水平。这要求对例文的阅读，不可粗心，不可满足于一知半解，要努力做到悟其意、知其序、识其辞、辨其体。唯有如此，方见其精髓，方能举一反三，触类旁通。

关于例文的来源，教材提供了一些，但毕竟有限。除此之外，可以到其他报纸、杂志中去寻找。一般的机关、企事业单位平时均要发出或收到应用文，这些文章我们也可拿来阅读学习。

4. 坚持刻苦训练，提高应用文写作能力

学习应用文写作理论知识是完全必要的。但必须明白，记熟了理论知识，还只是走出了第一步，这门课的最终目的，是提高应用文写作能力。应用文写作是一门具有综合训练性质的技能课程。知识要转化为能力，必须经过严格、系统、反复的训练，才能实现。因此学习应用文

写作，必须"以训练为中心，以培养能力为目标"，只有这样，才是最佳选择。古人所谓"凡操千曲而后晓声，观千剑而后识器"与"纸上得来终觉浅，绝知此事要躬行"就是强调实践或训练的重要性，这对学习应用文写作无不具有指导意义。因此，我们在平时的应用文写作课程学习期间和学习任务完成之后，都要自觉地进行应用文写作训练，以使自己的应用文写作能力得到持续不断的提高。

一是在学习中练习写，即学完一章练习三四篇应用文，如果能坚持这样做，整部教材学完，至少可以写十几篇应用文，那么，这时候应用文写作能力定会有较大提高。二是在学习中练习修改有错误的文章。现在在机关单位的文件及一些教材中有许多病文，在学习中我们可以找来，根据所学理论知识对其进行改写。改写病文，是提高写作能力的较为显著有效的一个途径。总之，若能坚持多练多写，必能提高应用文写作水平。

第一章
应用文写作基础知识

知识目标

- 掌握应用文书写作的基本知识；
- 对写作的思路与结构、层次与段落、开头与结尾及表达方式等要素有比较明确的认识，能够在具体写作中准确地运用这些要素；
- 在老师的帮助下讨论分析比较复杂的应用文书各种要素。

能力目标

- 独立获取应用文书写作的资料，认真阅读分析；
- 较好地运用谋篇布局要素完成案例分析；
- 较好地运用内容写作要素完成案例分析；
- 借助工具书和网络资料，在老师指导下评价复杂的应用文书的写作要素。

情景导入

博士寻驴

从前，有一位老先生，学富五车，才高八斗，人称"博士"。有一天家人告诉他，家里一头黑驴丢失了，请老爷写个寻驴启事。博士磨墨铺纸，提笔运腕，一张《寻驴启事》一气呵成，墨迹未干就张贴在闹市口了。

几天过去了，一点消息也没有，博士来到闹市口一看，启事还在，不少人在围观，有人正摇头晃脑地给大家念着："……，我中华古国、历史悠久，文化灿烂、民风淳朴、文明教化，……盘古开天……，唐宗……，宋祖……"一个寻驴启事洋洋洒洒几千字下去，还没提到一个驴字。围观的人没等念完，就四下散去。原来，他写的启事根本就不是应用文。

第一节　应用文的主旨与材料

一、应用文的构成要素

从古至今，众多学者对文章写作提出了各自的观点，著作更比比皆是。有学者认为，写文章要"言之有理、言之有物、言之有文、言之有序"。无论哪种写作，都应该细致研究理（主旨）、物（材料）、文（语言）、序（结构）四个方面。应用文也不例外。见图1-1。

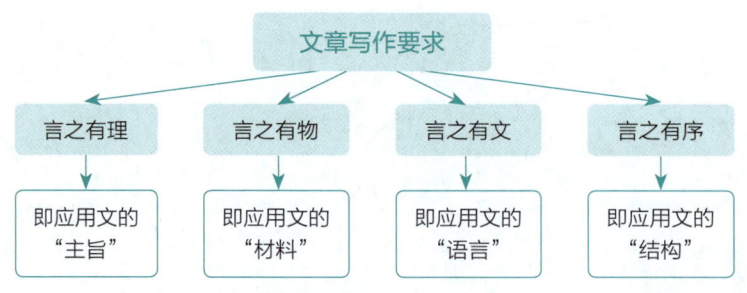

图1-1　文章写作要求

"主旨""材料""结构""语言"构成应用文的四大要素，其中主旨与材料属于其内容要素，结构与语言属于其形式要素，另外还有一个不可忽视的要素就是表达方式。这些要素相互作用，使应用文形成一个有机整体。

二、应用文的主旨

主旨是通过应用文的内容所表达的行文的意图。这个意图也就是应用文的基本精神或基本观点。

1. 应用文主旨的要求

主旨是应用文的灵魂和统帅，因此要求做到如下几点：

（1）正确专一。正确就是正确地反映客观规律，正确地反映党和国家的政策，正确地反映客观实际情况；专一就是一文一旨。

（2）鲜明突出。所谓鲜明，即观点明确，态度明朗；所谓突出，即文中的主旨能让读者一目了然。

（3）周密严谨。即表达主旨的思路符合逻辑，符合客观事物的发展规律，并做到概念明确，判断准确，推理符合逻辑规律。

2. 应用文主旨的表现方法

应用文主旨的表达与文学作品不同，必须在文中直接地体现出来，因此有其独特的表达方式。

（1）大标题显旨法。行政公文大标题中的公文事由就是公文的主旨。例如，《××酒店关于消防安全问题的通知》标题中的"消防安全问题"就是公文主旨。《关于制止任意扩大免费供应午餐范围的通知》《关于建设××所需资金的请示》标题将写作主体（发文机关）的意图、态度表明得清清楚楚。

（2）小标题显旨法。小标题表现主旨的方法主要是将整体的主旨分解成为几个部分，每一部分选用一个小标题，表现主旨中的一个部分。小标题与小标题之间的逻辑关系或者是并列关系，或者是递进关系等。

（3）主旨句显旨法。主旨句一般是以介词结构"为了"或者"为"作为引导，在正文的开头表现出文种的写作主旨。经常使用主旨句显旨法的文种有："通知""通报""请示""报告""会议纪要"等公务文书。

三、应用文的材料

材料是用来说明主旨的客观事实与事理。材料的选择是围绕主旨的特点进行的，有什么样的主旨，就选择适合主旨的材料进行说明。材料可分为事实材料和事理材料。事实材料即客观现实中存在的人物（工作的参加者、事件的当事者、任务的执行者等）、事件（时间、地点、起因、过程、结果等）、名称（人物名称、地点名称、单位名称、法规名称、事件名称、物质名称等）、数据（小数、百分比、整数）等。事理材料即被实践证明正确的党和政府各项方针、政策、法规、规定、名言、上级领导讲话等。

材料是形成主旨的基础。从事理材料看，任何应用文书必须立足于法。党和国家的各项法规是工作行为的依据和规范，是传达国家、行业及企业法规政策并用以指导工作的重要工具。在形成主旨的过程中起着重要的依据作用。从事实材料看，大量的事实材料为应用文书主旨的确立打下基础。无论是下级向上级汇报工作，还是上级向下级发布指示、布置工作，都必须从实际出发，以翔实具体的事实材料为依据。

1. 材料采集的途径

（1）观察。是作者凭借自己的感觉对对象进行有目的、有计划、比较持久的感知，记录所得的材料。这是取得第一手材料的主要途径。

（2）体验。即置身于对象所处的环境之中，用整个身心去感受。其价值在于它的"亲历性"。通过体验，获得切身感受，从中获取大量的原始材料。

（3）调查访问。通过向知情人、有经验的人询问以了解真实情况，获得材料。通过综合运用观察、体验、查询、阅读等手段，采用开座谈会、个别访问、现场了解、蹲点调查、问卷调查等方法有目的、有计划地采集第一手和第二手的材料。

（4）阅读观听。就是从各种文献、音像资料中获取材料。通过广泛的阅读，可以掌握大量的知识与信息，从而进行比较、分析、归纳，提炼出正确的决策或论题。可以通过报刊剪贴、复印、录音、录像等手段获得大量的有实用价值的第二手材料，这些材料对应用文的写作也是十分重要的。

（5）计算机检索。它是当今最便利、最普遍的搜集材料的方法。通过计算机网络，可以在很短的时间内比较容易地调用所需材料，而且收集保存也极为方便。

2. 选择材料的原则

（1）符合文章主旨。凡是与主题有关，并能很好表现主题的材料，就选用；凡是与主题无关或似是而非的材料，就舍弃。对已经选定的材料，根据主题需要决定详略。

（2）真实。主旨是通过现实中"不走样儿"的真实材料体现的。文中引用的事理和数据、人物语言和行为、上级文件和指示等必须绝对真实，因事而文，确有其人，确有其事，符合实际情况，不能杜撰，不能夸大或缩小，更不能虚构。引文也必须认真核对，绝不能出错。若材料失真，就可能造成麻烦，甚至造成损失。

（3）典型。指材料所具有的代表性和普遍意义，要能反映同一类事物的整体特征；具有深刻性，要能入木三分地解释问题的本质。

（4）新颖。一是新近发生的别人未曾使用过的、鲜为人知的材料，如新人、新事，新方针、政策，新的统计数字，新成果，新发生的问题等；二是虽为人知却因变换角度而具有新意的材料。

3. 材料的选材方法

材料的选材方法可分为事实材料的选择方法与事理材料的选择方法。事实材料的选择方法如图1-2所示。

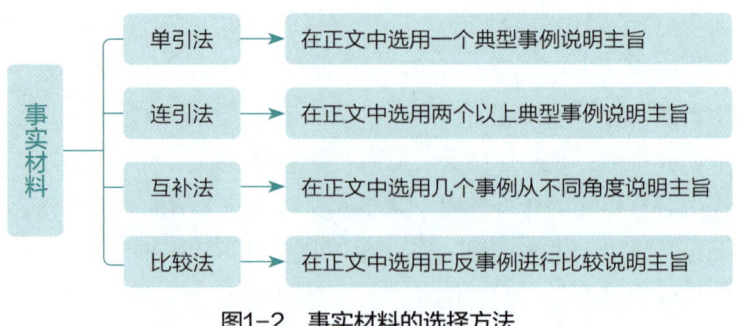

图1-2　事实材料的选择方法

事理材料的选择,其引用形式,采用的是引用说明的方法,如:引用上级的方针政策、引用领导人的重要讲话、引用有关数据、引用历史资料、引用典故等。引用上级文件和领导讲话时,不能大段大段的引用,只需要引用最适合主旨内容的关键句子或词语即可,以简练、精辟为准。其中直接引用是用引号引出有关材料的原文;间接引用是引用原话大致意思。

例如:"贵公司《关于履行合同的函》(××字[××××]××号)收悉"。就是先用书名号引出标题,再以小括号引出发文字号。标题、发文字号都要与原文一致。

4. 材料的组织方式

材料的组织方式主要有三种,见图1-3。

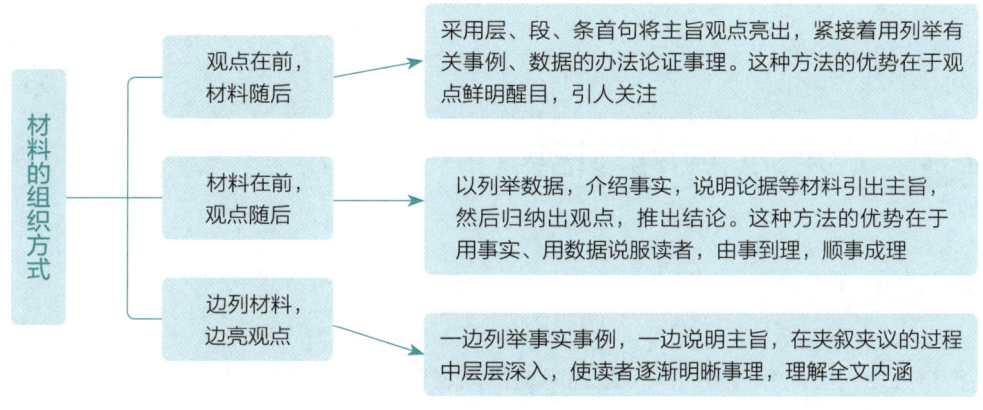

图1-3 材料的组织方式

互动活动

阅读下文使用的"材料",概括出该文的"主旨"。

海博会期间部分道路交通管制公告

第四届中国(泉州)海上丝绸之路国际品牌博览会、2018中国石狮国际时装周暨第二十一届海峡两岸纺织服装博览会将于2018年4月18日至22日在石狮服装城、国际轻纺城举行,为确保活动期间道路交通安全畅通,根据《中华人民共和国道路交通安全法》第三十九条规定,决定在海博会期间,对南环路、西环路(八七路至南洋路路段)、石龙路(原308复线)、南洋路(同兴路至南环路路段)、百灵街、锦田街采取临时交通管制。现公告如下:

1. 百灵街、锦田街自4月18日8时至20时,实施禁止非通行证车辆通行的临时交通管制,过往车辆可绕行凤仪街、佳和街、直三路、海兴街、同兴路、石龙路(原308复线)、石金路或南环路。

2. 南环路、西环路(八七路至南洋路路段)、石龙路(原308复线)、南洋路(同兴路至南环路路段)自4月18日至4月22日每日8~20时,实施禁止1.5T以上货车通行的临时交通管制,往返蚶江、祥芝、永宁等乡镇的货运车辆请绕行北环路、港口大道、学府路;往返晋江龙湖、深沪方向的货运车辆请绕行外西环路、同兴路。

管制期间，所有过往车辆请根据交通标志、标牌指示通行，并服从交警指挥管理，减速慢行，以确保交通安全，造成不便敬请理解及支持！

特此公告。

石狮市公安局交通警察大队
2018年4月13日

第二节　应用文的结构与语言

一、应用文结构

结构指应用文的内部构造组织，是运用材料以表现文章主旨的有序安排。具体而言，就是指文章谋篇布局的框架、网络。

文章的结构大多由开头、主体、结尾三个部分组成，这就是文章结构的基本形式，也是应用文结构的基本形式。无论什么结构形式的文章，总要反映出对某一事物较为完整的认识过程，而任何一个完整的认识过程，一般不少于三个层次。当然有些如行政公文中的发布性命令、公告，内容较简短的请示、批复等，只是将有些层次省略或合并而已，并不意味着人们的认识过程不完整。

1. 开头

应用文的开头不像文学文体那样富于变化。它要求不论是法定公文，还是经济文书、事务文书、法律文书等，都应当一开始就直截了当切入文章的内容，不得绕圈子、戴帽子。应用文的开头常用方式如下。

（1）规定性开头式。指有明文规定或习惯用法比较一致的开头方式，如合同、章程、起诉书等，只要在设计好的格式上填列即可。这种开头方式除特殊情况外，一般都要严格遵守。

（2）目的、根据开头式。指开头先交代制定文件的目的或根据。有许多事务性文书、公务文书、专业文书等惯于使用这种开头方法。

（3）情况原因开头式。指在文件开头先交代制定文件的因由。

（4）概述开头式。指在文件的开头处概述文件的主要内容。

（5）立论开头式。指在文件的开头处直接提出论点。

（6）竖靶开头式。指在文章的开头处，将所反驳的观点摆出来，以便明确目标，针锋相对地进行批驳。

2. 结尾

应用文的结尾，既要符合文种要求，又要语言简洁、意尽言止。主要有以下几种方式。

（1）规定性结尾式。指有明文规定或习惯用法比较一致的结尾方式。它是相对于有规定式开头的文种，它们的结尾也常常是规定的。如合同、章程、起诉书等。

（2）总结性结尾式。指对全文的主旨进行简要的总结概括，以加深印象。

（3）强调性结尾式。指对全文主旨的意义进行强调说明，以引起重视，贯彻执行。

（4）展示、鼓励性结尾式。指根据主旨的要求，展示未来，鼓舞斗志。

（5）自然结尾式。指把主要内容写完之后，事终言止，自然结尾。

3. 层次

应用文结构的具体方式就是指文章各个层次的组合方式。经济应用文结构层次有递进式、并列式、总分式、纵横式等。

（1）递进展开方式。是按照纵向展开的方式，反映事物或事理本质的自然联系，层次之间是层层深入的关系。例如：会议记录、报告、总结等文种的写作。如图1-4所示。

（2）并列展开方式。是按照横向展开的方式，反映事物的不同组成部分或事物特征的不同层面，层次之间不分主次和先后。特点是主旨突出，材料全面。例如：会议纪要、总结、调查报告等文种写作。如图1-5所示。

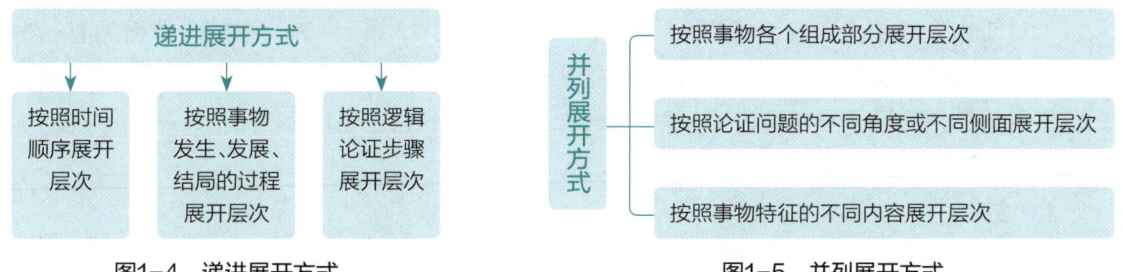

图1-4　递进展开方式　　　　　　图1-5　并列展开方式

（3）总分展开方式。是按照总体与部分的关系展开的方式。特点是总体和部分的关系鲜明。主要包括：先总体，再部分；先部分，再总体；先总体，再部分，再总体。

（4）纵横展开方式。是将纵向递进式和横向并列式合二为一的综合形式。如图1-6所示。

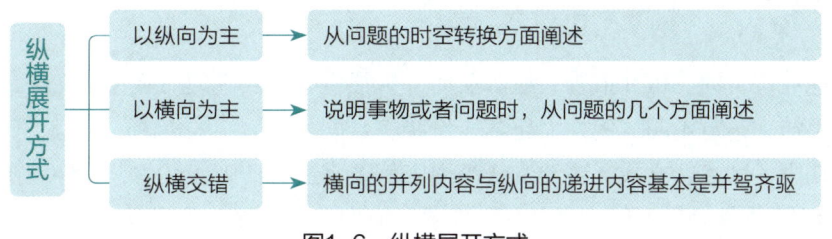

图1-6　纵横展开方式

二、应用文的语言

应用文语言和文学作品的语言有很大的不同，其主要有以下特点。

（一）书面化

应用文的写作性质决定其语言风格表现为简洁、规范、庄重、严肃，而书面语能较好地达到这一要求，因此应用文的语言多用书面语。例如：商量和磋商都表示双方仔细商量和研究，交换意见。区别就是商量多用于非正式场合，是口头语；而磋商多用于正式场合，是书面语。

（二）程式化

应用文在长期的写作实践中，形成了模式化的习惯用语，写作时一般不随意使用其他同义词语代替。如公文中常有这样程式化、固定的语言表达："特此公告""当否，请批复""现将××发给你们，请遵照执行""现通知如下"。

（三）有特定的语法结构

应用文写作有特定的语法类型，一般多采用陈述句、肯定句，较多使用无主句。例如："要认真贯彻执行《价格法》《招标投标法》《行政处罚法》和《行政复议法》，严格依法行政，要集中力量查处一批涉及面广、数额巨大、影响恶劣的严重破坏市场价格秩序和基本建设秩序的大案要案。"（《国家计委贯彻国务院关于整顿和规范市场经济秩序的决定的通知》），就是一句无主句，体现出公文的权威性、严肃性。

大量使用介词结构。表明目的、原因的有：为、为了、由于。表明根据、依据的有：根据、依据、通过。这些特定句式，使应用文的表意明确、严密。

应用文的语言除了要符合特定语法、修辞、逻辑之外，还有准确、简洁、平实、规范的要求。

1. 准确

语言的准确体现在四个方面：一是写作的内容要真实，符合事物的本来面貌；二是所作的结论要准确；三是分析问题，说明事理要准确，有理有据；四是运用词语要准确，不出现语病。

要做到用词准确，就要认真推敲，精心辨析词义，区别词语的感情色彩。例如："养老保险费""养老保险基金"和"养老金"，虽然都是指用于养老的专款，但三个词却代表着专款在三个不同阶段的名称。正确地分析和利用它们之间的微妙差异，是保证语言表达准确的关键。

此外，像经济合同、审计报告、经济活动分析报告、商品说明书等一些文种，在语言表述上最忌含混不清，语意不明。例如，起草一份经济合同，合同中的标的、数量、质量、价款、酬金、履行期限、地点、方式、违约责任等内容都要表述得清晰、具体，无懈可击，不发生歧义。不用"大约""争取""可能""左右"等语义模糊、易生枝节的词语。

有时为区分上、下级，同一意义应该使用不同的词语。当上级需要对方（下级）遵照执行某项政策和要求时，要用"望"字，如"望遵照执行"；当下级需要对方（平级或不相隶属机关）遵照执行某项规定和要求时，要用"请"字，如"请依照有关规定执行"。"望"与"请"看似很简单，但是由于对象不同，因此，使用时就反映出不同的公务关系。

互动活动

阅读下面一段文字，从语言表达准确的角度说说"代替"和"接替"能不能互换。

托马斯·杰斐逊（1743—1826）是美国第三任总统。他担任驻法大使时，有一天去拜访法国外长。

"你代替了富兰克林先生？"法国外长问。

"不，我只是接替他，没人能够代替得了他。"杰斐逊回答说。

答：_____。

2. 简洁

简洁要注意下面两点：一是有意识地运用撮要，以节省读者的阅读时间；二是力避重复、堆砌、冗赘。

使用规范化的简称，可以节约用字。例如："中国共产党第十九次全国人民代表大会"简称"十九大"，"陕西、甘肃、青海、宁夏、新疆"简称"西北五省"，使用就更方便。

使用数称。如"三个代表""八荣八耻""一国两制""四位一体""一个中心，两个基本点""一体两翼""五个一工程""五讲四美"等。

使用一些带有文言色彩的专门性术语。例如："根据得到的消息知道"用"据悉"，"特别地在此以函的方式回复你们"用"特此函复"，干净利落，凝练庄重。此类词语还有"兹将、业经、拟于、以利、为宜、稽迟、莅临、面洽"等，正确地使用这类词语能以一当十，达到文约事丰的效果。这样的词语还有：鉴于、遵照；敬悉、欣悉、拟请、切盼、敬请、当否、可否；特此、谨此、此令、此布、此复、谨启、此致。

运用专业术语。专用术语是指在特定领域中使用频率较高的、具有特定含义的专门词语。如"牛市""熊市""黑市""三角债""剪刀差""泡沫经济""兼并""冻结"等专业术语，既形象、生动，又有科学概括性，含意丰富。

多用缩略语或单音节词。缩略语例如：关爱、考评、诉求分别是由关心爱护、考核评价、诉讼请求缩减而来，单音节词例如："希各部门接此通知后，迅即转发所属单位认真执行"。其中"希、各、接、此、后、迅、即"都是由"希望、各个、接到、这份、以后、迅速、立即"减缩而来。

合理利用附件、图表以求压缩篇幅，简化文字表述。在《调查报告》《可行性研究报告》等诸多应用文中，为了确切说明某一繁杂情况，又往往使用大量的数据和图表，既节省了大量的文字，又使词义清楚明白，证据充分，表述有序有力，化繁为简，确切明白。

问题诊断

标出语句中的错误之处，并修改。

1. 由于改进了生产技术，我们公司生产的机器人的产量和数量也有了很大提高。

改：

2. 以上说的这些意见，如果不妥，就请转发给和这项工作有关系的单位贯彻执行。

改：

3. 公司总裁、各分公司经理、来宾的随行人员先后走进会场。

改：

4. 交货期限：10月底左右。

改：

5. 图书馆最近买了许多文学书籍，还买了一些诗集和电视剧本。

改：

相关链接

应用文中的固定文言词汇

应用文中有一些固定的文言词汇和句子，体现语言的准确性、简洁性、规范性，见表1-1。

表1-1 常用固定词汇和句式

分类	性质	词语举例
称谓用语	在公文中表示称谓关系的词	自称：本、我、敝 称对方：你、贵 称他方：该
时态用语	表示时间状态或时限要求的用语	兹、当即、从速、即日、暂时、片刻、立即、正在、曾经、就要、就、将要、行将、即将、时常、常常、不常、不时、终于、才、刚才、刚刚、永远、一直、一向、一时、按期、如期、定期、限期、预期、逾期、过期、已、已经、一经、着、了等
领叙用语	引导文件直接叙述根据、事实或主张的用语。它有助于文件简明、精练	关于、根据、按照、据、遵照、依照、本着、接、顷接、奉、鉴于、欣悉、惊悉、已悉、谨悉、电悉、……收悉、……现……如下等
祈求用语	向受文者表示请求或希望的用语	请、敬请、恳请、务请、敬希、务希、务必、望、希望、希即、尚望等
承转用语	承接上文而转入下文的用语	总而言之、总之、鉴于上述情况、为此、据此、故此、有鉴于此等
感盼用语	向对方表示感谢，盼望对方早日实现有关愿望的用语	深表谢意、谨致谢忱、不胜感激、以……为感、以……为盼、渴盼、切盼等，其中"以……为感"只用于平行文
征询用语	有礼貌地征询对方意见和反映时所使用的带有探询语气的词	妥否、可否、当否、是否、能否、意见如何、有何意见（反映）等

续表

分类	性质	词语举例
结尾用语	表示正文即将结束的用语	特此函达、特此函告、特此函复、特此通知、特此通报、特此报告、特此函商、特此函谢、此复、特予公告、特予通告等
谦敬用语	向受文者表示尊敬与谦虚意义的用语	承蒙协助、承蒙关怀、承蒙照顾、承蒙指点、承蒙指正、不胜荣幸、是荷、为荷等
见解用语	表示对事物的认识和态度、主张及观点的用语	应、应将、应即、应以、应予、理应、确应、均应、本应、准予、特予、不予、拟于、定于、同意、拟同意、不拟同意、缓议、迟议、毋庸再议、可行、不可行等
告诫用语	表示叮嘱和训诫受文者的用语	切切、务必、毋违、不得有误、严禁、毋庸、以……为要、以……为宜等
判断用语	表示作者判断的用语	系、确系、果系、显系、以……为准、以……论处等
办理用语	用于公务事务办理过程或要求的用语	呈报、呈送、报送、报请、申报、报批、备查、备案、查收、查询、查对、查复、追查、知照、仲裁、裁定、重申、申诉、出具、会同、接洽、接替、接办、商定、洽商、草拟、签订、制定、表彰、任用、任命、核准、核定、核发、审议、审核、审定、颁布、颁发、公布、发布、下发、参照、恪守、履行、批示、指示、批准、批转、批复、转发、挪用、另行、自行、酌情、见复、见告、施行、遵照实行、认真执行、参照执行、研究执行、参考执行、暂缓执行、切实遵照执行、试行、暂行、认真贯彻、切实贯彻、参照办理、认真办理、协调办理等

3. 平实

平实即平直朴实。平直是就笔法而言，采用直陈方式；朴实是就用语而言，朴素实在，不用或少用修饰语。

4. 规范

规范即注意标准性、规定性和统一性。要按国家规定的统一标准写作，如格式、用纸、撰拟程序、立卷存档乃至数字、简称、修改符号、计量单位等的使用，都应符合国家统一规定的标准。

以数据表述为例，要做到规范、正确地表述数据，要注意：

第一，数字的书写形式要严格按照国家关于数字用法的统一规定规范地书写。例如，表示概数的两个数字要用汉字表示并连写。"三四米""十五六吨"不能写成"3、4米""十五、六吨"。一般数字在正文中不能用汉字表述。"集资额达10.8万元"不能写成"集资额达十万八千元"。而作为词素构成定型的词、词组、惯用语、缩略语或具有修辞色彩语句的数字应使用汉字，不能用阿拉伯数字，如"十一五规划""十滴水"不能写成"115规划""10滴水"。

第二，数据表述用语正确无误。如果表述数字的增加或上升，可用整数、小数、百分数和倍数，要恰当使用"增长、递增、增长到"等词。例如："1996年保险费用为9万元，1997年该项目费用增加到7万元，共增加了16万元。"这段话中的"增加到""增加了"的用语完全颠倒了。因为"增加了"指净增加数，不含基数。"增加到"则是指增加数与原基数的总和。表述数字的减少或下降，就不能用倍数。因为减少或下降一倍就意味着等于零，若一倍以上就不可理解了，所以只能用"降低百分之几"或"减少百分之几"来表示倍数的减少。

三、应用文的表达

（一）表达方式运用的综合性

表达方式，就是人们常说的文章的表现手法。通常有叙述、议论、说明、描写和抒情五种。应用文的不同种类或同一种类的不同文中由于对象不同内容不同，所采用的表达方式不同，有的以说明为主，有的以叙述为主，有的以议论为主。比较而言，描写、抒情用得较少。如有的报告，主要是汇报情况，就以叙述为主；又如有的法规，为交代目的、对象、规定、措施，就以说明为主；再如有些调查报告，为表明作者的观点、主张，往往以议论为主，甚至全篇形成论证。这即是说，具体到某篇文，可能是以某种表达方式为主；就整个应用文而言，叙述、说明、议论是综合运用的，体现综合性。

另一方面，就某篇应用文而言，有可能叙述、说明、议论综合运用，如讲背景、经过、情况时用叙述，解释原因时用说明，分析性质、下结论时用议论。这种综合运用表达方式的写法，在应用文中并不少见，同样体现表达方式的综合性。

（二）表达方式运用的直观性

由于应用文以实用为主要目的，运用表达方式时要使读者一目了然，与文学作品中运用表达方式有很大差别。

如叙述，要求朴素、准确。叙述一般包括顺叙、倒叙、插叙等，应用文的写作，目的是实用，要让读者一看就懂，因此主要用顺叙，即按事情的发生、发展过程来叙述，其层次、段落的安排，同事情的发展顺序基本一致，这样，便于事情的前因后果、来龙去脉交代得清楚明白。

又如说明，只求平实、简洁、恰当。应用文使用说明比其他文体更多、更普遍。要求做到精练、确切、恰当、明白，而且还要言之有序。

再如议论，议理平实，需议论或说理之处，要求平和实在，一般不带浓厚的感情色彩，不需强烈的鼓动性；只要说清是非曲直、讲清根据、做法即可。

综合训练

一、单项选择题

1. 在应用文写作中，挑选精粹的材料，主要解决的问题是（　　）。
    A. 言之有理　　　B. 言之有文　　　C. 言之有序　　　D. 言之有物

2. 下列说法中，正确的是（　　）。
   A. 去年浙江私人购买小轿车数量大幅上扬，与前年相比增加到55%
   B. 从杭州坐汽车到温州，以前要10小时，现在只要不足4个多小时就到温州了。
   C. 某乡今年粮食总产量为3000万千克，比去年6000万千克减少了2倍。
   D. 1975年，湖北云梦睡虎11号秦墓出土了1100余枚秦始皇时的竹简。
3. 下列各组词语都是"开端用语"的是（　　）。
   A. 为此 综上所述 总之 故此　　　B. 为要 特此报告 为盼 特此函达
   C. 责成 着即 同意 告知　　　　　D. 根据 据悉 兹因 为了
4. 应用文是（　　）。
   A. 以事感人　　B. 以理服人　　C. 以知晓人　　D. 以实告人
5. 填写专用词语
   ×局：
   你局关于××的请示（×字〔2004〕12号）　①　，经市委办公会议研究　②　如下。
   A. ①收到　　B. ①收悉　　C. ②回答　　D. ②批复
6. 填写专用词语
   某起诉状：　①　公司违约致使　②　公司遭受300万元的严重损失……。
   A. ①该　　B. ①贵　　C. ②本　　D. ②我们
7. 填写专用词语
   某公司致××公司成立10周年的贺信：多年来，　①　贵公司在经贸活动中的照顾，……望今后进一步加强合作　②　。
   A. ①蒙受　　B. ①承蒙　　C. ②为盼　　D. ②为好
8. 具体办法由财政部与有关部门下达各地区，各部门均不得（　　）提高补贴标准。
   A. 擅自　　B. 随意　　C. 私下　　D. 自主
9. 公文类应用文的基本思路是（　　）。
   A. 为什么要制定→制定什么→怎样制定
   B. 通过叙事说理表明目的
   C. 情况→原因→对策
   D. 是什么→为什么→怎么办
10. 应用文写作的基础是（　　）。
    A. 材料　　B. 数据　　C. 观念　　D. 客观现象
11. 确立应用文的主旨，是解决（　　）的问题。
    A. 言之有物　　B. 言之有理　　C. 言之有文　　D. 言之有序
12. 应用文的根本特点在于它的（　　）。
    A. 科学性　　B. 灵活性　　C. 实用性　　D. 规定性
13. 为应用文设计结构要解决（　　）的问题。
    A. 言之有物　　B. 言之有理　　C. 言之有文　　D. 言之有序
14. 应用文在写作上需要遵循基本结构，这体现了应用文的（　　）的特点。

A. 真实性　　　　B. 政策性　　　　C. 程式性　　　　D. 应用性

15. "综上所述，我厂按双方签订的合同的规定全面履行了合同，××公司（被告）以质量不好为由拒不付款是违约行为。按《合同法》第×条第×款规定，××公司（被告）应当承担违约责任。"这段结尾属于（　　）。

　　A. 总结式结尾　　　　　　　　B. 希望、鼓励式结尾
　　C. 自然收束式结尾　　　　　　D. 规定式结尾

16. 下列各句中用词全都准确的一句是（　　）。

　　A. 公司董事会全体会议审查通过了年度决算报告。
　　B. 煤炭、石油、钢铁等是发展工业所必须的原料。
　　C. 本合同须经甲乙双方签字，方能生效。
　　D. 截止今年10月已有京广、京沪、京包三条铁路提速运行。

17. 下列没有歧义的句子是（　　）。

　　A. 我看见你那年才九岁。
　　B. 涉外秘书班和商务管理班的部分学生迟到了。
　　C. 新职工的宿舍建在开发区内。
　　D. 校部采纳了一个学生的合理化建议。

18. 要积极会同有关部门，切实采取措施，加强氧化铝生产的宏观（　　）。

　　A. 调控　　　　B. 调整　　　　C. 协调　　　　D. 控制

二、填词题

根据提示，在括号内填上适合应用文语体风格的词语。

1. 兹送去科技展览入场券60张，请（　　）。［清点收下］
2. 2010年度行政经费收支账目，业经（　　），全部正确无误。［清查核对］
3. 由于洪水灾害的影响，我省主要铁路交通运输曾（　　）中段。［一段时间］
4. 以上请示，（　　），请批复。［是不是恰当］
5. 你公司托运的设备已于6月8日抵运赣州，请速派人到东门货运站提取，特此（　　）。［通过信件相告］
6. 我市管道煤气工程扩建计划，业经上级主管部门批准，明日起（　　）动工。［立刻就可以］
7. 此类问题应尽可能（　　）解决。［在原地］
8. 我院（　　）下星期二召开大会进行动员。［打算在］
9. 该厂定购的首批机械设备，已（　　）运到。［合乎预定的日期］
10. 本年度的城建计划已经市政府（　　）。［审核后批准］
11. 以上意见（　　），请批转各地区，各部门贯彻执行。［如果没有不妥当的地方］
12. 各级税务机关必须严格（　　）收税，对欠交税款的，必须立即追交。［按照法律］
13. 兹定于9月8日上午8时，在会议室召开教师节座谈会，请（　　）参加。［到时候］
14. 正确执行物价政策和广开就业门路等方面的问题，事关安定团结的大局，望认真研究解决（　　）。［是重要的］

15. 经技术鉴定，此次大楼倒塌事故，（　　　）施工质量低劣造成。[的确是]
16. 要严格遵守财经制度，任何人不得（　　　）公款。[移作他用]
17. 这次大会，（　　　）代表共1228人。[参加会议]

三、修改病句
标出语句中的错误之处，并修改。

1. 截至目前，原有纳税单位和个人绝大部分已按规定申请登记……

2. 今年"应用文写作"科目的及格率与往年一样。

3. 限李增良自公告之日起一年内与本院联系。

4. 对肇事者应严肃处理，以教育大家，否则，其歪风坏习将继续蔓延，后果不堪设想。

5. 交货地点：×××市机械厂附近。

6. 卖方承担大部分短途运费。

四、简答题
1. 应用文写作立旨的要求是什么？
2. 应用文材料选择的原则是什么？
3. 举例说明应用文写作句式的特点。

五、阅读分析题
阅读下面一则通知，指出使用的材料和表达主旨。

**关于开展2017年江西省高雅艺术
进校园活动的通知**

赣教体艺字〔2017〕26号

各有关设区市教育局，各有关大中专院校：

为贯彻落实《中共中央关于繁荣发展社会主义文艺的意见》《中共中央办公厅 国务院办公厅印发〈关于实施中华优秀传统文化传承发展工程的意见〉的通知》《国务院办公厅关于全面加强和改进学校美育工作的意见》和《国务院办公厅关于支持戏曲传承发展若干政策的通知》要求，落实立德树人根本任务，切实推进高校美育改革发展，根据《教育部办公厅 文化部办公厅 财政部办公厅关于开展2017年高雅艺术进校园活动的通知》（教体艺厅〔2017〕2号）精神，2017年我省将继续开展高雅艺术进校园活动。现将有关事项通知如下：

一、总体要求

2017年高雅艺术进校园活动高举中国特色社会主义伟大旗帜，全面贯彻党的十八大和十八届三中、四中、五中、六中全会精神，深入学习贯彻习近平总书记系列重要讲话精神和治国理政新理念新思想新战略，全面落实党中央、国务院的相关要求。以社会主义核心价值观为引领,根植中华优秀传统文化深厚土壤,坚守中华文化立场、传承中华文化基因,把坚定理想信念、弘扬中华优秀传统文化作为第一任务,把提高学生审美和人文素养作为第一要求,把增强学生文化自觉和文化自信作为第一目标。引导青年学生通过了解优秀的民族文化艺术和人类优秀文化成果,树立正确的历史观、民族观、国家观、文化观。不断提升高校校园文化品位,优化育人环境,以优异的成绩迎接党的十九大胜利召开。

二、活动原则

(一)坚持育人为本,面向全体

活动面向全省普通高校的学生,兼顾不同地区、不同类别的高校。活动重在普及古今中外艺术领域的经典作品和优秀成果,突出弘扬社会主义核心价值观,传承弘扬中华优秀传统文化艺术,以美育人,以文化人。

(二)坚持教育特性,校园特色

活动遵循教育规律和学生心理特点,内容有别于社会流行文化和时尚娱乐文化,形式上现场演出与专家讲解相结合,艺术欣赏与知识普及、互动体验融为一体,坚持先进文化导向和高雅艺术品位。

(三)坚持改革创新,合作发展

活动整合各类优质美育资源,探索构建协同育人机制。建立教育与文化、宣传、文艺团体等部门的长效合作机制,建立部门间协调机制和工作机制,形成以美育人的工作合力,推进美育协同创新发展。

三、活动内容

1. 组织中国交响乐团、中央民族歌舞团、陕西省戏曲研究院等国家级院团赴我省有关高校演出12场(已发通知)。

2. 组织教育部艺术教育专家讲学团和省内外艺术教育专家到15所普通大中学校开展艺术教育专题报告会15场(另文通知)。

3. 组织南昌大学管乐团、江西师范大学交响乐团、华东交通大学青年交响乐团、江西科技师范大学艺术团、赣南师范大学红星艺术团、井冈山大学大学生艺术团、江西农业大学军乐团、江西科技学院青翼舞蹈团、豫章师范学院英雄交响乐团和江西艺术职业学院艺术团等省内艺术院团到相关大中学校和社区演出59场(具体安排见附件1)。

4. 组织高校学生走进公共艺术场馆参加周末音乐会、经典艺术讲堂、精品展演、重点剧目演出和专题展览、系列讲座、工作坊等活动。

5. 支持高校在课程建设、社团建设、教育研究、工作坊建设、成果呈现、辐射带动等方面开展中华优秀传统文化艺术传承基地创建。举办弘扬中华优秀传统文化成果的系列展示活动。

四、活动组织

省教育厅成立2017年江西省高雅艺术进校园活动组委会,组委会主任由省委教育工委、省教育厅领导担任,有承接和接待演出任务的设区市教育局和各大、中学校分管领导为组委会副主任,成员由省教育厅有关处室负责人和各有关设区市教育局、学校部门负责人组成。组委会下设办公室具体负责各项活动的组织实施。各有关单位和学校要成立活动相应组织工作机构,由分管领导负责,落实具体工作部门。

五、活动经费

1. 国家级艺术院团演出和专家讲学团的相关费用由教育部、财政部统一安排，接待演出学校只负责安排车辆接送、校内宣传、演出（讲座）场地布置、观众组织、安全等工作。

2. 组委会对省内艺术院团演出人员差旅、交通、食宿、人员补助、舞美灯光音响、运输等给予经费补助，场地、演务、宣传、观众组织、安全等工作产生的费用由接待演出学校负责。

3. 开展中华优秀传统文化艺术传承基地创建和组织弘扬中华优秀传统文化成果展示活动的费用在高雅艺术进校园活动专项经费中统筹安排。

六、活动要求

1. 推出精品力作，加强价值引领。演出单位要牢固树立精品意识，要坚持活动宗旨，围绕活动主题，把有筋骨、有道德、有温度、艺术震撼力强的艺术作品送进校园，传播当代中国价值观念，体现中华文化精神，传递正能量。同时，要根据学生观众的需要认真做好讲解、互动等普及工作。各接待演出任务的学校要落实好演出场地，配备必要的灯光、音响和多媒体设备，并认真组织好观众，确保活动效果。演出地点可在学校礼堂、音乐厅、演奏厅或多功能体育场馆，也可搭建演出台，各校应保证演出音响质量，国家级艺术院团演出横幅统一制作为"教育部 文化部 财政部高雅艺术进校园活动——××艺术院团走进××大学专场演出"，省内艺术院团演出横幅分别制作为"2017年江西省高雅艺术进校园活动专场演出/音乐会"。请有接待演出任务的各地、各学校于9月30日前将参加组委会名单和负责该项工作的部门、联系人及联系电话报活动组委会办公室。

2. 认真组织实施，增强活动实效。各地各校各院团要按照《教育部文化部财政部关于开展高雅艺术进校园活动的指导意见》，结合实际，制订本地本校本单位的活动方案、具体实施计划和安全工作预案。要坚持合作发展的策略，充分发挥各方的积极性，明确分工和职责，确保各项工作落实到位，形成良好的工作机制；要坚持促进教育公平，覆盖不同类别的高校，让更多的学生受益，每场演出学生观众数必须占观众总数的95%以上；要整合各方优质资源，建立健全长效机制。艺术院团和艺术教育专业人士要与高校开展"结对子、种文化"活动，积极探索多种形式，采取有效手段，充实高校美育教学力量。

3. 重视宣传报道，及时反馈信息。各单位要综合运用报刊、广播、电视、网络以及微博、微信等平台载体，规范宣传内容，全方位进行宣传报道，营造浓厚氛围，扩大活动影响力。要按时反馈活动进展情况，如遇演出地点或演出时间等信息变更，要第一时间向活动组委会书面报告。要及时提供宣传素材，在活动结束后的一周内，将活动调查问卷（见附件4）寄至问卷填写说明中指定地址，将活动照片（应包括含有会标、演出内容、学生观众，以及参与互动等画面；JPG格式，大小不低于10M，分辨率达到300dpi，每个单位不少于5张）、节目单、简报和总结等材料及时报全省高雅艺术进校园活动组委会办公室。

4. 认真配合调研，夯实活动基础。接待省内艺术院团演出的大中学校认真做好全省活动组委会组织的演出问卷调查，调查问卷的反馈情况纳入活动绩效考核。2017年江西省高雅艺术进校园活动学生问卷调查（附件2），填写者为观看演出的学生观众。有关学校按附件6样张印制问卷，演出后组织学生现场填写并回收，每所学校回收问卷不少于200份；2017年江西省高雅艺术进校园活动学校调查问卷（附件3），填写者为承接演出的学校有关部门工作人员（至少2人）。

附件：
1. 2017年江西省高雅艺术进校园活动演出日程安排表
2. 2017年江西省高雅艺术进校园活动学生调查问卷
3. 2017年江西省高雅艺术进校园活动学校调查问卷
4. 2017年江西省高雅艺术进校园活动艺术院团调查问卷

材料：
_____

主旨：
_____

第二章
常用公务文书

知识目标

- 了解公务文书的概念、特点、种类、格式、作用和写作要求；
- 掌握公告、通告、通报、通知、报告、请示、批复、函、纪要等常用公务文书的结构、内容等基础知识。

能力目标

- 正确阅读理解公务文书；
- 利用资料，正确撰写通报、通知、报告、请示、批复、函、纪要等常用公务文书。

情景导入

"通知"也有大学问

小王是文秘专业的毕业生，今年初次应聘出师不利，受到热议："文秘专业毕业生竟然不会写规范的通知！"小王也羞愧难当。本来，写作是她的强项，却跌倒在引以为豪的这一特长上，她曾发表的那些散文、小说、诗歌，都不能弥补她的过失，到底是怎么回事呢？

小王因为文字功底好，报考了文秘专业。但她不喜欢公务文书之类的应用文，她认为和文学作品相比，应用文太没意思了：枯燥、简单、程式化，全是套路。她的一个表姐没上大学，到一家公司做秘书，做得很好。这更加使她确信实用性很强的应用文无需学习，在实践中自然会用。

但是，机遇会给你实践的机会吗？学习知识可以等待吗？她的表姐没上大学能做好秘书工作，就意味着不学习也能做好秘书工作吗？

小王很后悔，以她的写作水平，只要正确对待，完全能把"通知""请示"写得很完美，而今，却因为自己写的"通知"格式不规范、语言文绉绉不精练等缺点，与理想的单位、理想的职业擦肩而过，错失良机。在这找工作难、找理想工作更难的社会现实中，怎不令人遗憾？

小王落聘了，她真的没想到写个"通知"还有这么大学问！值得欣慰的是小王没有自弃，她下决心自学，要补上应用文写作这门课，她心中仍然涌动着自己的梦想，做一名优秀的文秘工作者，她要为理想而生活。

第一节　公告、通告、通报、通知

一、公告

（一）公告的定义

公告是向国内外宣布重要事项或者法定事项的公务文书。告知的对象是国内外各界人士，宣布的事项较为重要，发布单位的级别较高。如：中华人民共和国商务部《对原产于日本和台湾地区的进口PBT树脂反倾销措施到期终止的公告》《中华人民共和国海关总署公告》等。公告可以张贴、可以登报。

（二）公告的结构

公告的结构包括三个部分。

1. 标题

公告的标题有多种写法:一是完全式标题,包括发文机关、事由和文种;二是省去事由,只写发文机关和文种;三是省略发文机关,由事由和文种构成;四是只有文种"公告"。

2. 正文

正文一般由开头、主体、结尾三个部分构成。开头概述发文的根据、目的或原因,然后用"现将有关调整情况公告如下"引出下文;主体写明告知事项;惯用的结束语有"特此公告",结束语也可省略。

3. 落款

落款包括发文机关、时间和印章。如果发文机关在标题中标明,此处可不写。

写作示例

财政部 税务总局 工业和信息化部 科技部
关于免征新能源汽车车辆购置税的公告

为贯彻落实党的十九大精神,进一步支持新能源汽车创新发展,经国务院同意,现将免征新能源汽车车辆购置税有关事项公告如下:

一、自2018年1月1日至2020年12月31日,对购置的新能源汽车免征车辆购置税。

二、对免征车辆购置税的新能源汽车,通过发布《免征车辆购置税的新能源汽车车型目录》(以下简称《目录》)实施管理。2017年12月31日之前已列入《目录》的新能源汽车,对其免征车辆购置税政策继续有效。

三、2018年1月1日起列入《目录》的新能源汽车须同时符合以下条件:

(一)获得许可在中国境内销售的纯电动汽车、插电式(含增程式)混合动力汽车、燃料电池汽车。

(二)符合新能源汽车产品技术要求(附件1)。

(三)通过新能源汽车专项检测,达到新能源汽车产品专项检验标准(附件2)。

(四)新能源汽车生产企业或进口新能源汽车经销商(以下简称企业)在产品质量保证、产品一致性、售后服务、安全监测、动力电池回收利用等方面符合相关要求(附件3)。

财政部、税务总局、工业和信息化部、科技部根据新能源汽车标准体系发展、技术进步和车型变化等情况,适时调整列入《目录》的新能源汽车条件。

四、企业应当向工业和信息化部提交《目录》申请报告(附件4),并对申报材料的真实性和产品质量负责。工业和信息化部会同税务总局组织技术专家进行审查,通过审查的车型列入《目录》,并由工业和信息化部、税务总局发布。

五、略

六、略

七、略

附件:

1. 新能源汽车产品技术要求

2. 新能源汽车产品专项检验标准目录
3. 新能源汽车企业要求
4. 《免征车辆购置税的新能源汽车车型目录》申请报告

财政部　税务总局　工业和信息化部　科技部

2017年12月26日

 相关链接

公务文书简介

一、公务文书的定义

公务文书简称公文，是国家机关、社会团体、企事业单位在公务活动中使用的一种具有法定效力和规范体式的应用文。

国家行政机关的公文，是传达贯彻党和国家的方针、政策，发布行政法规和规章，施行行政措施，请示和答复问题，指导、布置和商洽工作，报告情况，交流经验的公务文书。

二、公文的种类

公文的种类简称文种，是公文的重要组成部分，用以概括表明公文的性质、用途、制发机关的权限、制发公文的目的和要求等。

根据中共中央办公厅、国务院办公厅2012年4月16日印发的《党政机关公文处理工作条例》（自2012年7月1日起施行）的有关规定，公文种类共有15种：①决议；②决定；③命令（令）；④公报；⑤公告；⑥通告；⑦意见；⑧通知；⑨通报；⑩报告；⑪请示；⑫批复；⑬议案；⑭函；⑮纪要。

按照公文的行文方向，可分为上行文、下行文和平行文三类。上行文是指下级机关向所属的上级机关的发文，主要是报告情况、请示问题，以取得领导的支持、批准。下行文是指上级机关对所属的下级机关的发文。党和政府的方针政策、领导机关的决策安排，是下级机关开展公务活动的指导纲领和重要依据。平行文是指平行机关或不相隶属机关之间的发文，主要用于相互商洽工作、询问和答复问题，发文机关和收文机关之间，不存在领导与被领导、指导与被指导的关系。"函"的使用范围较广，交际性较强，可以不受行文方向的限制，例如：向有关主管部门请示批准、有关部门向来文机关答复请示批准事项，均可用"函"。"通知"可以是下行文，也可以是平行文。见表2-1。

表2-1　公文的分类（将行文方向划分）

公文类别	公文文种
上行文	报告　请示　函
下行文	命令　决定　公告　通告　通知　通报　批复　决议　公报　纪要
平行文	议案　意见　函　通知

按照公文内容，可分为批示性公文、告晓性公文、报请性公文、记录性公文四类。批示性公文是上级要求下级照办的；告晓性公文是让一定范围内的人知道的；报请性公文是下级向上级反映情况、请示问题的；记录性公文是作为凭证、凭据、共同执行或以备查询的。见表2-2。

表2-2 公文的分类（按公文内容划分）

公文类别	公文文种
批示性公文	通知 批复 命令 决定
告晓性公文	公告 通告 通报 公报
报请性公文	报告 请示 函
记录性公文	纪要 决议 议案

正确选用文种，对于维护行政管理工作的严肃性、有效性，保证受文者准确理解发文者的意图并及时有效地处理公文，有着重要意义。错用、生造公文文种，将会给工作带来不便或损失。

二、通告

（一）通告概述

通告是在一定范围内公布社会各有关方面应当遵守或者周知的事项的公务文书。通告可面向一定的读者群，不求所有人知道。通告是法规性、政策性、知照性、公布性的下行文种。从某种意义上说，通告的内容可以是一些政策、法令方面的事项，也可以是一些具体的事务性事项。各级国家机关、团体、企事业单位都可以发通告。在实际工作中，省级以下、县级以上国家行政机关用得较多。如：公安部、能源部《关于严禁窃电的通告》、天津市人民政府《关于加强节约用水的通告》等。通告具有法规性、广泛性、通俗性的特点。通告可以张贴、登报。

（二）通告的种类

通告从内容上可分为法规性通告和知照性通告两类。法规性通告是在一定范围内，针对某一方面的问题，公布政策、法规或规范性意见，并提出相应要求，使人们广为周知并强制遵守。知照性通告只在向群众公布应当遵守或应知具体事务时使用，多是一些一般事务性事项。

（三）通告的结构

通告的结构包括标题、正文、落款三个部分。

正文部分通常由三个部分组成。

1. 通告原因

写明为什么发通告，发通告的依据、目的、意义是什么。写作时要开门见山，简单明了，有的只有一句话，但要紧扣通告内容，不能牵强附会。然后，用"通告如下"之类的过渡语，引出下文。

2. 通告事项

写明通告内容，要求中心突出，明白具体，便于领会和遵守。

3. 结语

结语通常是执行通告内容的进一步要求，一般带有强调性质，有的可以提出要求或号召，有的指明通告生效时间、执行范围，有的以"特此通告"作结语。也有些通告没有这部分。

（四）写作通告应注意的问题

1. 态度鲜明，语气肯定

通告的内容是需要群众周知和遵守的事项，拟写时必须注意旗帜鲜明，语气肯定。提倡什么，反对什么，允许什么，禁止什么，必须一清二楚，便于群众理解记忆和遵守。

2. 语言通俗，行文简要

通告的语言要大众化、通俗化。通告内容具有专门性质，允许使用专门术语，但要尽量少用；语言要通顺，忌用生僻深奥的词语，切忌生造、滥用词语，一般不用方言土语。行文时，多采用分条列项形式，这样条理清楚，简要严谨。

3. 当发则发，不滥发通告

通告要挑选确属应当公之于众的事项写，现在社会上存在滥用通告的现象，如"此处禁止倒垃圾""不许践踏草坪"、迁址等事宜，都不应该属于通告。

写作示例

关于"烈士纪念日"向人民英雄敬献
花篮仪式采取临时交通管制措施的通告

9月30日10时，在天安门广场举行"烈士纪念日"向人民英雄敬献花篮仪式。为确保仪式安全顺利进行，根据《北京市实施〈中华人民共和国道路交通安全法〉办法》的有关规定，活动期间将对天安门广场及周边地区实施临时交通管制措施。通告如下：

一、9月30日6时30分开始至活动结束，天安门广场东、西侧路禁止机动车上、下乘客，公共汽车甩站通过。

二、9月30日7时开始至活动结束，人民大会堂南侧路，东交民巷正义路路口（不含）至新大陆西口，人民大会堂西侧路与西交民巷交叉口（不含）至西交民巷东口，东、西筒子河路，天安门金水桥以北至故宫端门北墙一线区域实施临时交通管制，除持有专用证件的车辆和人员外，禁止各种车辆和行人通行。

天安门广场东、西侧路，禁止非机动车和行人通行。

东交民巷、西交民巷管制区域内居民和单位所属车辆，可凭有效证件出入。

长安街南长街南口（不含）至南池子大街南口（不含）双方向，禁止行人通行。

长安街府右街南口（不含）至南河沿大街南口（不含）双方向，禁止机动车上、下乘客，沿线两侧公共汽车、地铁甩站通过，地铁二号线前门站甩站通过。

三、9月30日8时开始至活动结束，天安门广场东、西侧路，除持有专用证件的车辆外，禁止各种车辆通行。

行经天安门广场东、西侧路的公共汽车绕行北新华街、正义路大街、台基厂大街。

四、9月30日9时40分至10时15分，长安街南长街南口（不含）至南河沿大街南口（不含）双方向，禁止各种车辆和行人通行。

五、活动期间，天安门广场、毛主席纪念堂、人民大会堂、国家博物馆、天安门城楼、端门城楼、正阳门及广场周边商业网点停止对外开放和营业。

前往中山公园、劳动人民文化宫参观游览的游人，可由中山公园西门、东北门，劳动人民文化宫东门、西北门出入。

上述路段恢复社会交通的时间，由公安交通管理部门根据活动情况决定。请沿线单位和市民提前安排好绕行路线，以免影响出行。

请社会单位和各界群众给予理解和支持，自觉遵照执行。

特此通告。

北京市公安局
2017年9月21日

三、通报

（一）什么是通报

通报是国家机关、社会团体、企事业单位用以表彰先进、批评错误，传达重要精神或通报有关情况的公文。通报具有真实性、严肃性、典型性、教育性、时间性等特点。

（二）通报的类型

根据内容不同，通报可以分为表彰性通报、批评性通报和情况通报三种。第一种表彰性通报，是用来表彰先进单位和个人，介绍先进经验或事迹，树立典型，号召大家学习的通报。表彰先进的通报，对被表彰单位是一种鼓舞、激励；对其他单位是一种教育，引导其找差距，学习先进；对后进单位是一种鞭策，激励他们学习先进，迎头赶上。第二种批评性通报，是用来批评、处分错误，以示警诫，要求被通报者和大家吸取教训的通报。第三种情况通报，是在一定范围内传达重要情况和动向，以指导工作为目的的通报。

（三）通报的结构与写法

通报一般由标题、主送机关、正文和落款四个部分组成。

1. 标题

通报标题有四种构成形式：一种是由发文机关名称、事由和文种组成，如《国务院办公厅关于部分地区违反国家棉花购销政策的通报》《××市人民政府关于表彰计划生育先进集体和先进工作者的通报》；另外一种是由事由和文种构成，如《关于给不顾个人安危勇于救人的×××同志记功表彰的通报》。此外，有少数通报的标题是在文种前冠以机关单位名称，如《中共××市纪律检查委员会通报》；也有通报标题只有文种名称，如《通报》。

2. 主送机关

除普发性通报外，其他通报应该标明主送机关。

3. 正文

通报属于对问题定性的文件，写作时必须十分慎重，文字要认真推敲。通报正文的结构通常由开头、主体和结尾等部分组成。开头说明通报缘由；主体说明通报决定；结尾提出通报的希望和要求。不同类别的通报，其内容和写法有所不同。

表彰性通报正文的一般写法：①叙述先进事迹，包括时间、地点、人物、事迹、怎么做、结果；②对上述事件进行分析、评议，指出其典型意义，或概括其主要经验。语言要简明概括；③提出表彰或发出号召。如果是转发式的表彰通报，正文部分先对下级机关所发的这个材料进行评价，加上批语，即对被表彰者进行评议等，再发出号召或提出要求。

批评性通报正文的一般写法：①通报原由，即将事故或错误事实的经过情况、时间、地点、事故、后果等交代清楚；②对事故进行分析评议，重点分析事故发生的原因，指出事故的性质及其危害，并提出处分决定；③写明防止此类事故的措施，要对症下药，提出告诫，或重申某一方面的纪律。

情况通报的一般写法：情况通报的正文，关键在于对情况的掌握要确实、全面、充分。它的正文包括：①叙述情况；②分析情况，阐明意义；③提出指导性意见。

4. 落款

发文机关、时间和印章。如果发文机关在标题中标明，此处可不写。

（四）通报的写作要求

1. 时效性

发通报要抓住时机，及时将先进典型和经验向社会宣传推广，对反面典型予以揭露，引起警戒，或对某些重大事项和重要情况，及时予以通报，以起到交流情况、信息，指导工作的作用。错过时机的通报，就失去了它的时效性，没有行文的意义了。

2. 指导性

不能事无巨细都发通报，要选择对工作有普遍指导意义的事项来发通报。通报要有普遍的指导意义，就应选择典型。先进的典型要能反映事物的本质特征，能揭示时代的本质，体现时代的精神。反面的典型，应有一定的代表性，能体现鉴戒的作用。

3. 真实性

通报中所涉及的事例，必须是客观存在的，真实可靠的，绝不允许捏造和虚构。同时，事例的反映要准确，经过反复调查取证，不能夸大或缩小，要实事求是。

四、通知

（一）什么是通知

通知适用于批转下级机关的公文，转发上级机关、同级机关和不相隶属机关的公文，发布规章，传达要求下级机关办理和需要有关单位周知或执行的事项，任免人员。

（二）通知的种类

按照内容和功用的不同，通知可以划分为指示性通知、批示性通知、事项性通知（工作通知）、知照性通知四大类。

1. 指示性通知

这类通知多用于传达上级机关的决定、规定、指示或某方面的政策，向下布置需要执行与办理的工作或具体事项；上级主管部门向下级业务主管部门传达对口业务指导事项；一般基层单位也用于传达布置具体工作事项。指示性通知往往带有强制性、指挥性和决策性的特点。

2. 批示性通知

批示性通知包括批转性通知和转发性两种，用于批转下级机关的公文，转发上级机关、同级机关或不相隶属机关的公文。"批示"是指领导机关或领导人对批转、转发的公文所加的批语和指示性语言，对主要受文机关有指示性作用。批转性通知，需在标题中注明"批转"两字；转发性通知同样需在标题中注明"转发"字样。这类通知是"通知"本身加上"被批转或被转发的公文"复合构成的。

3. 事项性通知（工作通知）

要求下级机关办理某些事项，除交代任务外，通常还需提出工作原则和要求，让受文单位贯彻执行，具有强制性和行政约束力。有些事项、任务，不宜采用命令和意见行文的，可使用这种通知。

4. 知照性通知

用于告知某一事项或某些信息的通知，诸如庆祝节日，成立、调整、合并、撤销机构，人事任免，启用新印章，变更存、贷款计划，更正文件差错，告诉有关单位或个人参加会议，等等，都可用这种通知行文。

（三）通知的特点

1. 广泛性

通知不受发文机关级别高低的限制，是各级党政机关、人民团体、企事业单位等在公务活动中最常用的一种公文；通知的行文路线没有严格限制，主要用作上级机关对下级机关、组织对所属成员的下行文，但平行机关之间、不相隶属的机关之间，有时也可使用通知知照有关事项。

2. 指导性

上级机关和组织向下级机关用通知行文，都明显体现出指导性。特别是部署和布置工作、批转和转发文件等，都需明确阐述处理某些问题的原则和方法，说明需要做什么，怎样做，达到什么要求等。一部分通知对下级或有关人员具有约束力，起指挥、指导作用；另一部分通知则主要起知照作用。

3. 时效性

通知事项一般是要求立即办理、执行或知晓的，不容拖延。有的通知如会议通知，只在指定的一段时间内有效。

（四）通知的结构和写法

通知的结构包括标题、主送机关、正文、附件、落款（印章）五个部分。

1. 标题

通知的标题有完全式和省略式两种。完全式标题是发文机关、事由、文种齐全的标题，省略式标题则根据需要省去其中的一项或两项。省略式标题有如下三种情况：

（1）省略发文机关。如果标题太长，可省略发文机关。如《关于县级市经济管理权限的通知》，这个标题便省略了发文机关。省略发文机关的标题很常见。如果是两个单位以上联合发文，不能省略发文机关。

（2）省略多余的"关于"和"通知"字样。"××县人民政府关于转发《××市人民政府关于转发〈××省人民政府关于转发人事部关于×××同志恢复名誉后享受××级待遇的通知〉的通知》"，这个标题有四个层次，用了三个"关于转发"，两个"的通知"，很不顺口。可把这个标题简化为《××县人民政府转发人事部关于×××同志恢复名誉后享受××级待遇的通知》。至于被省、地区等转发过的内容，可在转发意见中交代清楚。

（3）省略发文机关和事由。如果通知发文范围很小，内容简单，甚至张贴都可以，这样的通知标题可以省略发文机关和事由，只写文种"通知"二字。公文标题一般不用这种形式。

问题诊断

指出下面通知标题的不妥之处。

**国务院关于转发交通运输部等部门重大节假日
免收小型客车通行费实施方案的通知**

国发〔2012〕37号

各省、自治区、直辖市人民政府，国务院各部委、各直属机构：

国务院同意交通运输部、发展改革委、财政部、监察部、国务院纠风办制定的《重大节假日免收小型客车通行费实施方案》，现转发给你们，请认真贯彻执行。

国务院

2012年7月24日

2. 主送机关

主送机关写全称或者规范化简称、统称。按性质、级别或惯例依次排列，同类型、相并列的单位之间用顿号间隔，不同类型、非并列关系的单位之间用逗号，最后用冒号。如：《关于开展国家公务员培训的通知》中这样写道："各省、自治区、直辖市人事（人事劳动）厅（局），教委（教育厅），语委（语言文字工作机构），国务院各部委、各直属机构人事（干部）部门：……。"

3. 正文

通知的正文主要包括通知原因或依据、通知事项、通知要求三个部分。通知事项是主体部分，通知要求可以在通知事项中一并提出，也可以在事项之后提出，要求与事项是统一的整体。下面分别介绍四种通知正文的写法：

（1）指示性通知的正文。一般先写发文的原因、目的、背景、依据。在事项部分，或写发布行政法规、规章制度、办法、措施等，或写带有强制性、指挥性、决策性、指示性的意见。通知事项多以分条列项的形式，条目清晰。通知在表达要求时，要根据通知事项的性质确定，可在通知事项中，也可在文尾。例如，通知的内容关系全局性的重大方针、政策、法规、制度等，要求下级令行禁止、照章办事的，除提出具体要求外，结尾语一般用"希遵照执行""希认真贯彻执行""希立即贯彻执行，并将执行情况上报"等。通知内容虽提出了政策性要求，但又允许下级结合本地区、本单位的具体情况办理的，结尾语一般用"请研究执行"等。通知的内容有地区性、经验性的特点，有参考价值的，结尾语一般用"请参照执行"等。通知中的意见如果属于探索性的，或者政策上尚不完善、法律上尚不完备，需要下级边执行边探索，为上级提供修改根据时，结尾语一般用"希研究试行"或"希研究试行，试行中有何意见请及时反馈"等。

（2）批示性通知的正文。开头常常是表态，也有的是评价，有时只有一句话，却主旨明确、层次分明：说明了被批转或被转发的公文标题及发文机关；表明了态度；提出了要求，如"国务院同意国家计委《关于加强商品房建设管理的请示》，现转发给你们，望认真贯彻执行。"可以把这部分称为"批语"，内容主要有如下三个方面：①说明批转的目的或陈述转发的理由；②对受文单位提出贯彻执行的具体要求；③根据具体情况做出补充性的规定。然后，以附件的形式把被批转、被转发的文件随文印发。可以把这部分看作是通知的主体内容。

用通知批转或转发下级机关、不相隶属机关和上级机关的公文时，对被批转和转发的文件已起到了一种公布、认可或推荐的作用。从构成上看，这种通知由批语部分和批转或转发文件组成，批语和被批转或转发文件都不能单独作为一份文件。如果批语脱离被批转或转发文件，没有实际依托内容，不能单独行文；如被批转或转发文件离开批语则不能纳入通知的内容，不能体现发文单位的意图，失去批语赋予的权威性和合法地位。

（3）事项性通知的正文。要使受文单位了解通知的内容（即事项），以及做什么，怎样做，有什么要求等。正文一般分三个部分：第一部分是开头，一般是说明发此通知的目的或依据。第二部分是主体，即事项部分，将通知的具体内容一项一项列出，把布置的工作或需周知的事项，阐述清楚，并讲清要求、措施、办法等。这类通知多数用于布置工作，因此也有人称之为"工作通知"。第三部分是结尾，多提出贯彻执行要求，如"请认真贯彻执行""请研究贯彻执行"等习惯用语，也有的通知结尾不写习惯用语。

（4）知照性通知的正文。大多以行文的依据、目的开头，以"现将有关问题通知如下"进行过渡，引出通知事项。事项部分要求文字简练、内容周密、表述准确，不致产生歧义。会议通知一般应写明会议的名称、召开会议的原因目的、主要议题、报到时间及地点、到会人员及需要的材料、联系单位、联系人与联系方式，有的通知还附上会议日程安排和与会的有关证件、差旅费报销办法等。会议通知通常采用条文式写法。任免通知的写作比较简单，一般先写任免决定的依据或原因、机关、时间，然后写上被任免人员的姓名及职务。

4. 附件

附件是附在通知后面的详细说明。有的通知没有附件。

5. 落款（印章）

单一机关行文不用落款，只需加盖印章生效。公章盖在成文日期上。成文时间一般以领导人签发的日期为准；如系联合行文，以最后签发机关的领导人签发日期为准，联合发文机关都要加盖公章。成文日期要写明年、月、日，用阿拉伯数字书写，位于正文下方偏右。

写作示例

关于公布2018年山东省职业院校现代学徒制试点项目的通知

鲁教职字〔2018〕13号

各市教育局，有关高等职业院校：

根据《山东省教育厅关于做好2018年度职业院校现代学徒制试点工作的通知》（鲁教职字〔2018〕2号）要求，经各市教育局和有关高职院校遴选申报、专家网上评审、网上公示，确定滨州职业学院数控技术专业等40个项目为2018年山东省职业院校现代学徒制试点项目（见附件），现予公布。

各地要结合落实国家产教融合、校企合作最新政策要求和我省新旧动能转换工程任务，加强组织领导，健全协商机制，不断完善校企联合招生、共同培养、多方参与评价的一体化招生、双主体育人机制；制定扶持政策，管好用好省财政支持经费，确保试点工作扎实开展。

各试点学校要深入调研，科学制定实施方案，明确试点任务和目标，坚持问题导向，针对现代学徒制试点过程中的实际问题，着力创新体制机制，突出制度建设，注重过程管理，探索成本分担机制。按照试点项目进度及时完成年度自检报告、中期报告和终期报告，按时上传到山东省职业教育现代学徒制共享服务中心"项目管理与服务系统"，并随时上传"实施过程相关材料"模块7个方面的资料，确保试点工作取得实效。要加大宣传力度，总结推广试点工作中好的做法、好经验和理论研究成果，营造有利于试点工作的良好社会氛围。

附件：2018年山东省职业院校现代学徒制试点项目名单。

山东省教育厅
2018年3月21日

互动活动

下面通知是否正确？如果有错，请修改。

中共××县地税局党组关于×××等同志职务任免的通知

（17）×地税字第22号

经局党组11月20日的讨论并决定：

×××同志任监察科长。××同志任××税务检查站站长。×××同志任××税务所副所长。

特此通知（公章）
2017年11月20日

第二节　报告、请示、批复

一、报告

（一）什么是报告

报告是下级机关向上级领导机关，业务主管机关、部门向机关领导，执行机关向权力机关汇报工作、反映情况、提出意见建议、答复询问所使用的陈述性上行公文。

"报告"的目的就是让上级机关掌握本单位的情况，了解本单位的工作状况及要求，使上级领导能及时给予支持，为上级机关处理问题，布置工作，或作出某一决策提供依据。"下情上达"是制发"报告"的目的。所以报告的内容要求以摆事实为主，要客观地向上级反映具体情况，不要过多地采用议论和说明，表达方式以概括叙述为主。语气要求委婉、谦和，不宜用指令性的语言。

（二）报告的种类

报告的种类从内容上划分主要有：汇报性报告、答复性报告、呈报性报告和例行工作报告。

1. 汇报性报告

汇报性报告主要是下级机关向上级机关、执行机关向权力机关汇报工作、反映情况的报告。汇报性报告主要便于领导掌握情况，为决策提供信息，除其中少数领导批转下发外，一般只予呈送，并不要求领导回答或批准什么问题。这种报告一般可分为两种类型：

（1）综合报告。这种报告是本单位、本部门或本地区、本系统工作到一定的阶段，就工作的全面情况向上级写的汇报性的报告。其内容大体包括工作的进展情况，成绩或问题，经验或教训以及对今后工作的意见。这种报告的特点是全面、概括、精练。所谓"全面"，是指报告的内容要体现一个地区、一个部门在某一段期间内的全面工作情况；所谓"概括、精练"，是指表述内容的时候，少写或不写烦琐的工作过程，要用结论性、要求性的语言，表达出某项工作的结果、希望或要求。

（2）专题报告。这种报告是本单位、本部门或本地区、本系统就某项工作或某个问题，向上级领导部门所写的汇报性报告。其内容与综合性报告差不多，但也有自身的特点：

一是内容专一。也就是说，一份专题报告只反映某一方面的情况和问题。除了写出事件的结果以外，常常把重点放在情况的阐述、事情的原委、性质的分析和自己的看法上。如果是反映成绩的报告，则应把重点放在做法、成绩、经验和总结上。也可就某一问题专门提出建议。

二是针对性强。主要包括两个方面的意思。一种是日常工作中出现的新情况、新问题，向上级汇报以后可以及时得到支持或指示；一种是上级部门在安排部署某项工作任务时，就要求下级单位在一定期间把工作进展情况按期向领导汇报，针对性较强。

2. 答复性报告

答复性报告是针对上级领导部门或业务管理部门所提出的问题或某些要求而写出的报告。这种报告要求问什么答什么，不要涉及询问以外的问题或情况。

3. 呈报性报告

呈报性报告主要用于下级向上级报送文件、物件随文呈报的一种报告。一般是一两句话说明报送文件或物件的根据或目的以及与文件、物件有关的事宜。

4. 例行工作报告

例行工作报告是下级机关或企事业单位，因工作需要定期向上级领导机关或业务主管部门所写的报告。如财务部门定期向业务主管部门和财政、税收、银行等业务指导机关所呈送的财务报表，包括日报、周报、旬报、月报、季报等。

（三）报告的结构与写法

报告的结构一般由标题、主送机关、正文、落款四个部分组成。

1. 标题

报告的标题常见的形式有两种：一种是由发文机关、事由和文种构成；另一种是由事由和文种构成。

2. 主送机关

报告的主送机关一般为发文机关的直属上级机关或业务主管部门。主送机关应力求单一，如需报告其他上级机关，通常以抄送的方式处理。主送机关常常省略。

3. 正文

报告正文的结构一般由开头、主体和结语三个部分组成。

开头，主要交代报告的缘由，概括说明报告的目的、意义或根据，然后用"现将××情况报告如下"一语转入下文。

主体，这是报告的核心部分，用来说明报告事项。它一般包括两方面内容：一是工作情况及问题；二是进一步开展工作的意见。在不同类型的报告中，正文中报告事项的内容可以有所侧重。例如："工作报告"在总结情况的基础上，重点提出下一步工作安排意见，大多都采用序号、小标题的形式。"建议报告"的重点应放在建议的内容上，也可以采用标序列述的方法。"答复报告"则根据真实、全面的情况，按照上级机关的询问和要求回答问题，陈述理由。"递送报告"，只需要写清楚报送的材料（文件、物件）的名称、数量即可。

结语，根据报告种类的不同一般都有不同的程式化用语，应另起段来写。工作报告和情况报告的结束语常用"特此报告"；建议报告常用"以上报告，如无不妥，请批转各地执行"；答复报告多用"专此报告"；递送报告则用"请审阅""请收阅"等。

4. 落款

如果标题中有发文机关名称，这里不再署名。而一般情况下，要求在右下方写上机关单位或主要负责人姓名。其下写明年、月、日，并加盖单位公章或主要负责人印章。

（四）报告的写作要求

（1）实事求是，如实汇报。报告的事实、情况、工作成绩、存在的问题都要如实汇报，不夸大缩小、不以偏概全、不笼统含糊、不隐瞒缺点。意见、建议要有针对性。

（2）简明扼要，突出重点。叙述事实、情况要用概述，要用典型事例和主要数据说话，要紧紧围绕主旨，不泛泛而谈，不描写具体细节。专题报告尤其要注意内容的深度，讲出特色。

（3）叙述为主，夹叙夹议。各类报告都以叙述为主，不作过多议论；议论或分析要与叙事有机地联系在一起，不能脱离报告涉及的情况，无的放矢地引申发挥。

（五）报告的主要特点

（1）报告的行文目的是向上级汇报本机关的工作、情况、建议、答复等，它一般不需要上级机关批复所以不带请示事项，这也是它与请示的重要区别之一。

（2）报告中一般不提出建议或意见。如果确需在某一领域或某些部门贯彻报告中提出建议或意见，可建议上级机关批转到有关部门贯彻执行，报告一经批准，便作为批转文件的附件下发，其权威性依赖或附属于批转机关。

（3）报告在内容上可以在一件公文中综合报告几件事情，层次结构也比较复杂，不像请示那样有"一文一事"的要求。

（4）报告广泛使用于下级机关向上级机关反馈信息，是沟通上下级机关纵向联系的一种重要形式。向上级及时汇报工作、反映问题、提出建议，也是下级机关必须履行的一项工作制度。

写作示例

2017年度监事会工作报告

二、请示

（一）什么是请示

请示是下级机关向上级机关请求指示、批示或批准事项所使用的一种上行公文。

（二）请示的分类

根据请示内容和写作意图的不同，分为以下三类。

1. 请求指示的请示

此类请示一般是政策性请示，是下级机关需要上级机关对原有政策规定作出明确解释，对变通处理的问题作出审查认定，对如何处理突发事件或新情况、新问题作出明确指示等。

2. 请求批准的请示

此类请示是下级机关针对某些具体事宜向上级机关请求批准的请示，主要目的是解决某些实际困难和具体问题。

3. 请求批转的请示

下级机关就某一涉及面广的事项提出处理意见和办法，需各有关方面协同办理，但按规定又不能指令平级机关或不相隶属部门办理，需上级机关审定后批转执行。

（三）请示的结构和写法

请示一般由标题、主送机关、正文、落款四个部分组成。发文字号和签发人根据需要，确定是否标注于标题下方。

1. 标题

请示的标题一般有两种构成形式：一种是由发文机关名称、事由和文种构成。另一种是由事由和文种构成。

2. 主送机关

请示的主送机关是指负责受理和答复该文件的机关。每件请示只能写一个主送机关，不能多头请示。若还要报给其他上级机关，可用"抄报"的形式在文后注明。

3. 正文

请示的正文，主要由请示的缘由、请求事项、结语三个部分组成。

开头，主要交代请示的缘由。它是请示事项能否成立的前提条件，也是上级机关批复的根据。原因讲的客观、具体，理由陈述合理、充分，提出的解决方案具体、切实可行，上级机关才好及时决断，予以有针对性的批复。如请求拨款的应附预算表；请求批准规章制度的，应附规章制度的内容；请示处理问题的，本单位应先明确表态。

主体，主要说明请求事项。它是向上级机关提出的具体请求，也是陈述缘由的目的所在。这部分内容要单一，只宜请求一件事。另外请示事项要写的具体、明确、清楚，以便上级机关给予明确批复。

结语，习惯用语一般有"当否，请批示""妥否，请批复""以上请示，请予审批"或"以上请示如无不妥，请批转各地区、各部门研究执行"等。

4. 落款

落款一般包括发文机关、成文时间、印章三项内容。如果标题写明发文机关，这里可不再署名。

（四）请示的特点

（1）请示事项一般时间性较强。请示的事项一般都是急需明确和解决的，否则会影响正常工作，因此时间性强。

（2）一文一事，如果一文数事，常因涉及几个部门或难易程度不同而延误解决问题的时间。

（3）不多头主送，一般主送一个机关，如需同时送其他机关，应当用抄送形式，但不得在请示的同时又抄送下级机关。

（4）不得越级行文，一般情况应按隶属关系逐级请示，如确需越级请示，应同时抄报直接主管部门。

（五）撰写请示应注意的事项

（1）要正确选用文种，注意请示与报告的区别，切忌用报告代替请示行文。

（2）请求的内容若涉及其他部门或地区时，在正常情况下应事先进行协商，必要时还可联合行文，如有关方面意见不一致，应如实在请示中反映出来。

（3）正式印发请示报送上级机关时，应在文头注明签发人姓名。

写作示例

关于要求解决萍乡博物馆建设资金的请示

市人民政府：

萍乡博物馆建设是我市十四项重点工程之一，在市委、市政府的高度重视和社会各界的大力支持下，在资金紧、任务重的情况下，保质量、抢进度、克服万难、全力以赴，努力做好了萍乡博物馆各项建设工作，工程建设历时三年，于2010年10月16日正式对外开放。该馆开放一年来，接待观众40余万人次，得到了各级领导、专家和观众的广泛好评。

萍乡博物馆建设工程经市发改委批准，工程造价预算5389.6万元，但实际建设资金近6000万元，已支付中央、省、市等财政拨款4026万元，目前尚欠资金1900余万元（其中工程款1300余万元，向市财政贷款600万元）。春节已经临近，博物馆建设各施工单位频繁催款，博物馆基建账上已无分文，无法兑现合同，更为重要的是拖欠的工程款大部分是农民工工资。鉴于上述情况，为了更好地做好春节期间萍乡博物馆的免费开放工作，避免不和谐的事情发生，特请求市政府暂时解决萍乡博物馆建设资金500万元用于支付工程建设农民工工资。

妥否，请批示。

附件：萍乡博物馆建设工程尾欠工程款情况

萍乡市文化广电新闻出版局办公室
2011年12月13日

问题诊断

指出下列公文文稿的错误之处。

请　示

因工作需要，我局急需购买空调三台，请批准调拨经费××××元。

另：我局尚缺专业对口技术人员××名，请在制定明年人员编制时一并考虑。

上述意见与要求如无不妥，请批复。

此致

敬礼！

××县环保局
2016年5月

🗨 互动活动

阅读《关于要求解决萍乡博物馆建设资金的请示》，回答以下问题。

1. 文中标题由哪几个部分构成？
2. 请示正文的内容包括请示缘由、事项、结语三个部分，根据你的理解，写出表达请示缘由、事项、结语的句子：

请示缘由：_____

_____。

请示事项：_____

_____。

结语：_____。

3. 把标题改为《关于要求解决萍乡博物馆建设资金的请示》可以吗？为什么？

_____

_____

三、批复

（一）什么是批复

批复是答复下级机关的请示事项时使用的公文。下级机关遇有本单位无权、无力、无法解决的事项需要向上级机关请示时，上级机关就使用"批复"这一文种答复请示事项。批复的内容主要是对请示事项明确表态，或同意，或不同意，或部分同意，有时还对请示事项作出修正、补充。批复是针对请示行文的，具有行文的被动性、回复的针对性和效用的权威性。

（二）批复的分类

根据批复的内容和性质的不同，可以分为审批事项批复、审批法规批复和阐述政策批复三种；根据对申请事项的态度不同，可以分为有肯定性批复、否定性批复和解答性批复三种。

（三）批复的结构与写法

批复的结构通常包括标题、主送机关、正文、落款四个部分。

1. 标题

批复的标题有多种构成形式：一种是由发文机关名称、事由和文种构成，在事由中一般将下级机关及请示的事由和问题写进去；一种是由事由和文种构成；一种是由发文机关名称加原件标题和文种构成；一种是由发文机关名称、表态词、请示事项、文种构成，这种较为简明、全面和常用。

2. 主送机关

批复的主送机关是指与批复相对应的请示发文机关。

3. 正文

正文是批复的主体，其内容比较具体单一，层次构成相对固定，一般正文包括批复意见和要求、结语三个部分组成。

开头，批复引语，通过引叙来文以说明批复缘由。首先点明批复的对象，一般称收到某文，或某文收悉，写明来文日期、标题和文号，以交代批复的根据。

主体，主要说明批复意见和要求。根据国家的方针、政策、法令、法规和实际情况，针对"请示"的内容给予明确肯定（或否定）的答复或具体的指示，要注意将批复机关的意见和态度交代清楚，意思要明确，语气要适当，一般不进行议论。如果同意，在批复意见后面常常概括提出希望和要求；如果不同意，说明理由或提供其他解决办法，进一步强调批复的主旨。

结语，一般用"此复""特此批复"等习惯用语。有的批复也不用结语。

4. 落款

落款包括署名、成文时间和公章三项内容。落款处写上批复机关单位名称，并加盖公章。

（四）写作批复的注意事项

（1）要迅速及时，态度鲜明。批复既是上级机关指示性、政策性较强的公文，又是对下级单位请求指示、批准的答复性公文，因此，撰写批复要慎重及时，根据现行政策法令及办事准则，及时给予答复。撰写时，不管同意与否，批复意见必须十分清楚明白，态度明朗。不能含糊其辞，模棱两可，以免下级无所适从。

（2）针对请示，一文一批复。请示要求解决什么问题，批复就答复什么问题，答复合情合理、全面周详。

（3）明晰职权，分清责任。依法行政讲究职权法定，每个行政机关都有自己独立的法定职责，各级行政机关应当慎用"批复"。上级行政机关面对请示，对于应当由下级机关"依法独立行使职权"并独立承担责任的事项，虽有请示也不应批复，即使需要指导也应采用其他方式，推进依法行政。

写作示例

**国务院关于同意将浙江省温州市
列为国家历史文化名城的批复**

国函〔2016〕75号

浙江省人民政府：

你省关于申报温州市为国家历史文化名城的请示收悉。现批复如下：

一、同意将温州市列为国家历史文化名城。温州市历史悠久，文化遗存丰富，历史街区特色鲜明，传统风貌保持完好，保存有独特的"山水斗城"格局，具有重要的历史文化价值。

二、你省及温州市人民政府要根据本批复精神，按照《历史文化名城名镇名村保护条例》的要求，正确处理城市建设与保护历史文化遗产的关系，深入研究发掘历史文化遗产的内涵与价值，明确保护的原则和重点。编制好历史文化名城保护规划，并将其纳入城市总体规划，划定历史文化街区、文物保护单位、历史建筑的保护范围及建设控制地带，制定严格的保护措施。在历史文化名城保护规划的指导下，编制好重要保护地段的详细规划。在规划和建设中，要重视保护城市格局，注重城区环境整治和历史建筑修缮，不得进行任何与名城环境和风貌不相协调的建设活动。

三、你省和住房城乡建设部、国家文物局要加强对温州市国家历史文化名城规划、保护工作的指导、监督和检查。

国务院
2016年4月22日

第三节　函、纪要

一、函

（一）什么是函

函是不相隶属机关之间相互商洽工作、询问和答复问题，请求批准或者答复审批事项的公文。

函灵活方便，形式多样，适用范围广泛。凡是其他公文文种不便表述传递的，通常都可借助函来完成。函的特点是行文关系的多重性、使用范围的广泛性、反映内容的单一性、行文格式的灵活性。

（二）函的分类

按行文方向，函可以分为去函和复函两种。去函是主动地与有关单位商洽工作、询问事项或提出请求所发出的函。复函是针对来函的问题向来函单位回答相应的商请或询问事项发出的函。

按函的内容，又可分为商洽函、询问答复函、请求批准函三种。商洽函用于单位之间商量、联系工作；询问答复函是单位之间询问有关事宜，征求意见，或答复对方来函有关问题及事项；请求批准函用于单位之间请求帮助解决问题，协助配合工作以及向有关主管部门，如财政、税务、物价、统计、审计、工商等请求批准事项。

（三）函的结构与写法

格式上，有的函比较完备，有发文机关、发文字号、标题、主送机关、正文、时间、印章等；有的则没有文头，具体写法如下。

1. 标题

公函的标题一般有两种形式。一种是由发文机关名称、事由和文种构成。另一种是由事由和文种构成。

2. 主送机关

主送机关即受文并办理来函事项的机关单位，于文首顶格写明全称或者规范化简称，其后用冒号。

3. 正文

正文结构一般由开头、主体、结尾等部分组成。

去函中要写明以下几点：

（1）开头，去函原因。一般要求概括交代发函的目的、根据、原因等内容，然后用"现将有关问题说明如下"等过渡语转入下文。写作要开门见山，直截了当。语言要明确具体，简短扼要，语气谦和。

（2）主体，商洽事项，这是去函的核心。无论是商洽工作，询问问题，还是向有关主管部门请求批准事项等，都要用简洁得体的语言把需要告诉对方的问题、意见叙写清楚。问题较复杂的，可略加分析，但不能漫无边际。写作内容单一，一函一事，宜直述，忌委婉；宜简明，忌烦琐。

（3）结尾，提出希望。请对方协助解决某一问题，或请对方提出意见，或请主管部门批准等。结束语用"特此函询""特此函达""特此函告""请即函复""敬请函复"等。

复函中要写明以下几点：

（1）开头，引来函，表示函件已收到。一般引叙来文的标题、发文字号，交代根据，以说明发文的缘由。然后用"现将有关事项函复如下"等过渡语转入下文。

（2）主体，答复来函。针对来函中所涉及的内容，说明情况，表明态度，提出意见和方案。内容多的要分条列项，注意答复事项的针对性和明确性。

（3）结尾，结束语常用"此复""特此函复""特此函告"等。有的函也可以不用结束语。

4. 落款

落款一般包括署名、成文时间、印章三项内容。

（四）写作函的注意事项

（1）格式规范，一事一函。函是正式公文，必须具备公文的规范格式，不要把函当成一般的信件。函达内容要单一、集中，不能漫无中心，多事罗列，更不能节外生枝。

（2）文字简练，措辞得体。函的语言要简洁明快，遣词用语恰如其分，力求平和、礼貌，切忌一个"傲"字。去函不能把自己的意见强加于人，复函也不宜用简单粗暴的语言回复了事。

（3）适当地使用习惯用语。公函习惯用语较多，如查收、此复、妥否、鉴于、接洽、业经、就绪、谨、蒙、拟于、届时、尚望、为宜、为盼、收悉、均应、兹等，应从实际出发，适当选用，灵活运用。

写作示例

国务院办公厅关于南海博物馆
冠名问题的函

国办函〔2017〕35号

海南省人民政府:

你省《关于使用"国家南海博物馆"机构名称的请示》(琼府〔2017〕12号)收悉。经国务院领导同志同意,现函复如下:

南海博物馆馆名可定为"中国(海南)南海博物馆"。

国务院办公厅
2017年4月5日

互动活动

阅读《国务院办公厅关于南海博物馆冠名问题的函》,完成练习。

1. 按行文方向,该函属于 _____。
2. 该函标题由 _____ 组成。
3. 该函的主送机关是 _____。
4. 分析该函正文的开头与主体部分。

开头:_____

主体:_____

问题诊断

指出下面公文中的错误。

公　函

武汉大学校长办公室:

　　首先,我们以河北省水利学校的名义,向贵校致以亲切的问候。我们以崇敬和迫切的心情,冒昧地请求贵校帮助解决我校当前面临的一个难题。

　　事情是这样的:最近,我们经与武汉水运学院磋商,决定派4位老师到该院进修学习。只因该院教师宿舍还未修盖完毕,本院教师的住房和学生的宿舍及教室破旧拥挤。我校几位进修教师的住宿问题,虽几经协商,仍得不到解决。然而举国上下,齐头并进,培养人才,时不我待,我校几位教师出省进修学习机会难得,时间紧迫,任务繁重,要使他们有效地学习,则住宿问题是亟待解决的。

　　为此,我们在进退维谷的情况下,情急生智,深晓贵校府高庭阔,物实人齐,且具有宽大为怀,救人之危的美德。于是,我们抱着一线希望,与贵校商洽,能否为我校进修教师的住宿问题提供方便条件。但不知贵校是否有其他困难，如有另外的要求和条件，我校则尽力相助。若贵校对于住宿一事能够解决，我校进修教师在住宿期间可为贵校教学事务做些义务工作，如辅导和批改作业等，这样可以从中相得益彰。我们以校方的名义向贵校表示深深的谢意。

以上区区小事，不值得惊搅贵校，实为无奈，望谅解。并希望尽快得到贵校的答复。

此致

敬礼！

××省水利学校（公章）
××年×月×日

_____
_____
_____
_____

二、纪要

（一）什么是纪要

纪要是记载和传达会议情况、议定事项，要求有关单位共同执行的公文。比较重要的会议，都要写会议纪要。

（二）纪要的种类

按内容和功用的不同，划分为指示性会议纪要、通报性会议纪要、消息性会议纪要。

按会议性质的不同，划分为日常行政工作会议纪要、大型专题工作会议纪要。

（三）会议纪要的结构与写法

会议纪要的结构因会议内容与类型不同而有所不同。就总体而言，一般由标题、正文、落款构成。

1. 标题

（1）三要素构成的标题：由发文机关、会议名称和文种构成，如《××集团公司关于经济形势分析会议纪要》《省经贸委关于企业扭亏会议纪要》等。

（2）双要素构成的标题：由"会议名称+文种"构成。如《关于改革××局、××局管理体制的会议纪要》《全国农村工作会议纪要》等。

（3）双标题：由"正标题+副标题"构成。正标题揭示会议主旨，副标题标示会议名称和文种。

2. 正文

会议纪要正文的结构由前言、主体和结尾三个部分组成。

（1）前言。首先概括交代会议的名称、时间、地点、主持人、主要议程、参加人员、会议形式以及会议主要的成果，然后用"现将这次会议研究的几个问题纪要如下"或"现将会议主要精神纪要如下"等语句转入下文。这项内容主要用以简述会议基本情况，所以文字必须十分简练。

常见的写法有两种：

第一种，平列式。将会议的时间、地点，参加人员和主持人、会议议程等基本情况采用分条列出的写法。这种写法多见于办公会议纪要。

第二种，鱼贯式。将会议的基本情况作为一段概述，使人看后对会议有个轮廓了解。

（2）主体。是会议纪要的核心内容，主要记载会议情况和会议结果。写作时要注意紧紧围绕中心议题，把会议的基本精神，特别是会议形成的决定、决议，准确地表达清楚。对于会议上有争议的问题和不同意见，必须如实予以反映。另外，在具体写法上，不同类型的会议纪要，写法也有不同。决议型纪要，主要根据中心议题，着重把会议形成的决定、决议的具体内容一一表述清楚。综合性纪要，主体内容则侧重于突击会议的指导思想，全面介绍会议的基本情况。

常见的写法有三种：

第一种，条文式写法。就是把会议议定的事项分点写出来。办公会议纪要、工作会议纪要多用这种写法。

第二种，综述式写法。就是将会议所讨论、研究的问题综合成若干部分，每个部分谈一个方面的内容。较复杂的工作会议或经验交流会议纪要多用这种写法。

第三种，摘记式写法。就是把与会人员的发言要点记录下来。一般在记录发言人首次发言时，在其姓名后用括号注明发言人所在单位和职务。为了便于把握发言内容，有时根据会议议题，在发言人前面冠以小标题，在小标题下写发言人的名字。一些重要的座谈会纪要，常用这种写法。

（3）结尾。一般是向受文单位提出希望和要求。有的则没有这部分，主体内容写完，全文即告结束。

3. 落款

落款包括署名和成文时间两项内容。署名只用于办公会议纪要，写明召开会议的机关单位名称。一般会议纪要则不需要署名，不加盖公章。至于成文时间，如果在首部已注明，就不需再写。

（四）会议纪要的特点

（1）内容的纪实性。会议纪要如实地反映会议内容，它不能离开会议实际搞再创作，不能搞人为的拔高、深化和填平补齐。否则，就会失去其内容的客观真实性，违反纪实的要求。

（2）表达的要点性。会议纪要是依据会议情况综合而成的。撰写会议纪要应围绕会议主旨及主要成果来整理、提炼和概括。重点应放在介绍会议成果，而不是叙述会议的过程，切忌记流水账。

（3）称谓的特殊性。会议纪要一般采用第三人称写法。由于会议纪要反映的是与会人员的集体意志和意向，常以"会议"作为表述主体，如"会议认为""会议指出""会议决定""会议要求""会议号召"等就是称谓特殊性的表现。

写作示例

××航运有限公司安全生产专题会议纪要

2016年4月13日，公司副总×××在五楼会议室主持召开安全生产专题会议，会议结合安全事故案例分析公司安全生产存在的问题并提出整改意见。公司经理×××及各部门经理、公司各相关部室负责人、安全中心代表参加了会议。会议主要内容纪要如下：

一、会议由公司安全主管通报了近期国内水路运输重大安全事故的案例。并对事故原因及责任进行分析和总结。

二、对上船检查过程中发现的事故隐患进行总结，并对相关责任人进行了通报批评。负责主管安全生产的管理人员提出相关整改意见，会议进行讨论并制定整改方案。

三、提出整改方案要落实到人，对事故定期排查做出具体要求。

四、对近期内安全生产工作做得比较完善的船舶提出表扬。并进一步讨论在下一步工作中的奖惩机制如何改进，以提高船舶及船员的积极性。

五、公司安全主管提出，要建立完善的安全生产管理体系。要加强阶段性的安全生产知识普及，具体到每个季度。根据每个季度的天气、水位情况有针对性的组织安全生产培训。培训的具体科目要有计划、有目的地进行。使得安全生产培训工作有内容、有重心，有依据。

本次会议过程中，管理人员与到会船舶负责人以及船员进行了深入的沟通，针对安全生产工作下一步要做什么、怎么做进行了深度的探讨。

2016年4月13日

综合训练

一、单项选择题

1. 能够以"公告"形式发布的是（　　）。
   A. 政府职能部门依法发布的规定 B. 地方政府规章
   C. 各类规章制度 D. 全国性法律
2. 公文正文中的导语用来（　　）。
   A. 引述领导人的讲话 B. 表明制发公文的依据、目的或原因
   C. 表明公文撰写的时间和地点 D. 作公文开头的谦语
3. 下列公文用语没有语病的是（　　）。
   A. 依法加强对集贸市场的监督管理，不断提高集贸市场的管理水平
   B. 依法进一步加强对集贸市场的商品质量的检验，打击不法商贩的假冒伪劣的欺诈行为
   C. 引导加强个体经济的健康发展，加强对个体经济的管理和监督
   D. 为了提高工商行政人员的管理队伍的素质，把廉政建设放在首位
4. 公文中兼用的表达方式是（　　）。
   A. 议论、描写，说明 B. 说明、议论、抒情

C. 叙述、议论,说明　　　　　D. 说明、描写、叙述
5. 抄送机关指（　　）。
   A. 收文机关　　　　　　　　B. 办理或答复收文的机关
   C. 需要了解收文内容的机关　D. 必须送达的机关
6. 写请示必须（　　）。
   A. 用"请示报告"这个文种　　B. 一文一事
   C. 注明办理期限　　　　　　D. 用"报告"这个文种
7. 下面公文中,属于下行文的是（　　）。
   A. 请示　　　B. 函　　　C. 决定　　　D. 报告
8. 附件具有（　　）。
   A. 与正件相同的法定效用
   B. 法定效用的看法是错误的
   C. 法定效用仅是某些特定的材料
   D. 对正件的补充说明作用,因而不具有法定效用
9. 发文机关应当使用（　　）。
   A. 发文机关的简称或缩写　　B. 发文机关的全称或规范化简称
   C. 发文机关的全称或别称　　D. 发文机关的全称或简称
10. 函的重要功能之一是（　　）。
    A. 商洽工作　　　　　　　　B. 记载情况
    C. 反映情况　　　　　　　　D. 传达重要精神
11. 传达重要精神或者情况,使用（　　）。
    A. 决定　　　B. 通告　　　C. 通知　　　D. 通报
12. 答复下级机关的请示事项,使用（　　）。
    A. 指示　　　B. 批复　　　C. 通知　　　D. 通报
13. 撰写批复,开头应写明（　　）。
    A. 上级机关的指示　　　　　B. 国家的有关法规
    C. 下级机关的工作情况　　　D. 针对请示的日期与标题
14. 给不相隶属机关的复函,第二人称采用（　　）最为恰当。
    A. 你单位　　B. 贵单位　　C. 该单位　　D. 你们单位
15. 下面会议通知的地点,撰写得最不妥当的是（　　）。
    A. ××区××街××单位　　　B. ××单位小礼堂
    C. ××区××街××单位小礼堂　D. ××区××街××单位×号楼四楼小礼堂

二、修改下列文件标题

1. ××制药公司解决生产名贵中成药所需虎骨来源的请示

2. ××总公司组建××实业公司的请示报告

3. ×××设计院关于汇报调整机构设置的报告

4. 关于批复××省地市行政区重新划分申请的函

5. 国务院关于修改国务院关于职工工作时间的规定

三、阅读写作题

根据具体事例，拟写公文标题。

1. ××物业管理总公司××物业分公司物业管理员叶××恪尽职守、智擒盗贼，保护了业户的人身财产安全，总公司发文表彰他的事迹。

2. ××省教委招生办公室召开一次2013年高等院校招生会议，会后要下发一份会议文件。

3. 对本县文化馆申请购买电子图书的来文，××县财政局回文，批准对方的请求。

4. ××职业学校办公室发文给××大型超级市场经理办公室，协商市场营销专业毕业生去超市实习的有关事项。

5. ××分公司拟将市场开发部与市场营销部合并为市场经营部，就此事向总公司行文。

四、阅读分析题

指出下面公文中的不妥之处。

关于××县中心幼儿园落成典礼
及有关问题的请示报告

省妇联：

  幼儿园主体大楼于近日可以装修完毕，县政府决定，于"六一"节举行剪彩落成，届时敬请光临指导。现将工程基本情况报告如下：（略）

  目前，两座大楼虽已建成，但幼儿园设备尚无资金购置，恳请省妇联对所急需要的配套物资给予支持两万元。

×县中心幼儿园
20××.5.13

五、写作题

1. 根据指定内容写作：

某职业学院化工系，为了使二年级学生了解现代有机化学的发展现状，特去信与该市化工研究所联系，希望安排学生前去参观，并请该所著名研究员×××介绍情况。

2. 应自选文种，拟定公文标题。

3. 字数不限，将要办之事说清楚即可，文字要简洁明了。

第三章
常用事务文书

知识目标

- 了解工作计划、总结、工作简报、述职报告与规章制度等文种的使用场合、特点、写作要求;
- 掌握工作计划、总结、工作简报、述职报告规章制度的结构和内容。

能力目标

- 独立制订计划与总结;能书写述职报告;
- 借助工具书和网络资料,在老师指导下指出评价工作简报与规章制度的写作要素;
- 能够撰写常用事务文书。

情景导入

一份华而不实的实习总结

某院校会计专业的学生结束了在北京的实习培训，回到学校，带队老师要求每人写一份实习总结。一同学满怀激情地这样写道：

"金秋送爽的十月，正是瓜果成熟和收获的季节。苹果是那么红，葡萄像水晶，好一派欣欣向荣的景象！在这丰收的季节，我们会计专业实训胜利结束，也获得了丰收。我们带着丰收的喜悦，遥谢北京城里的老师，真是'丰收果里有你的甘甜，也有我的甘甜。'静思我们学习中有哪些收获，还存在哪些不足，该是认真总结的时候了！"……

姑且不说这位同学实习成绩如何，单看这份实习总结就写得不合格。这段文字表达的意思无非是：对会计专业实训学习的圆满成功予以总结。但由于过多的抒情、描写及不恰当的引用，给人以华而不实之感。总结作为一种事务文书，应以朴实为美，力求用实实在在的语言直截了当地把事物的本来面目反映出来，过分地渲染便成了大忌。

第一节　工作计划、总结

一、工作计划

（一）工作计划的概念与类型

1. 计划的概念

计划是根据党和国家的有关方针、政策以及上级的指示要求，依据本部门和个人的实际情况，对未来一定时期内的工作、生产、科研和学习等拟定目标、内容、步骤、措施和完成期限的一种事务文书。

计划是计划类文书的统称。常见的"规划""部署""安排""设想""打算""方案""纲要""思路""要点""意见"等，都是人们对今后工作或活动做出的部署与安排，因而，也都属于计划这个范畴。

计划的使用范围如图3-1所示。

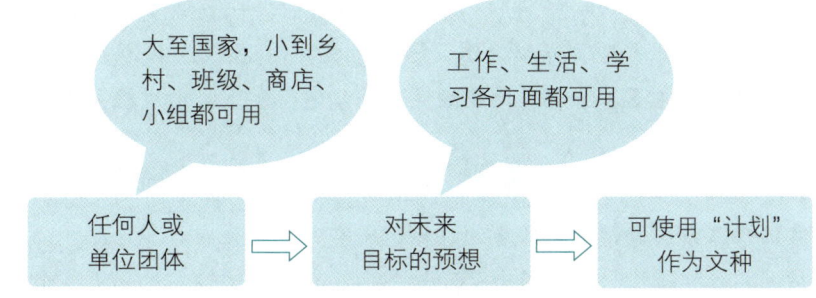

图3-1 计划的使用范围

🔗 资源链接

计划类文书详细攻略

"规划"是计划中最宏大的一种,它是对较长时间的工作所做的具有全局性、方向性、战略性、概括性的宏观计划。其特点一是内容重大、涉及范围广,大都是全局性工作或涉及面较广的重要工作项目,着重于全局性部署;二是时间跨度长。"规划"是较长一个时期发展的科学展望,一般是在五年以上;三是写作粗线条,相对于其他计划类文书,规划在内容和写法上往往是粗线条的,比较概括,带有方向性、战略性、指导性;四是从关系上看,规划是产生各个时期计划的重要依据,是计划的基础;而计划既服从于规划,又根据形势的进展对规划进行补充和修正。

"设想"是对长远工作的初步的、非正式的富有创新性的计划,其特点一是内容上具有初步性,往往是为制定某些规划、长期计划或具体方案做准备,是一些初步想法,尚未最后确定,可能还需要进一步完善,因此其可变性较大;二是写法具有概括性,无需细致具体;三是时间上可远可近,可长可短;四是范围上可大可小。时间上较为长远的可称为"设想";范围上较为广泛的可称为"构想";时间较短、范围也较小的可称为"打算"。

"纲要"是既具有远景发展设想,又具有较强的政策性、思想性、指导性的提纲挈领式的计划性文件。与其他计划性文书相比,其突出特点是:在时间上,不像设想的跨度那么大,也不像计划的跨度那么小,多在五至十年之间;在空间上,范围比较大,多用于全局性工作或某一重要工作的发展设计;在内容上,多为经济和社会发展方面,文字表述多为条款式。

"计划"是对计划类文书最狭义的称呼,它既是一个具体的文种,又是一个泛称,因此使用频率最高。作为一个具体的文种,计划是在任务、要求、时间进度等方面较为详细具体的操作方案,其特点一是时间一般在五年以内;二是涉及范围一般都是一个单位的整体工作或专项重要工作;三是内容和写法比规划具体、深入,是规划的具体实施,它侧重于定任务、定指标、定措施、定时间,具有很强的现实性、规定性和可操作性。计划比设想正规、细致,比安排扩展、概要。

"要点"是上级对下级布置工作任务时对主要内容做出的概括而简明扼要的计划,是工作计划的主要之点,是原则性、指导性较强的计划。与其他计划文书相比,其特点:一是内容上,"要点"是工作的主要方面,重要之点,表达简要、概括,而"计划"则要兼顾各个方面,写得比较具体；二是形式上，"要点"分条列项，一目了然，一般不写具体做法和过多地讲道理，而"计划"则要有具体做法和详细说明；三是行文方向上，"工作要点"一般下行或行于机关内部，而"计划"则在下达给下属单位的同时，也适用于上报上级机关，而上级机关也多要求下级报送工作计划。

"方案"是本单位、本部门对近期要做的具体工作（某项任务或课题）的实施，从工作目标、要求、具体的措施办法进行全面部署的计划，它常针对某项内容和组织环节较为复杂的专题性工作或活动，内容和写法上要考虑全面、周到，具有较强的操作性。可能出现的紧急情况而预先制定的应急方案叫"预案"。预案往往要根据实际情况准备多套。

"策划书"是偏重于创意的一种计划，主要用于举办需要在某些方面创新和突破的活动或行动。策划书在内容上不仅可以针对一次具体的活动或行动，如策划一次公关性、国际性会议或展览，也可以围绕企业的战略发展进行策划。在写作上，策划书要说明策划的背景和依据，对策划对象要作具体分析，有时还要作横向的比较，以显示自身的优势。

"安排"与"打算"都是本单位、本部门对短期或近期内工作任务所作的考虑与布置。"安排"是计划中最为具体的一种，一般针对时间、进度要求明确的必须作出具体安排的专题性的工作或行动，其任务明确，内容较单一，措施较具体，它是对已有"计划"的具体化，是"计划"的分解与消化。"打算"是要点式的短期计划、设想，它提出工作任务，但其中的指标、措施较粗略。

2. 工作计划的类型和特点

计划的种类很多，常见的有以下几种，见表3-1。

表3-1　计划分类

划分标准	划分类别
时间	长远计划、短期计划、年度计划、季度计划、月份计划、学期计划
内容	工作计划、学习计划、科研计划、生产计划、销售计划
性质	综合计划、专题计划、单项计划
范围	国家计划、部门计划、单位计划、个人计划

（二）计划的格式和内容要素

从文本形式看，计划有条文式、表格式和条文表格结合式，其结构一般由标题、正文和落款组成。

1. 标题

标题的写法可分为全称式和简称式。

全称式标题是要素式标题，由计划单位名称、计划期限、计划内容和计划名称构成，如《××大学2011—2012学年第一学期教学工作计划》《××市税务局二〇〇七年税收工作计划》《××县二〇〇〇年至二〇〇五年经济发展规划》等。综合性计划或须上报的计划常用这种写法。

简称式标题是将全称式标题中的某个要素省略就形成简称式标题，或省略计划单位名称，或省略计划单位名称和计划期限，如《1999年信贷计划》《美国贸易谈判代表团接待方案》《税收计划》等。单位内部计划和专项计划多用这种写法。

对于不成熟的非正式计划或还未正式通过的计划，应在标题后或正下方用圆括号标明"初稿""草案""讨论稿""征求意见稿"等字样。

2. 正文

正文一般由前言、主体、结尾组成，见图3-2。

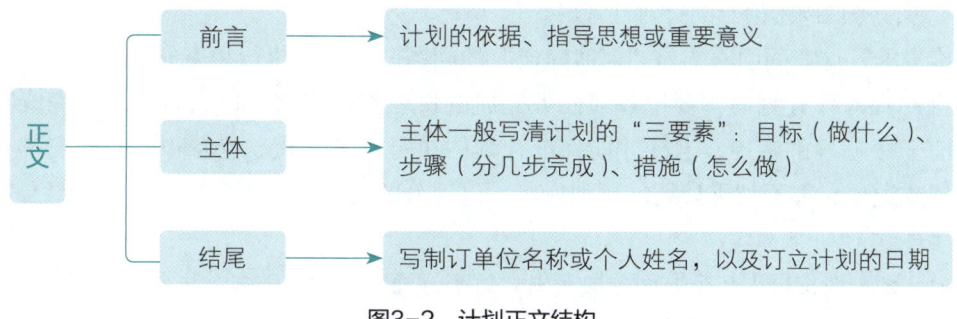

图3-2　计划正文结构

（1）前言。计划的开头部分，要说明制订计划的指导思想，概括单位的基本情况及制订计划的政策依据；或说明制订计划的目的、缘由。这部分是整个计划的纲要，要说明"为什么做"的问题，表达上要简明扼要，点到为止，不宜过多展开。这部分结尾常用承启语"为此，特制订计划如下"或"特制订本计划""为此，要具体抓好以下几个方面的工作"等转入主体。

（2）主体。计划的核心和主干，要具体写明目标任务、措施办法、实施步骤三个方面的内容，要回答"做什么""怎么做""何时完成"等问题，可称之为计划主体的"三要素"。

目标任务，这是回答"做什么"的问题。目标是计划的灵魂，任务是目标的具体化。任何计划都要写明计划期内要完成的目标任务，如果任务较多，还可列出若干子目标，要把子目标内容质的规定和量的要求写清楚，尤其是经济计划，无论是总指标，还是分指标，都要作定量定性的表述。

互动活动

你能指出这份计划的不妥之处吗？

暑期规划

在为期两个月的暑假里，作以下安排。

一、第一个月去找暑期工，体验上班生活，为日后的就业作准备。

二、在第二个月的前半月里,为了应付即将到来的二级考试,我将对所学内容进行全面复习,温故而知新,不能荒废了学业。在后半月,除了在复习之余,要不断地扩充自己的知识量,报名参加各种培训班,让自己更能适应现在知识年代的社会里的生活。

_____

_____

_____

措施办法,这是回答"怎么做"的问题。措施办法是实现目标完成任务的具体保证。计划制订出来是要执行的,只有把具体的措施办法与目标任务结合起来,才能保证计划的执行和完成。措施办法一般从组织领导、任务分工、政策保障、工作制度、物质条件等几个方面考虑。要根据目标任务做周密恰当的针对性考虑。

实施步骤,这方面回答的是"何时完成"的问题。计划的执行和完成,有一个先后顺序问题,因此在写作计划时,要把各项任务完成的日程安排出来,什么时间,要完成哪些任务,应有一个明确的考虑,这样才能保证计划的执行有条不紊。步骤和时间的安排要科学化,过紧或过松,都不利于计划的顺利执行。这部分的内容一般不单独列出,可糅合在措施办法中表述。

专项计划一般按以上几个方面分层写出,每个方面如果内容较多,再分成若干条或款,按一定顺序组织安排。有的计划是将总目标、总任务根据本单位本部门的工作实际分成若干个子目标和具体的工作方面,然后按主次轻重或时间顺序逐条写出,将措施办法、时间步骤分散在每条中表达。比较大型的计划,常是从指导思想、目标任务、组织领导、方法措施等方面来组织安排内容。

表格式计划或条文表格结合式计划,常用于商场的营销计划、企业生产计划、财务计划,因其涉及的任务项目多、量化指标多,时间步骤阶段性清楚,措施办法比较常规,所以常用表格来体现。条文表格结合式计划与表格式计划不同的是,它除了用表格体现目标任务、时间步骤外,还可将表格中无法表达的内容用文字加以说明。

(3)结尾。这可围绕计划的落实发出号召,提出希望与要求;或作补充说明;或表示完成任务的信心和决心;或提出进行监督检查的事项。有的计划在主体部分写完后即结束。

3. 结尾

一般在正文右下方写明制订计划单位名称及制订日期,如标题中已有单位名称,也可只写制订日期。需上报或下发的计划,须加盖单位公章。

二、总结

(一)总结的概念和特点

1. 总结的概念

总结是对前一段的实践活动进行回顾检查、分析评价,从中找出经验教训和规律性认识的一种书面材料。总结的使用范围见图3-3。

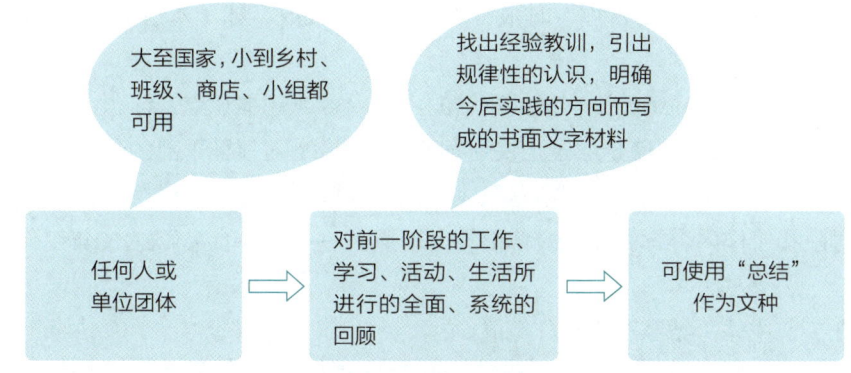

图3-3 总结的使用范围

2. 总结的特点

总结的目的就是要通过实践，提高认识，掌握事物的发展规律，去指导今后的实践活动。因此，总结的主要特点是：

（1）理论性。总结的过程，就是从感性认识上升为理性认识的过程，在分析事实材料的基础上，比较、归纳、提炼出正确的观点，从而提高认识，发扬成绩吸取教训，更好地指导今后的实践活动。

（2）客观性。总结是针对本组织或个人所订计划的总结，应该以客观事实为依据，真实、客观地分析情况、解决问题、总结经验，不允许虚构和编造。

3. 总结的作用

一般说来总结有三个方面的作用，如图3-4所示：

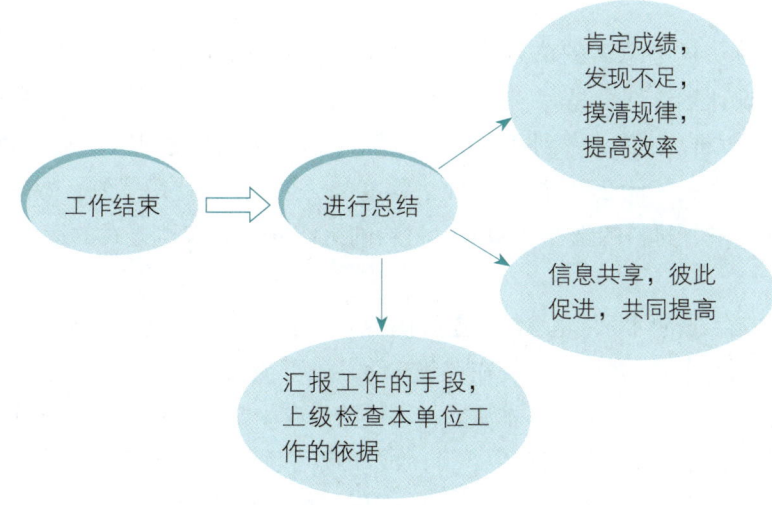

图3-4 总结的作用

（二）总结的文体结构和内容结构

1. 标题

标题必须准确、简洁，一般有以下几种写法：

（1）文件式标题。由单位名称、时限、内容和文种构成，如《永达商场2010年的销售工作总结》。

（2）文章式标题。用简练的语言概括总结的主要内容或基本观点，标题中不出现文种，即"总结"的字样。如《股份制使企业走上快速发展之路》《增强领导干部的公仆意识》等。

（3）双标题。一般由正标题与副标题组成。正标题概括主要内容或揭示主题，副标题补充说明单位、时限和工作内容，如《抓改革促管理增效益——××食品厂2010年工作总结》。

2. 正文

正文由开头、主体、结尾三个部分组成。

（1）开头部分。可以采用叙述的方式，总体说明该时间段内做了哪些工作，然后用一句"现将具体情况总结如下"展开下文。

课堂活动

结合这个开头，试着写出这篇文章的观点。

白云山制药总厂1973年以30万元贷款、两口煮中草药的大锅和3台压片机起家，现在已发展成拥有70多家分厂（公司）的大型综合性企业集团公司。1992年在全国500家大型工业企业中名列第73位，制剂生产能力居全国同行业首位。1993年与1973年建厂时相比，全厂职工从20多人增加到8200多人，产值从24.7万元增加到11.95亿元。白云山制药总厂之所以能迅速发展，效益显著，主要经验就是走"科技立厂"之路，依靠科技进步促进企业发展。

观点_____。

（2）主体部分。这是总结的重点部分，主体，总结的重点和核心，主要写成绩经验、问题教训。如果说计划这部分是写"做什么""怎么做""何时完成"，那么总结这部分就是写"做了什么""怎样做的""做到了什么程度"，它包括了成绩问题、经验教训这几个方面，成绩问题就是"做了什么""做到了什么程度"，经验教训就是"怎么做的"。这部分涉及观点与材料的关系、材料的选择与使用、材料的组织安排、表达方式的运用等几个方面的问题。

取得的成绩或存在的问题，是总结的主要内容，目的是要肯定成绩，找出问题。成绩有多少，是怎样取得的；问题有多少，表现在哪些方面，属于什么性质的，都需要讲清楚。应当看到，在一般情况下，成绩是主流的、本质的，不要因为有一定问题存在，就将总结写得像检查一样。经验和教训，是总结的重点和中心。从成绩或问题中分析出经验和教训，这是总结的根本性目的，将其上升到一定理论的高度，从中提炼出带有规律性的东西，作为今后工作的借鉴。

就一篇总结而言，以上内容不一定面面俱到地都写上，可以有所侧重，或者着重写成绩与经验，或者着重写经验体会，或者着重写缺点教训，一切都要从实际出发。

（3）结尾部分。在总结经验的基础上提出今后的打算，改进意见和设想。

（三）总结的写作要求

1. 指导思想要正确

要写好总结，就必须以正确的观点和党的方针政策为依据来衡量各项工作，才能给工作以恰当的评价；必须科学地分析整个实践活动才能总结出经验，并从中找出规律性的东西。如果缺乏正确指导思想和科学分析，就只能罗列现象，就事论事，甚至写成"流水账"，流于形式，达不到总结的目的。

2. 态度要实事求是

工作总结中常常出现两种倾向：一种是好大喜功，搞浮夸，只提成绩，不谈问题；另一种是将总结写成"检讨书"，把工作说得一无是处。这两种倾向都不是实事求是的态度。写总结要从实际出发，实事求是地反映事物本来面目，概括总结出事物本身固有的、而不是主观臆造规律性的东西。

3. 找出规律

总结的根本任务在于总结经验，找出规律性的东西，不断把工作推向前进。因此要求作者从客观实际出发，从分析研究事实入手，发掘出事物的本质特点，找出内在联系，找出取得成绩的原因或存在问题的根源，从而认识事物的本质规律，提出符合客观实际的意见，明确今后的工作任务和努力方向。

写作示例

2016年个人工作总结

第二节　工作简报、述职报告

一、工作简报

（一）工作简报的概念、特点和作用

工作简报是党政机关、社会团体、企事业单位编写的用于反映情况、汇报工作、交流经验、沟通信息的一种内部刊物。简报是单位、行业或系统内部传阅的文字材料，一般不公开发表。在实际应用中，常用"××简报""××简讯（动态、信息）""情况交流""情况反映""内部参考"等名称，名称不同，但都具有简报的性质和功能，如图3-5所示。

工作简报是一种具有汇报性、交流性、参考性、时效性等多方面性质和特点的文字材料，其特点可概括为快、新、真、简。如图3-6所示：

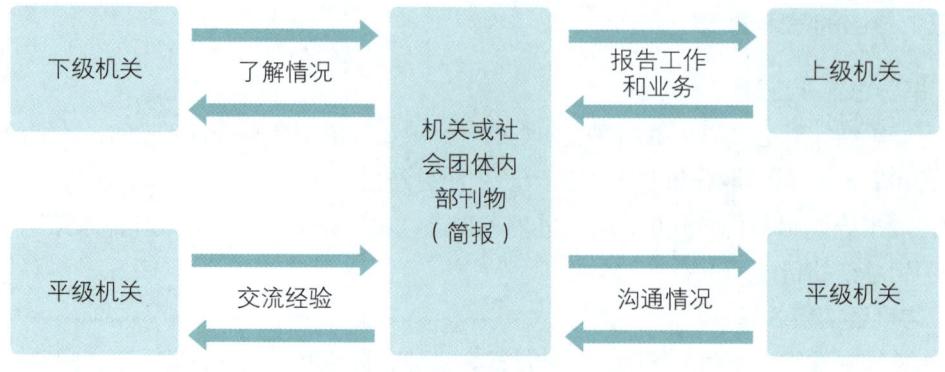

图3-5　工作简报的性质和功能

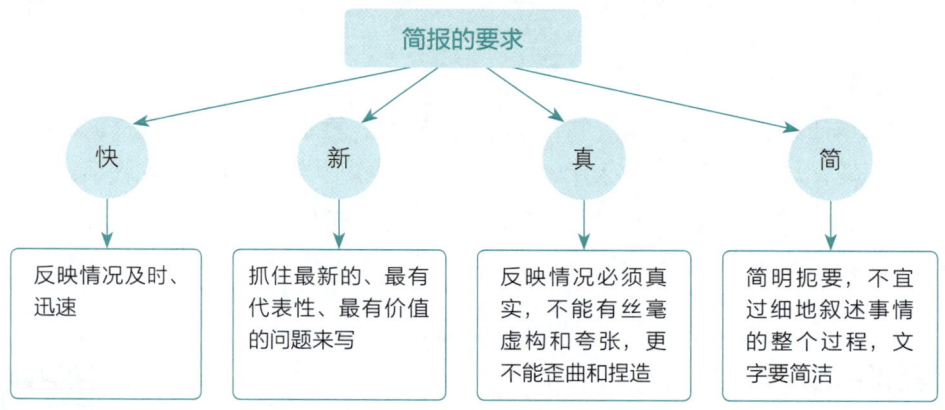

图3-6　简报的要求

另外简报还具有保密性的特点，简报一般是在单位、行业或系统内部传播，有些内容不宜对外披露。虽然简报具有一定的新闻性，但主要用于内部交流，与新闻的公众性有很大的区别。报刊上的有些消息或通讯来源于简报，但要公开发表，须经简报制发部门的同意，而且文字要作必要的调整，删减某些不宜公开发表的内容。

简报的作用一是向上级反映情况、汇报工作的简报，有助于上级了解情况，指导工作，为上级制定有关方针政策提供客观依据；二是机关单位内部的简报，有助于推广经验，推动基层工作的开展；三是同级机关单位之间的简报，有助于彼此交流经验，沟通信息，互相促进。此外简报还可为新闻单位提供报道内容或新闻线索。

（二）简报的种类

1. 按性质分，简报可分为综合简报和专题简报

综合简报是对本系统、本部门、本单位在一段时间内各方面工作情况综合报道和全面反映，内容具有综合性，它要求既有一定的广度，又有一定的深度；专题简报是反映本部门、本单位某一专项工作的具体情况和问题，内容单一、集中，要求写作上具有一定的深度。

2. 按内容分，简报可分为工作简报、动态简报和会议简报

工作简报，也叫情况简报，主要是用来反映单位、部门、行业的工作情况和生产情况，

包括工作成绩、经验、问题或教训，也可用来表扬先进或批评错误。工作简报的重点在于掌握工作进程，交流经验，促进工作任务的完成。动态简报，也称信息简报，主要用来迅速及时、简明扼要地反映各部门、各领域的新情况、新动态，反映事物发展变化的新趋势，如《消费信息》《财政动态》等。它的内容新，信息量大，时效性强。会议简报是召开大中型会议或重要会议时用来反映会议情况、会议进程、会议交流内容及会议成果的简报，主要作用是向有关领导和与会人员通报会议情况，组织引导会议的进行。一般由大会秘书处编发或主办单位协助编发。会期不长、内容单一的，一般发一期简报；会期较长、内容较多的，可分阶段分期编发。

3. 按时间分，简报可分为定期和不定期简报

（三）简报的格式、内容及写法

一份简报通常由报头、报核、报尾三个部分组成。

1. 报头的写法

报头也称版头，位于简报首页上部，约占首页版面的1/3，下用红色反线与报核部分隔开（反线两端与版心等齐）。报头一般包括简报名称、期号、编发单位、印发日期、保密要求及编号等格式要素。

简报名称，位于报头上方正中，用套红大号字体显示，一般由反映简报内容或性质概括性文字和简报或信息、简讯、动态等组成，如《财政动态》《招生工作简报》《文化信息》等。

期号，位于简报名称正下方，按序标出，如"第×期"，有的简报还将总期数用圆括号在期号的右侧标出。

编发单位，位于报头左下方，红色反线之上，顶格写明编发单位名称。

印发日期，位于报头右下方，编发单位右侧，年月日要齐全。

保密要求，有的简报内容比较重要，不可对外披露，因此要在报头标明保密要求，一般在报头的左上角注明保密的级别如"机密"或"内部资料，注意保存"的字样。

编号，类似于法定行政公文格式中的"份号"，只针对有保密要求的简报，是对有保密要求的同一期简报印数的顺序编号，位于报头右上角，与保密要求相对。

对于大多数简报来说，报头部分一般写明简报名称、期号、编发单位、印发日期几个格式要素即可。

2. 报核的写法

报核，也称为报身、报体、版面，是简报主体部分，是简报要传达的内容信息集中所在。这部分涉及的格式要素主要有目录、按语、标题、正文、署名。

（1）目录，用于文字材料较多、信息容量较大的简报，对于单篇文章的简报当然无写目录的必要。目录位于红色反线之下、标题之上。目录不是简报的必备格式要素，要根据情况安排。

（2）按语，也叫编者按，位于报头下面（若有目录，在目录之下）、正文标题之上。

（3）标题，简报的标题写法与新闻标题的拟写相近，要求简洁、醒目，能引起读者的高度关注。标题的形式可分为单行标题和双行标题。

（4）正文，是简报内容具体展开的部分，也是简报真正具有写作意义的部分，它一般包括开头、主体、结尾三个部分。

开头也叫导语，是对简报报道的主要事实或基本观点最为简明集中的概括，导语部分要突出报道事实的核心点，要将最重要的信息告诉读者，以引起读者的高度关注。这部分的写法有概述式、结论式、描写式和提问式等。

主体，简报的主体要紧扣开头，围绕简报的主题归纳情况或问题，用具体典型的材料展开叙述、说明或议论，它是开头内容的具体化和继续。这部分要将报道的内容、事件的经过，事实的具体情况，叙述得一清二楚，以使读者对报道的事实情况有一个清楚、完整、具体的认识，但要注意不要与导语部分表述的内容重复。这部分组材方式有：按事件发生发展的时间顺序或工作进程来叙述，一般适合于报道一个完整事件的过程。这种写法有头有尾，有始有终，能给人清晰的脉络。按事理或材料性质归类组材，即按材料或问题性质归纳或几种情况或几个问题来组织内容；根据编发意图，选用有关材料片断直接编排起来，每条信息单独成段，也可加小标题，构成一个信息组合；时空交叉组材方式。

结尾，简报的结束语。一般是对主体部分内容的补充或深化，可以总括主体，加以强调，加深读者的印象，或指出事实的意义，或揭示事件的发展趋势；或提出希望要求。有的简报文章主体部分事实已明，结尾也可不写。

简报正文的一般结构表现以为以上三个部分，其常用的结构形式主要有以下几种：

总分式。开头概括情况或点出结论，主体从几个方面阐述和说明，最后简要收尾。综合简报多用这种形式。

消息式。开头类似消息的导语，对主要内容作总括式说明。主体部分紧紧围绕中心，突出材料的典型、新颖。结尾要发人深思。也有的主体写完全文结束。会议简报多用消息式结构。

集锦式。围绕一个主题，选取几个典型实例，把不同地区或单位的情况组合在一起突出同一主题，以引起足够重视。可与总分式结合使用。专题简报常用这种形式。

摘要式。可以是一个人或几个人的发言摘要，也可与总分式结合用。这种结构多用于会议简报。

报核部分有由一篇文章组成的，也有由若干文章组成的，所以还有一个编辑排版的问题，这也是写作者要注意的。这些文章有的是编发者自写的，有的是根据通报、决定等公文改写的，还有的来源于基层单位。

（5）署名，说明文章是何人提供，或说明稿件来源，并用圆括号标上，若是编发机关自写，可不另外标明。

3. 报尾的写法

位于简报末页下端，写明简报发送的范围及印制份数。发送范围位于左端顶格排布。按报、送、发的顺序从上到下排列，后面分别加上冒号。"报"的对象为上级领导机关或有关部门；"送"为内部有关领导，同级单位；"发"的对象是内部或所属下级单位、部门。印制份数位于报尾右下方发送栏右下方反线之下。

二、述职报告

(一) 述职报告的概念和特点

1. 述职报告的概念

述职报告是党政机关、人民团体、企事业单位的干部，向主管领导部门、人事部门或选区的选民，或本单位的职工群众，陈述自己在一定时期内工作实绩、问题和设想的自我述评性的报告文书。见图3-7。

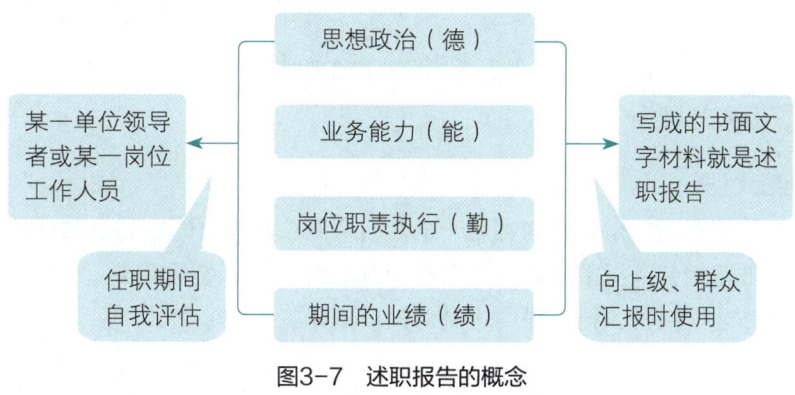

图3-7 述职报告的概念

📖 课堂练习

结合图3-7，说一说一份述职报告应该包括哪些内容？

_____
_____
_____

2. 述职报告的特点——自述性、自评性、报告性

所谓自述性，就是要求报告人自己述说自己在一定时期内履行职责的情况。因此，必须使用第一人称，采用自述的方式，向有关方面报告自己的工作实绩。这里的所谓实绩，是指报告人在一定时期内，按照岗位规范的要求，为国家做了些什么事情，完成了什么指标，取得了什么效益，有些什么成就和贡献，工作责任心如何，工作效率怎样，实实在在地反映出来。

所谓自评性，就是要求报告人，依据岗位规范和职责目标，对自己任期内的德、能、勤、绩等方面的情况，作自我评估、自我鉴定、自我定性。述职人必须持严肃、认真、慎重的态度，既要对自己负责，也要对组织负责，对群众负责。对工作的走向，前因后果，要叙述清楚，评得恰当；所叙述的事情，要概叙，让人一目了然，并从中引出自评。

所谓报告性，就是要求报告人，明白自己的"身份"，放下官架子，以被考核、接受评议、监督的人民公仆的身份，履行职责做报告。要认识到，自己是在向上级汇报工作，是严肃的、庄重的、正式的汇报，是让组织了解自己，评审自己工作的过程，因此，语言必须得体，应有礼貌、谦逊、诚恳、朴实、掌握分寸，如图3-8所示。

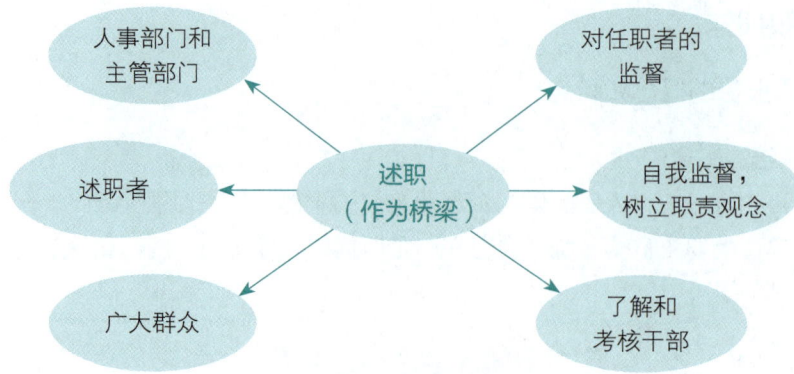

图3-8 述职报告的职能

（二）述职报告的种类

1. 从内容上划分

（1）综合性述职报告。指报告内容是一个时期所做工作的全面、综合的反映。

（2）专题性述职报告。指报告内容是对某一方面的工作的专题反映。

（3）单项工作述职报告。指报告内容是对某项具体工作的汇报。

2. 从时间上划分

（1）任期述职报告。指从任现职以来的总体工作进行报告。一般来说，时间较长，涉及面较广，要写出一届任期的情况。

（2）年度述职报告。是一年一度的述职报告，写本年度的履行职责情况。

（3）临时性述职报告。是指担任某一项临时性的职务，写出其任职情况。比如，负责了一期的招生工作，或主持一项科学实验，或组织了一项体育竞赛，写出其履职情况。

3. 从表达形式上划分

（1）口头述职报告。这是指需要向选区选民述职，或向本单位职工群众述职的，用口语化的语言写成的述职报告。

（2）书面述职报告。是指向上级领导机关或人事部门报告的书面述职报告。

（三）述职报告的写作格式

1. 标题

标题要居中。

2. 署名及日期

署名及日期可以写在题下，也可以写在正文后。

3. 正文

述职报告的正文包括三个部分内容。

第一部分是任职概况和述职评估，包括何时任职、工作变动情况、背景情况、岗位职责、目标及对个人尽职的总体估价、确定述职范围和基调。

第二部分是尽职情况，这是述职报告的主体，主要写工作实绩、经验和问题。对于核心内容的写作，多数是按性质不同分成几个方面（可列小标题）来写，每个方面可先写实绩，后写认识和做法；也可先写认识和做法，后写实绩。但不管怎么写，都要实现个人的工作能力和管理水平，尤其是在处理敏感、棘手问题方面，以及突发事件或重大事件方面，更能表现出个人的素质、才能和领导水平。在具体业务工作中，党的方针、政策和上级的批示、部署的任务，在自己分管的部门或单位得以贯彻实施。

第三部分是今后的设想和决心，要从实际出发，对今后工作在科学分析的基础上做出战略性规划，表明尽职的态度。

（四）述职报告的写法

述职报告没有固定的写作模式，根据不同类型和主旨，可灵活安排结构。一般由标题、抬头、正文、落款四个部分组成。

1. 标题

述职报告的标题，常见的写法有三种：

文种式标题，只写《述职报告》。

公文式标题，姓名+时限+事由+文种名称，如《2009—2010年试聘期述职报告》《2010年任旅游局长职务的述职报告》等。

文章式标题，用正题或正副题配合，如《2011年述职报告》《思想政治工作要结合经济工作一起抓——××旅游学院张全灵述职报告》等。

2. 抬头

书面报告的抬头，写主送单位名称如"××党委""××组织部"或"××人事处"等。

口述报告的抬头，写对听者的称谓如"各位代表""各位委员""各位同志"或"各位领导，各位同志"等。

3. 正文

述职报告的正文，由开头、主体、结尾三个部分组成，见图3-9。

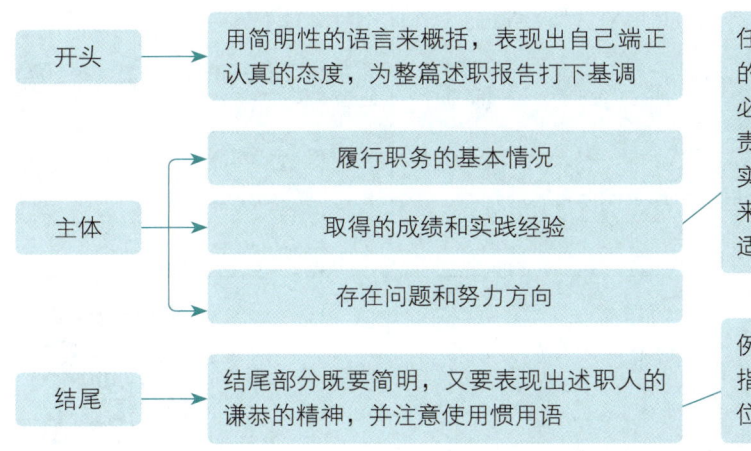

图3-9　述职报告正文

（1）开头。开头，又叫引语，一般交代任职的自然情况，包括何时任何职，变动情况及背景；岗位职责和考核期内的目标任务情况及个人认识；对自己工作尽职的整体估价，确定述职范围和基调。这部分要写得简明扼要，给听者一个大体印象。

（2）主体。主体，是述职报告的中心内容，主要写实绩、做法、经验、体会或教训、问题。这部分要写得具体、充实、有理有据、条理清楚。由于这部分内容涉及面广，量多，所以宜分条列项写出。"条""项"要注意内在逻辑关系。

（3）结尾。结尾一般写结束语。用"以上报告，请审阅""以上报告，请审查""特此报告，请审查""以上报告，请领导、同志们批评指正"等作结。

4. 落款

述职报告的落款，写述职人姓名和述职日期或成文日期。署名可放在标题之下，也可以放在文尾。

（五）述职报告写作的注意事项

在写作述职报告时，要实事求是，严肃认真，客观公正。要注意论断准确，重点突出，有针对性，既不要脱离自己的职责范围和工作目标，又要分析概括，不能写成流水账；既要突出政绩，又要评价正确、适当，不能故意夸大或缩小；缺点和不足的地方也要说清楚、说完全。

资源链接

述职报告与个人总结的区别，如表3-2所示。

表3-2 述职报告与个人总结的区别

比较点	述职报告	个人总结
回答的问题	担任什么职务，负有哪些职责，履行职责的表现如何，自己对自己的评价如何	做了哪些工作，取得了哪些成绩，有什么经验教训
回答的问题讲述的侧重点	讲清自己的德、能、勤、绩	重点讲工作上的得失，总结经验与教训
取材的范围	围绕称职与否选材，一般来说所讲的事情必须在自己职责范围之内	自己做过的事情，都可以归纳到自己的总结中去

写作示例

述职报告

第三节　规章制度（章程、条例、规定、办法）

一、章程

（一）章程的含义和特点

章程是有条理、有程式的规章，是政党、团体、企业等社会组织对本组织的性质、宗旨、任务、组织机构、组织成员、活动规则或企业的权利、义务、经济性质、业务范围和规模、活动制度以及就某项业务所制定的规章。

章程是一个组织（或业务）的纲领性文件，具有规范性和组织约束力，按"章"行事，如果违反章程规定，要受到处理。

章程与条例、规定、办法、细则等文种相比较，有以下两个显著特点：

第一，准则性强。凡成立一个企业、团体、组织，都必须制定一个章程。企业等社会组织一旦获准成立，首先应审定通过章程，用以约束全体成员，并作为组织活动准则。

第二，使用广泛。章程主要用于制定组织规程，使用较广泛。章程除用于制定企业等组织的规程外，还用于规定机构性质、任务、某项活动的原则。章程还是涉外法律文书之一。

（二）章程的主要类别

1. 组织章程

多用于制定企业等社会组织的组织准则和成员行为规范的组织章程，如《×××中外合资企业章程》《中国作家协会章程》等。

2. 规范章程

多用于制定某项活动的准则或某些事项的治理依据的规范章程，如《公司发行股票章程》《×××奖学金章程》等。

3. 企业章程

用于规范合资企业的经济活动、管理活动的企业章程。

（三）章程的结构和写法

章程的结构由标题、总则、分则和附则构成。

1. 标题

由组织、活动、事项、单位或社会组织的全称加"章程"两字构成。有的还在标题下面注明此章程通过的时间和会议名称。

2. 正文

正文是章程的主体。正文内容包括三个部分：总则、分则和附则。

（1）组织章程正文总则、分则和附则的写作要点。组织章程的总则部分要准确、简明、庄重地写明：该组织的名称、性质、宗旨、任务、指导思想和组织本身建设的要求等内容。

组织章程分则部分一般需写明以下内容：

组织人员：参加条件，参加手续和程序，承担义务和享受的权利，对成员的纪律规定等。

组织机构：领导机构、常务机构和办理机构的设置、规模、产生方式和程序、任期、职责、相互关系等。

组织经费：来源和管理方式。

组织活动：内容和方式。

其他事宜：视不同组织、团体的需要确定。

组织章程附则是主体部分的补充，主要说明解释权、修订权、实施要求、生效日期，章程与其他法规、规章的关系、办事机构地址或对下属组织的要求等内容。

（2）企业章程正文总则、分则和附则的写作要点。

企业章程总则部分一般要写明企业名称、宗旨、经济性质、隶属关系、业务范围等。

企业业务章程总则部分一般要写明业务内容、范围、服务对象、办理机构等。

企业业务章程分则部分主要需写明资本、组织、人事管理、资产管理、利润分配等内容。

企业业务章程分则部分需逐条写明该项业务的办理及动作程序的规定等。

企业业务章程附则一般写公布施行与修改补充等问题。

🔗 资源链接

章程写作的注意事项

1. 使用要规范

常见一些本该用规定、办法、规则来行文的文件，却滥用、误用章程的情况。一般说来，章程主要用于制定组织准则。

即使是用来制定组织规程，也要履行规范的程序，一般经由：草案 → 征求意见 → 会员大会审议通过。不能只由少数人草拟，匆匆公布施行。合资企业的章程，则必须在充分协商、反复讨论后才使用，一般经由："意向书"或"协议书"→章程。

2. 结构要严谨

章程结构要合乎规范写法。格式规范、结构严谨的章程有助于维护其严肃性。

3. 条款要简短单一

章程，一般条款要写得简短些。要求每条内容表述一个完整独立的意思。

4. 要注意章程与简章的区别

简章是对某项工作、某事项的办理原则、要求、方式、方法作出规定的文书，简章内容只是针对性地说明办事程序，性质上更接近于"规定"和"办法"，如《××大学招生简章》，显然，章程在适用范围上和写法上皆不同。

二、条例

条例，是用于规定比较长期实行的调整国家生活某个方面准则和某个机关的组织和职权以及某些专门人员的任务和权限的文件。

（一）条例概述

条例是一种常用的规范性公文。是由国家或有关党政机关制定的。它是由国家批准的规定政治、经济、文化诸领域的某些事项，或规定某一机关的组织、职权等的法规性文件。

条例用于规定某个机关的组织和职权的，叫组织条例；用于制定预计长期实行的调整国家生活某个方面规则的，叫单行条例。

条例的制发现已有明文规定，国务院办公厅颁发的《行政法规制定程序暂行条例》指出："国务院各部门和地方人民政府制定的规章不得称'条例'。"这说明条例的制发权只属于国家最高行政机关，它是对国家某一政策、政律、法令的补充与辅助规定。但这种制发权的规定似乎只用在行政方面，地方某些机关的组织规则，还是可以使用组织条例的，如《×城市街道办事处组织条例》。

（二）条例的写作格式

条例的写作应包括标题（含题下标示）和正文两个组成部分。

1. 标题

条例的标题由制发机关、事由和文种类别（条例）组成，有的可省去发文机关，或在文种类别前加"暂行"等表示性质的限定词。如果标题中不标明发文机关，必须在正文之后增加落款，署上发文机关和日期。题下标示主要标明会议通过或发布日期。

2. 正文

条例正文的写法，可分为总则、分则和附则来组织结构。总则或相当于总则的部分，多有一段导入语，简要说明条例制发的目的、意义、法令依据、适用范围等。分则是分章节或条目分列条例的具体内容。附则部分是对分则的补充说明，多用以说明条例的生效日期、适用对象、解释权限，以及与相关的法令政策的关系等。

内容比较简单的条例，直接分条目列述即可。

三、规定

（一）规定概述

规定是党政机关使用的一种法规性文件。它是国家机关、社会团体和企事业单位为处理某种事项、开展某种工作而提出的要求与规范。国务院办公厅《行政法规制定程序暂行条例》指出规定的作用是："对某一方面的工作作部分的规定。"

规定虽不如法令、条例涉及的事项那么重大，但也是具有权威性和法规性的一种公文。

规定可以是长期的，也可以是"暂行"的。

规定是企业机关或部门对于某项工作或活动作出原则性的规范或约束的一种常用文体。规定是一种法规性文件，用以制定某项工作的实施细则或具体管理措施，属于下行公文。

（二）规定的结构

规定由标题、发文日期、主送机关、正文、发文单位五个部分构成。

1. 标题

与大多数公文的标题写法相同，由发文单位、事由和文种三个部分组成。如《××市人民政府关于组织职工技术比赛的规定》。

2. 发文日期

发文日期可以放在标题的下面，也可以置于正文之后。经一定会议批准的重要规定，日期在标题之下；基层单位和机关制定的，日期写在正文之后。

3. 主送机关

普发性规定，通常不写主送机关，而且常采取"通知"转发的形式。如《中共××市委办公厅关于印发督促检查、信息、文件处理工作三个暂行规定的通知》。

只在某些范围内实行的规定，可以按一般文件的格式注明主送机关。

4. 正文

正文一般分为开头、主体和结语三个部分。

开头。规定是对某项工作的管理措施，可以是全面的，也可以是专项的。开头部分总述制定本规定的目的、依据，有针对性，必要时也可叙述制定原因。

主体。通常采用条目式写法，一项内容为一条，简明、准确、具体。内容简单的就直接写出，不必分条，写作时要灵活掌握。

结语。一般用"本规定自发布之日起施行"或"本规定自××××年×月×日起施行"表述。除此之外，也可写出该规定的解释权所属者。

5. 发文单位

发文日期置于标题之下的，正文后可不写发文单位名称；发文日期写在正文之后的，应注明发文单位名称。

规定使用范围很广，条理要清楚，逻辑性要强，措辞要庄重、准确、周密。

写作示例

国务院关于自费出国留学的暂行规定

自费出国留学是培养人才的一条渠道，也是贯彻对外开放政策、引进国外智力的一个方面。国家对自费出国留学人员在政治上与公费出国留学人员一视同仁。各级政府和基层单位应支持和关心自费出国留学人员，鼓励他们早日学成回国，为祖国社会主义现代化建设事业服务。为此，作如下规定。

一、凡我国公民个人通过正当和合法手续取得外汇资助或国外奖学金，办好入学许可证件的，不受学历、年龄和工作年限的限制，均可申请自费到国外上大学（专科、本科）作研究生或进修。

二、高等院校在校的专科生、本科生和在学的研究生，可以在学校或单位申请自费出国留学，出国后，保留学籍一年。应届毕业专科生、本科生和研究生，凡属国家统一分配的、应服从国家分配，到工作单位后，再申请和办理自费出国留学。

三、自费出国留学人员的审批工作，除本规定第十二条另有规定外，均按公安部门规定的办法办理。属在校学生或在职职工的，学校或单位应签署意见。

四、自费出国留学人员的一切费用，包括生活费、学费、医疗费、往返旅费等，均由本人自理。如需用出国旅杂费，可凭公安部门签发的出境证件和前往国的入境签证，自备人民币，按规定向中国银行申请兑换外汇。

五、在职职工自费到国外留学的，一般可停薪留职，本人要求退职的，可予同意。凡停薪留职的，从出境的下一个月开始停发工资。出国进修人员五年以内回国参加工作的，可连续计算工龄，五年以后回国参加工作的，按出国前工作时间与回国后参加工作的时间合并计算工资。

四、办法

办法是党政机关、企事业单位使用的一种规范性公文，主要用于制定对某项工作的安排或具体管理措施，涉及范围多属于具体事务和单一事项，如关于外资企业管理、税收、票汇结算等。

办法经过一段时间实施后，逐步发展为条例。

办法在写作格式上，多用条款式行文。一般是先把某个机关或某个会议所决定的事项和内容了解清楚，抓住其主要问题和基本精神，用简洁明晰的文字，采取分段分条分析的形式，对内容进行分析，条款较多时，还可以细分章节。因为办法的内容是经过有关部门或会议作出的决定，取得了一致的意见。所以，写作中，应遵照原意，不能有含糊不清、似是而非的提法。未经决定或有分歧的意见，不要写入其中。

办法的结构由标题（包括题下标示）、正文两个部分构成。

1. 标题

办法的标题应由发文机关、事由和文种类别组成，也有省略发文机关的，但不多见。办法如属"试行""暂行"的，要在标题中标明。属会议通过或需标明发布日期的，可在标题下加括号注明。也有在本题下标示中同时标明发文机关的，但这时不能再在标题或落款中有发文机关重复再现。

2. 正文

办法的正文一般由三个部分组成：办法的制发缘由、办法的具体内容、结语或附则。制发缘由为制定办法的依据、目的；具体内容为办法正文的主体；结束语常用以说明办法的适用范围、实施日期、要求、解释权等。

办法内容复杂的，可分为总则、分则、附则来组织结构；内容简单的，通常用分条列述的写法。

办法的制定依据往往是上级机关的法令、决议、条例等；具体明确、切实可行是办法写作的基本要求。

写作示例

学生模拟公司管理办法

为培养学生的"创业"意识和精神,培养学生"创业"的实践能力,学校鼓励、支持学生通过"学生模拟公司"(以下简称"公司")进行创业实践。为规范学生公司的管理,特制订本办法。

第一条　学生模拟公司指学生在学校的倡导和指导下模拟企业法人形式组建的公司。

第二条　校德育处负责学生"创业"的活动管理,负责项目审核过程的监管工作。

第三条　学校支持学生的"创业"实践。

1. 学校倡导学生利用学校的商业资源在校内开设公司。当与校外人员发生竞争时,优先考虑学生的申请。

2. 学校在场地租用,硬件提供方面给予公司一定的优惠。

3. 学校安排和鼓励老师对学生的创业给予指导。

4. 学校对参与公司经营管理的学生个人将给予"创业学分"的认定。"创业学分"的认定由学生本人申报,专业部审核,德育处审批。学生创业情况、能力评价、创业学分记入学生档案。毕业资格审核时,课程学分不足,可用"创业学分"补足。

5. 学校每年根据投入产出、管理执行、创新意识、公益贡献等评选"创业实践优秀团队""三创之星"和"创业实践优秀学生",予以表彰和奖励。

第四条　公司运作的基本要求。

1. 公司营销团队成员必须学习成绩良好。考试成绩有2门以上课程不及格的可参与其中工作但不得担任管理层职务。

2. 学生参加公司的经营管理必须得到监护人的认同和支持。

3. 公司聘用人员必须是我校学生,以便为更多同学参与"三创"实践创造机会,在其他条件相当的情况下,优先聘用家庭贫困的学生。

4. 公司为广大师生提供优质、安全、经济的服务,不得为了追求经济效益而随意提高或降低价格。服务的项目与学校现有项目不重复,价格不高于市场价格。

5. 公司的经营必须遵守国家法律法规和校纪校规,不得损害学校形象,不得损害公私财产。

6. 公司模拟企业法人进行组建和经营管理,遵循通行的市场规则和商业惯例。

第五条　公司组建流程

1. 学生组成创业团队,撰写创业方案,编制《公司章程》。

2. 创业方案及《公司章程》提交校德育处。

3. 校德育处将方案提交"三创"活动领导小组立项。

4. 获得立项后校德育处组织答辩,确定中标方案和学生管理团队。

5. 中标方案交校德育处,供"三创"活动领导小组成员审批。

6. 学校发布公司准予成立的公告,并与中标学生管理团队签订《合同》。

7. 公司正式开业。

第六条　学校的权利
1. 学校有权审核公司的人员聘用、财务状况如何。
2. 学校有权按市场价收取水电费和一定场地租用费。
3. 当公司违反《合同》时，有权责令整改和责令停业。

第七条　公司的义务
1. 严格按本款第四条及《合同》开展公司活动。
2. 接受学校及委托人对公司管理的审核。
3. 定期向学校上交水电费、场地租用费等。
4. 负责公司相关经营项目发生的全部债权、债务的处理。

第八条　未尽事务参照《公司章程》或以补充规定为准。

第九条　本办法自颁布之日起实行

综合训练

一、选择题（1~6为单项选择，7~8为多项选择）

1. 表述全局性的长远设想的文件，称作（　　）。
   A. 规划　　　　B. 方案　　　　C. 安排　　　　D. 设想

2. 某企业工作会议决定，业务部要根据公司的发展需要，撰写2005年度的生产和销售的大致进度和安排，以供下次会议讨论，应使用的文种是（　　）。
   A. 规划　　　　B. 安排　　　　C. 设想　　　　D. 纲要

3. 深圳职业技术学院"十一五"安排该文件应修改为（　　）。
   A. 深圳职业技术学院"十一五"规划
   B. 深圳职业技术学院"十一五"设想
   C. 深圳职业技术学院"十一五"打算
   D. 深圳职业技术学院"十一五"方案

4. 细则、规则、制度等属于（　　）。
   A. 行政法规类　　B. 政策法令类　　C. 管理规范类　　D. 教育约束类

5. 规章制度制定者为执行者因时因地制宜着想而拟定的控制在规章制度主旨以内的具有一定伸缩幅度的条款属于（　　）。
   A. 规定性条款　　B. 禁止性条款　　C. 灵活性条款　　D. 理解性条款

6. 总结的叙述和议论，反映了总结中的（　　）。
   A. 材料和结构的关系　　　　B. 材料和观点的关系
   C. 语言和观点的关系　　　　D. 语言和结构的关系

7. 计划正文的内容主要有（　　）。
   A. 依据、目的　　B. 做法、体会
   C. 目标、任务　　D. 措施、步骤　　E. 经验、要求

8. 总结写作的主要思维是（　　）。
   A. 因果推导法　　B. 模态判断思维法
   C. 纵向思维　　　D. 横向思维　　　E. 形象思维

二、分析题

1. 根据有关应用文语体的知识，分析下面公文语言上存在的问题。

2017年7月6日深夜，乌云密布，雷声隆隆，大雨倾盆而下，刹那间，美丽富饶的鱼米之乡被一片汪洋吞没。接连几天如注的暴雨，淹没了田野、冲毁了村庄和工厂，交通、通讯、电力一度中断。这一百年不遇的特大洪涝灾害，给我乡造成了不可估量的损失。为了将灾害造成的损失降低到最低限度，乡党委、政府采取了果断措施，动员全乡广大干部群众自力更生、艰苦奋斗，尽快恢复生产、重建家园……

2. 《中共中央关于接受宋庆龄同志为中国共产党正式党员的决定》中写道："她一贯是共产党最亲密的战友，是中国各族人民包括台湾同胞和海外侨胞衷心敬爱的领袖之一，是爱国主义、民主主义、国际主义和共产主义的伟大战士，是保卫世界和平事业的久经考验的前驱，是全体中国少年儿童的慈爱的祖母……。"能否将其中的"同胞"改为"兄弟"，"战士"改为"闯将"，"祖母"改为"奶奶"等与原来意思相近的词，并请说明理由。

三、写作题

1. 根据自己的实际情况写一份英语学习计划。
2. 拟写一篇学习总结。

第四章
调研策划文书

知识目标

- 了解市场调研报告、市场预测报告、可行性研究报告、经济活动分析报告、活动策划书等文种的使用场合、特点、写作要求；
- 掌握市场调研报告、市场预测报告、可行性研究报告、经济活动分析报告、活动策划书的结构和内容。

能力目标

- 独立获取调研策划文书写作的资料，认真阅读分析；
- 借助工具书和网络资料，在老师的指导下评价复杂的调研策划文书的写作要素；
- 能够撰写调研策划文书。

情景导入

一次,一个美国家庭里住进了一位"不幸"的日本人。奇怪的是,这位"落难者"每天都在做笔记,记录美国人居家生活的各种细节,包括吃什么食物、看什么电视节目等。

一个月后,这个日本人走了。不久之后,丰田公司推出了针对当今美国家庭需求而设计的价廉物美的旅行车,在市场上大受欢迎。例如,美国男士(特别是年轻人)喜爱喝玻璃装的饮料而非纸盒装的饮料,日本设计师就专门在车内设计了能冷藏并能安全放置玻璃瓶的柜子。

后来,丰田公司在报上刊登了他们对美国家庭生活消费的研究报告,并向那户人家致歉,同时表示感谢。

这位住进美国家庭的"落难者"为什么每天坚持记笔记?研究报告有什么作用?

原来,这位"落难者"每天坚持搜集美国人居家生活的各种细节方面的信息,从而获取适合美国家庭汽车需求研究方面的一些信息。研究报告为丰田公司的汽车开发设计提供正确的决策依据。但是调查写作过程没有事先征得主人同意,不符合营销伦理要求。

第一节 市场调查报告

一、调查报告概述

调查报告是对某项工作、某个事件、某个问题,经过深入细致的调查后,将调查中收集到的材料加以系统整理,分析研究,以书面形式向组织和领导汇报调查情况的一种文书。

(一)调查报告的特点

调查报告有以下几个特点。

1. 写实性

调查报告是在占有大量现实和历史资料的基础上,用叙述性的语言实事求是地反映某一客观事物。充分了解实情和全面掌握真实可靠的素材是写好调查报告的基础。

2. 针对性

调查报告一般有比较明确的意向,相关的调查取证都是针对和围绕某一综合性或是专题性问题展开的。所以,调查报告反映的问题集中而有深度。

3. 逻辑性

调查报告离不开确凿的事实,但又不是材料的机械堆砌,而是对核实无误的数据和事实进行严密的逻辑论证,探明事物发展变化的原因,预测事物发展变化的趋势,提示本质性和规律性的东西,得出科学的结论。

（二）调查报告的种类

调查报告的种类主要有以下几种。

1. 情况调查报告

情况调查报告是比较系统地反映本地区、本单位基本情况的一种调查报告。这种调查报告是为了弄清情况，供决策者使用。

2. 典型经验调查报告

典型经验调查报告是通过分析典型事例，总结工作中出现的新经验，从而指导和推动某方面工作的一种调查报告。

3. 问题调查报告

问题调查报告是针对某一方面的问题，进行专项调查，澄清事实真相，判明问题的原因和性质，确定造成的危害，并提出解决问题的途径和建议，为问题的最后处理提供依据，也为其他有关方面提供参考和借鉴的一种调查报告。

二、调查报告的写法

调查报告一般由标题和正文两部分组成。

（一）标题

市场调查报告的标题应概括全文的基本内容，做到准确、简洁、醒目。常见的写法有：单行标题可由调查对象、调查内容（范围）、文种构成，如《天津自行车在国内外市场地位的调查》。可直接揭示调查结论，如《皮革服装在济南市场畅销》。也可提出问题，如《电动玩具为何如此热销？》双行标题一般由正、副两行标题构成，如《"皇帝的女儿"也"愁嫁"——关于舟山鱼滞销情况调查》。

（二）正文

正文一般分前言、主体和结论与建议三个部分。

1. 前言

常见的写法有：交代调查活动的一般情况。写明调查目的、时间、地点、对象、范围、方式、结果等。介绍调查对象的基本情况，提出问题，如："曾经风靡一时的组合家具今年的销售状况如何？市场调查表明：组合家具的销售日趋疲软，已进入衰退期。"

2. 主体

主体部分也是调查报告的核心部分，一般包括三个方面的内容：基本情况。即调查对象过去和现在的客观情况，如发展历史、市场布局、销售情况等；分析与结论。即对调查所收集的材料进行科学的分析，从分析中得出结论性意见。

3. 结论与建议

结论与建议是撰写综合分析报告的主要目的。这部分包括对引言和正文部分所提出的主要内容的总结，提出如何利用已证明为有效的措施和解决某一具体问题可供选择的方案与建议。结论和建议与正文部分的论述要紧密对应，不可以提出无证据的结论，也不要没有结论性意见的论证。

互动活动

试试你能写出自己的分析和结论吗？

这是《湖北中医药大学社团组织调查》的其中一项：参加社团的原因（多选题）。根据调查数据，写出你的分析和结论。

选项	小计	比例
锻炼交际能力，多认识同学	60	60.27%
打发业余时间	31	35.62%
为将来做打算	15	15.07%
纯粹兴趣	41	41.1%
服务社会	18	17.81%
增长知识	40	39.73%
其他	19	19.18%

根据调查的结果可以看出，参加社团的原因排位第一的是"_____"；其次是"_____"，这两项的比例达到50%以上。这说明大学生参加社团主要是为了锻炼自己，为了自己将来步入社会有更强的能力，尤其是竞争力。同时，也想要扩大自己的交际圈，提升自己的交际能力。以及，想在学习之余发展自己的爱好或者特长，进一步培养自己的兴趣，丰富业余生活。

表格中有18人选择了"_____"而参加社团，40个人选择"_____"而参加社团。这反映了_____。

_____
_____
_____。

写作示例

2017年中国网民春节红包收发状况调查报告

第二节　市场预测报告

一、市场预测报告概述

市场预测报告就是依据已掌握的有关市场的信息和资料，对商品的产、供、销情况进行广泛深入的调查研究后，通过科学的方法分析进行研究，对市场的发展变化趋势作预先测算或推断的一种预见性报告。

市场预测报告实际上是调查报告的一种特殊形式，跟一般市场调查报告不同的是，市场预测报告着眼的是"未来"，运用的是预测理论、方法和手段。它要以现在预算未来，以已知推断未知。所以预见性是它的本质特点，预见的准确性是它的根本价值。它也是应用文写作研究的文体之一。

（一）市场预测报告的特点

1. 预见性

市场预测报告的性质就是对市场未来的发展趋势作出预见性的判断，它是在深入分析市场既往历史和现状的基础上的合理判断，目的是将市场需求的不确定性极小化，使预测结果和未来的实际情况的偏差概率最小化。

2. 科学性

市场预测报告在内容上必须占据充分翔实的资料，并运用科学的预测理论和预测方法，以周密的调查研究为基础，充分搜集各种真实可靠的数据资料，才能找出预测对象的客观运行规律，得出合乎实际的结论，从而有效地指导人们的实践。

3. 针对性

市场预测的内容十分广泛，每一次市场调查和预测，只能针对某一具体的经济活动或某一产品的发展前景，因此，市场预测报告的针对性很强。选定的预测对象越明确，市场预测报告的现实指导意义就越大。

相关链接

市场预测报告的作用不可小觑

市场预测报告可以使企业和管理部门了解市场供应发展的趋势，更深入地掌握市场变化规律，从而根据市场需要，调整产品结构，改善经营管理，提高经济效益。

早在春秋时期，大政治家、大商人范蠡就成功地进行过市场预测。他根据市场物价随天时、气候变化而变化的规律，推测"水则资车，旱则资舟"，就是说水灾之后，车辆将成为紧俏商品，价格必定大涨，因此应该预做车辆生意。可见市场预测古已有之，并不是目前商品经济社会才有的事。

当然，在商品经济社会中，市场预测的作用被大大强化了。第二次世界大战之后的日本汽车工业迅速发展，就是因为他们早就预测出世界会发生能源危机、道路拥挤等问题，因而将汽车向节能化、小型化方向改造发展，结果成功地占领了世界上大部分的汽车市场。

由此可见，在市场经济中能否高瞻远瞩，具有战略发展眼光，跟能否成功地进行市场预测有密切关系。

（二）市场预测报告的分类

1. 宏观预测与微观预测

根据预测范围的不同，市场预测报告可分为宏观预测和微观预测两种。

宏观预测是针对某一大类商品，就社会购买力与商品可供量的平衡情况所作的预测。如《2001年汽车消费行为及预测报告》，就是对整个中国汽车销售市场进行预测的。

微观预测是针对某一种或某一个牌号的商品，就其社会总需求量所作的预测。如《二甲基亚砜市场预测报告》就是对某种化学工业原料的销售前景所作的预测。

2. 定量预测和定性预测

根据预测方法的不同，市场预测报告可分为定量预测和定性预测。

定量预测指主要采用统计分析法和经济计量法进行的预测，所谓统计分析法，是主要根据已有的大量历史资料进行分析研究，统计出大量数据，从中发现产品的供求趋势。所谓经济计量法，主要是根据各种因素的制约关系用数学方法加以预测。

定性预测是对影响需求量的各种因素，如产品质量、价格、消费对象、销售网点、用途等进行调查、分析、综合之后，对供求前景作出推测和判断。

3. 短期、中期和长期预测

一般把一年以内的预测称为短期预测，一年以上五年以内的预测称为中期预测，五年以上的称为长期预测。短期预测适用于产销变化大的商品，中期预测适用于耐用商品，长期预测适用于建设周期长、投资大的商品。

二、市场预测报告的写作格式

（一）标题

市场预测报告的标题比较灵活，根据预测的对象内容和范围的不同，可有以下写法。一种是由"单位或地区名称＋时间＋内容＋文种"组成，如《××县2005年奶牛业发展预测报告》。另一种是由"内容＋文种"组成，如《空调消费趋势预测报告》《我国钢材市场预测报告》等。此外，有时也可以省略"报告"的字样或有正副两个标题，如《国内电冰箱市场预测》《儿童用品市场需求潜力大》《大件电器需求减弱——近期电器市场形势预测》等。总之，不管哪种形式的标题，都必须标出预测目标，它是预测报告标题的必要条件。

（二）前言

这一部分要求以简短扼要的文字，说明预测的主旨，或概括介绍全文的主要内容，也可以将预测的结果先提到这个部分来写，以引起读者的注意。

（三）正文

市场预测报告的正文是市场预测报告的主体部分，一般包括现状、预测和建议三个部分，而以预测为重点。

1. 现状部分

预测的特点就是根据过去和现在预测未来，所以，写市场预测报告，首先要从收集到的材料中选择有代表性的资料、数据来说明经济活动的历史和现状，为进行预测分所提供依据。要把握现状，就要根据企业生产经营的范围，对市场进行广泛深入的调查，搜集预测对象的各种相关数据资料，把这部分内容综合起来，采用夹叙夹议的手法，置于报告的开头。如《我国电池产销预测报告》的开头部分对现状的表述是：

"近些年来，我国电池生产取得了较大的发展，截止到目前，全国生产电池的工厂已达××家，年产量××亿只，品种也从锌、锰单一品种扩大为锌银、镁铜、镁银、镉镍和锌空等多个品种。目前，由于各地新厂上马较多，产量增长幅度较大，全国电池产销从总量上说已处于饱和状态。"

从上面例子可以看出，交代现状的基本手法是边叙边议，重点在于找出问题，指明矛盾，为转入分析预测打下基础。

2. 预测部分

利用资料数据进行科学的定性分析和定量分析，从而预测经济活动的趋势和规律，是市场预测报告的重点所在。这个部分应该在调查研究或科学实验取得资料数据的基础上，对材料进行认真分析研究，再经过判断推理，从中找出发展变化的规律。

由于预测的对象和方法不同，其写法也不尽相同。凡采用定性预测分析方法的，由于它是预测者依据个人的经验和分析能力，通过对影响市场变化的各种因素的分析、判断、推理来预测市场未来的发展变化，所以，在写法上比较直接、简明、集中，多采用单一层次，一气呵成的写法，把判定性质、预测基本方向作为主要目的，侧重于结果，而对预测过程则轻描淡写。如《我国电池产销预测报告》关于干电池的发展前景，这样分析：

"干电池的发展前景，取决于国内消费水平和出口状况。从国内市场分析，主要用于半导体收音机、手电筒和儿童玩具。……出口方面，世界市场电池进出口贸易不断上升，我国出口额甚小。……可见，扩大出口颇有潜力。"

我国电池产销预测由于采用定性分析，所以预测文字表现为文字集中，单刀直入。

如果采用定量预测分析方法的，由于是根据大量统计资料，运用一定的数学方法进行运算，以从中揭示有关变化之间的规律联系，所以在写作上表现为不仅要结果，而且要有推算过程，故多采用层层递进的形式，可以按时间序列一层一层地表述，也可用先讲结果后讲原因的方式来写作。例如《2018年中国碳酸锂供需情况及价格走势预测分析》：

"2017—2020年，预计中国新能源汽车的销量分别为75/99/135/190万辆，假设国内占全球的销量占比约为40%，对应的锂资源需求分别为6.42/8.88/12.4/17.2万吨，复合增速约为40%。

全球锂资源需求持续加速。除了新能源汽车引领的需求快速增长，3C领域也维持了稳定增长。2017—2020年，全球锂需求分别为23.2/26.2/30.1/35.2万吨，增速分别为10.5%、12.63%、15.1%、16.9%。从预测情况看，2018年，锂矿供需和碳酸锂价格均存在下行压力，价格或呈现高位震荡，波动区间在15万~17万/吨。"

3. 建议部分

根据推断结果，向商品生产的决策部门以及生产和销售厂家提出切实可行的建议。这部分最能显示预测报告的价值，是作者经验和智慧的综合体现。在写作上一般是采取分条列项的方法，一条一条地表述，条与条属平行的并列关系。在内容上，切忌你中有我，我中有你。仍以《我国电池产销预测报告》为例，它所列的建议有两点：

"1. 调整品种价格，……。

2. 采取措施扩大出口，……。"

三个部分之间，有着严密的逻辑关系。行文时既要注意层次清楚，又要注意文脉贯通，使全文浑然一体。

（四）结尾

凡有前言的预测报告，结尾一般要与开头相照应。或归纳全文，以深化主题，或重申观点，以加深认识。如无前言，大都是由署名和成文日期作结尾。用于报刊发表的，要把署名置于标题之下的正中位置。

写作示例

2017年共享单车市场预测报告

第三节　经济活动分析报告

一、经济活动分析报告

（一）经济活动分析报告的概念

经济活动分析报告是经济部门和企业按照国家的有关方针、政策，以计划资料、统计信息、核算数据和调研情况为依据，对本系统、本单位以及企业内部活动状况进行分析研究、评估后写成的书面报告。

经济活动分析的目的，在于透过分析研究，把对经济活动的感性认识上升为理性认识，正确评价某一单位、部门或某一方面的经济工作，以揭示矛盾，找出差距，分析原因，提出措施。因此经济活动分析报告是人们认识和掌握经济活动的一种重要手段，是进行有效经济管理的一种重要方法。

（二）经济活动分析报告的特点

经济活动分析报告的特征主要有以下几个方面。

1. 时效性

经济活动分析多数是定期（如按年度、季度、月度或计划）进行的，以便及时了解某一阶段的经济活动状况，为下一阶段决策服务。这就要求经济活动分析报告撰写要及时，注意时效性。

2. 分析性

分析是分析性文体的关键，只有通过分析，才能对经济活动状况作出正确判断，找出取得经济效益或造成经济损失的原因，总结出经验，找到经济发展的规律。

3. 专业性

经济活动分析报告是一种专业性很强的文书，重在"析"而不在"文"，因而撰写经济活动分析报告的作者应具备相应的专业知识和业务工作经验，要熟悉经济理论和经济规律，专业性是非常明显的。

4. 指导性

经济活动分析报告站在全局和理论的高度分析经济现象，总结经济工作经验，探求经济发展规律，能给企业经营者以启迪，为其生产经营发展指明方向，因此具有一定的指导性。

（三）经济活动分析报告的种类

由于经济活动的范围十分广泛，内容繁杂，因而报告的种类繁多，可从不同的角度分类：

（1）按分析范围可分为宏观经济活动分析报告和微观经济活动分析报告。

（2）按分析内容可分为专题分析报告和综合分析报告。

专题分析报告是对某个特定的问题或项目进行专门分析后写成的报告，如生产分析、销售分析、成本分析、财务分析等；综合性分析报告又称全面分析报告，它需要从总体上分析生产经营活动的各个环节，对经济活动作出总的评价，对重点问题进行深入研究，提出改进工作的措施。

（3）按分析时间可分为事前预测分析报告、日常不定期分析报告和事后定期分析报告。

事前预测分析报告包括决策性分析报告和预测分析报告；日常不定期分析报告也叫事中分析报告；事后定期分析报告包括月份、季度、年度分析报告等。

（4）按分析目的可分为决策性分析报告、控制性分析报告和考核性分析报告。

决策性分析报告是在经济决策过程中通过对各个方案进行分析而形成的报告；控制性分析报告指计划执行过程中进行日常分析以保障计划得以完成的报告；考核性分析报告是对照计划对各部门、各岗位的任务完成情况进行分析而形成的报告。

二、经济活动分析报告的写作格式

经济活动分析报告的写作没有固定格式，结构安排也相对比较灵活，由经济活动分析的目的需要决定。常见的经济活动分析报告大致上由以下几个部分组成。

（一）标题

标题形式多样化。其一是公文式标题。主要用于全面分析报告和简要分析报告中。这种标题包括单位名称、分析时限、分析内容和文种四个要素。如《××机械厂2016年上半年财务三项指标完成情况分析报告》《××公司2015年财务状况分析报告》等。在实际写作中，某些要素可以省略，如《畜产品购销情况分析》就是省略了单位和分析时限的简化式标题。其二为文章式标题，常用于专题分析报告中，或直接揭示主题，或写成××建议之类，如《关于降低原材料消耗的推荐》《加强商品购销过程中的经济核算》等。

（二）前言

前言部分多是状况概述，主要概括介绍分析的内容、范围、对象、目的、背景等，具有提纲挈领、引人注目的作用。前言要简明扼要，三言两语说明问题即可，如"我厂今年实现利润××万元，完成目标利润的××%，为总结经验，找出差距，吸取教训，以利再战，特作如下分析"。不要乱用一些时行的套话。也有的经济活动分析报告没有前言，落笔直接进入主体部分。

（三）主体

主体是全文的核心，主要阐述经济活动"怎么样""为什么""应该怎么办"等问题。主体一般由三个部分组成。基本情况部分以对比、分解、综合的方法，以大量数据介绍情况及其存在的问题，甚至列图呈示；原因分析部分则对上述情况予以细致分析，找出主客观因素，并给予恰当评断；对策决议部分则有针对性地提出措施、建议、方案。

主体部分的写作应当突出重点，不可就数字论数字，而是要透过数字和经济事实，揭示问题的本质，并进行中肯的分析，充分肯定成绩，指出问题。为此，要恰当运用诸如比较分析法、因素分析法、动态分析法、预测分析法等分析方法，以提高报告的质量。

（四）结尾

结尾一般用来总结前文，或展望未来，也有用来补充说明的。有些分析报告也可去掉结尾。

（五）落款

经济活动分析报告的正文之后，还应该写上报告单位名称及写作日期。如果标题中已经写明了单位也可以不再写报告单位，只写日期就可以了。

三、经济活动分析报告的写作要求

（1）事实准确，数据无误。
（2）分析全面、深入。

（3）必须提出有价值的建议，使报告的终极目标得以实现。

（4）语言精当，不拖沓。

互动活动

下文中的不妥之处你能指出来吗？

2016年全市消费品市场运行分析报告

2016年，在国内宏观经济下行压力加大、居民消费信心不振和促进消费政策尚不明朗等多重不利因素的影响下，全市上下在市委、市政府的正确领导下，深入推进产业结构调整，强力促进以改善民生为核心的消费需求增长，着力提高居民消费能力，全市消费品市场呈现稳中有进态势，全年实现社会消费品零售总额102.32亿元，同比增长6.5%，比上年同期提高了0.6个百分点。

一、消费品市场运行情况

（一）农村市场发展趋缓

2016年，城镇消费品零售额94.26亿元，同比增长6.4%，拉动全市零售总额增长5.9个百分点；农村消费品零售额8.06亿元，同比增长7.8%，拉动全市零售总额增长0.6个百分点。全年来看，农村市场增速逐渐趋缓，与城镇市场差距逐步缩小。

（二）零售餐饮支撑明显。（略）

（三）限上企业逐渐回暖。（略）

（四）主导商品降幅收窄。（略）

二、存在的主要问题

1. 实体经济遭遇严重分流。一方面随着电子商务的迅猛发展，互联网购物成为消费者的消费常态。2016年，全市快递服务企业累计完成业务量994.5万件，较2015年净增415.6万件，同比增长71.8%；另一方面，由于周边城市商业模式的创新及商业集群化，具有更加吸引消费者的体验模式和价格优势，造成我市实体经济消费者的进一步流失。

2. 限额以上单位比重过低。全市批零住餐限上企业（单位）仅有56家，占总体单位数的0.3%，完成零售额27.7亿元，占总量的27.1%。限上单位带动能力不强在很大程度上制约了全市消费品市场的发展。

3. 乡村市场潜力有待进一步挖掘。数据显示，乡村消费品市场发展较为活跃，但由于规模偏小，仅占整个消费品市场的7.9%，对整个消费品市场贡献率偏小，市场潜力有待进一步挖掘。

思考：

这篇经济活动分析报告有数据，有分析，有建议，条理比较清晰，但其中有明显的不妥之处，你能指出来吗？

写作示例

2017年上半年石城县经济运行情况分析

第四节 可行性研究报告

一、可行性研究报告

(一)可行性研究报告的概念和种类

可行性研究报告,又称可行性论证报告,是在项目建设前对拟建中的工程项目进行全面的技术经济调查研究,确定其是否合理,是否可行的文书。是对建设项目、科学试验或产品投产前,进行全面分析,论证评估,以确定其技术上先进合理,经济上有效益,为决策提供依据的一种书面报告。国家计划委员会1983年2月颁发的《关于建设项目进行可行性研究的试行管理办法》中规定:凡大型工业交通项目,重大技术考察项目,利用外资项目,技术引进和设备进口项目都要进行可行性研究。并规定:凡编制可行性研究的建设项目,不附可行性研究报告者,不得审批设计任务书。可见,写好可行性研究报告是件严肃而认真的事情,不是可有可无的,必须采取积极慎重的态度。

根据项目分类的不同方法,可行性研究报告主要有以下种类:按固定资产的再生产划分,可分为基本建设项目可行性研究报告和更新改造措施项目可行性研究报告。按项目建设的性质划分,可分为新建项目可行性研究报告、扩建项目可行性研究报告、改建项目可行性研究报告和恢复建设项目可行性研究报告。按项目的产业性质划分,可分为工业项目可行性研究报告和非工业项目可行性研究报告。按项目的技术来源划分,可分为选用国内领先技术项目可行性研究报告和引进国外先进技术项目可行性研究报告。按资金来源渠道划分,可分为国内资金项目可行性研究报告和利用外资项目可行性研究报告。

互动活动

菏泽市人民政府官网有这样一则消息,阅读后,说说项目可研性报告的作用。

菏泽机场工程可行性研究报告顺利通过评估

2017年12月12日,菏泽民用机场工程可行性研究报告评估会在京举行,项目顺利通过专家组评估,标志着菏泽机场项目基本具备了开工建设条件。市委常委、常务副市长闫剑波及相关单位代表参加会议。

会议听取了设计单位项目主体设计情况和飞行程序、飞行性能分析汇报。专家组长汇报了专家组评估意见，认为菏泽机场项目有利于完善全国民航总体布局，提升省内综合交通运输体系服务功能，促进菏泽发展旅游经济、对外开放及航空事业发展，项目建设是可行的和必要的。民航单位、军方单位代表依次发表了各自意见，均对菏泽机场项目表示大力支持，愿积极协调配合，尽快落实相关事宜。

据了解，菏泽机场性质为国内中型支线机场，设计站坪机位9个，拟使用机型主要为A320、B737系列飞机，预计机场年旅客吞吐量90万人次，年货邮吞吐量6500吨，年飞机起降9184架次，计划2019年建成投用。

_____
_____
_____。

写好项目可行性研究报告是件严肃而认真的事情，不是可有可无的，必须采取积极慎重的态度。项目可行性研究报告主要应用：①企业融资、对外招商合作的可行性研究报告；②国家发改委立项的可行性研究报告；③银行贷款的可行性报告；④申请进口设备免税；⑤境外投资项目的可行性研究报告等。

编写项目可行性研究报告的目的主要体现在以下几点：项目可行性研究报告是建设项目论证、审查、决策的依据；编制计划书和初步设计的依据；取得用地，向国土部门、开发区、工业园申请用地的重要依据；项目融资，向银行申请贷款的重要依据；申请专项资金，向有关主管部门申请专项资金的重要依据；与项目有关的部门合作，协作合同或协议的依据；引进技术，进口设备和对外谈判的依据；环境部门审查项目对环境影响的依据等。

二、可行性研究报告的写作

可行性研究报告一般由封面、编制说明、目录、正文、落款和署名、附件组成。

1. 封面

可行性研究报告的文本通常为16开本，封面上方正中间为报告名称，写法较固定，往往由事由和文种构成，如《关于投资兴建海富大厦的可行性研究报告》。有的也把项目承担者写入标题，如《树脂厂转产改建工程可行性研究报告》。封面下方居中注明编制时间。

2. 编制说明

编制说明通常包括项目名称、项目建设单位及其负责人、可行性研究报告的编制单位及其负责人和报告审核人等几项。

3. 目录

目录也叫目次，是将总论、主体部分各条目、结语、各附件的名称分别标上页码，依次罗列出来，并在上首居中用较大字号标明"目录"二字。

4. 正文

根据国家计委1983年下达的《关于建设项目进行可行性研究的试行管理办法》（计资〔1983〕116号）的有关规定，可行性研究报告的正文一般应具备以下内容：

（1）总论。总论即项目的基本情况。在可行性研究报告的编制中，这一部分特别重要，项目的报批、贷款的申请、合作对象的吸引主要靠这一部分。总论的内容一般包括项目的背景、项目的历史、项目概要以及项目承办人四个方面。

（2）主体。这是报告的核心内容，也就是基本问题研究。可行性研究报告的基本问题研究，是对各个专题研究报告进行汇总统一、平衡后所做的较原则、较系统的概述。主要内容为：市场情况与企业规模；资源与原料及协作条件；厂址选择方案；项目技术方案；环保、节能方案；工厂管理机构和员工方案；项目实施计划和进度方案；资金筹措；经济评价；结论等。

5. 落款和署名

落款和署名包括项目主办单位、负责人、主要技术负责人、经济负责人，以及年、月、日。

6. 附件

附件主要是不宜于放进正文中分析论证的依据，包括图表、参考文件、设计图纸、附件材料等。具体包括项目建议书的批准文件，有关供电、供水、消防等方面的协议书，有关工程建设、勘察设计、土地使用等方面的相关文书，环境影响报告书，银行、财政部门给予支持的证明材料，以及投资估算表、成本概算表、利润预测表、先进流量表、财务平衡表和地理位置图、总平面设计图等。

三、可行性研究报告编制要点

1. 设计方案

可行性研究报告的主要任务是对预先设计的方案进行论证，所以必须设计研究方案，才能明确研究对象。

2. 内容真实

可行性研究报告涉及的内容以及反映情况的数据，必须绝对真实可靠，不允许有任何偏差及失误。其中所运用的资料、数据，都要经过反复核实，以确保内容的真实性。

3. 预测准确

可行性研究报告是投资决策前的活动。它是在事件没有发生之前的研究，是对事务未来发展的情况、可能遇到的问题和结果的估计，具有预测性。因此，必须进行深入的调查研究，充分的占有资料，运用切合实际的预测方法，科学地预测未来前景。

4. 论证严密

论证性是可行性研究报告的一个显著特点。要使其具有论证性，必须做到运用系统的分析方法，围绕影响项目的各种因素进行全面、系统的分析，分析既要有宏观的，又要有微观的。

写作示例

太阳能路灯项目可行性研究报告

第五节　活动策划书

一、什么是活动策划书

活动策划书，也称策划方案，是对某个未来的活动或者事件进行策划，并展现给读者的文本。

二、活动策划书的写作

1. 策划书名称

写清策划书名称，简单明了，如"××活动策划书"，"××"为活动内容或活动主题，不需要冠以单位名称。如果需要冠名单位，则可以考虑以正、副标题的形式出现。避免使用诸如"社团活动策划书"等模糊标题。

2. 活动背景、目的与意义

活动目的是指活动希望得到的结果，即活动举办要达到一个什么样的目标，陈述活动目的要简洁明了，要具体化。

活动意义是指活动过后对周围的人事物产生的影响。其中包括文化意义、教育意义和社会效益，及预期在活动中产生怎样的效果或影响等，书写应明确、具体、到位。

活动背景、活动目的与活动意义要贯穿一致，突出该活动的核心构成或策划的独到之处。活动背景要求紧扣时代背景、社会背景与教育背景，鲜明地体现在活动主题上。

3. 活动时间与地点

该项必须详细写出，非一次性举办的常规活动、项目活动必须列出时间安排表。活动时间与地点要考虑周密，充分顾及各种客观情况，比如场地申请、场地因素、天气状况等。

4. 活动开展形式

注明所开展活动的形式，比如文艺演出、文体竞赛、影视欣赏、知识宣传、展览、调查、讲座等。

5. 活动内容

活动内容为活动举办的关键部分。活动内容要符合时代主旋律和校园文化建设内涵，健康向上，富有教育意义与启示意义。杜绝涉及非健康文化的消极内容。要详细介绍出所开展活动的主要内容，如影片放映要写出影片的性质、名称和大致内容。

6. 资源需要

列出所需人力资源、物力资源、使用的地方（如教室或使用活动中心）都要详细列出。可以列为已有资源和需要资源两个部分。

7. 经费预算

经费预算要尽量符合实际花费；写出每一笔经费预算开支，以便于报销处理（报销时附正规发票）。

8. 活动中应注意的问题及细节

内外环境的变化，不可避免地会给方案的执行带来一些不确定性因素，因此，当环境变化时是否有应变措施，损失的概率是多少，造成的损失多大，应急措施等也应在策划中加以说明。

尤其是活动安全。对于大型活动和户外活动，要成立安全小组，指定第一安全负责人，充分考虑安全隐患，把人身安全放在活动开展的首要位置。在策划书的结尾，除写明策划单位、策划时间以外，负责人须亲自签名，并盖上印章，以示责任。

9. 活动负责人及主要参与者

注明组织者、参与者姓名、嘉宾、单位（如果是小组策划应注明小组名称、负责人）。

10. 其他说明事项

策划书格式要求只提供基本参考方面，为必须内容。在此基础上，策划书可以根据活动大小与类型适当添加、灵活书写，做到内容充实、版面安排得当。

如有附件（比赛规则、评分标准、奖项设置等）可以附于策划书后面，作为附录部分。

策划书电子版须妥善保管，以备后用。

三、活动策划书的写作要求

（1）主题要单一，继承总的活动宗旨。
（2）直接地说明活动目的和意义。
（3）活动要围绕主题进行并尽量精简。
（4）具有良好的可执行性。
（5）可变换写作风格。
（6）切忌主观言论。

写作示例

"喜迎十九大"手绘大赛策划书

为全面贯彻党的十八大和十八届三中、四中、五中、六中全会精神，以实际行动迎接党的十九大胜利召开，展示当代大学生强烈爱国热情和艺术情怀，丰富大学生业余生活，提高大学生审美能力，特举办××学院大学生"喜迎十九大"手绘大赛。

一、主办单位

共青团××职业学院委员会

二、承办单位

艺术系团总支

三、活动主题

青春喜迎十九大　不忘初心跟党走

四、活动时间

2017年4月12日至5月5日

五、参赛对象

××职业学院学生

六、比赛安排

1. 作品要求

（1）作品内容要反映广大团员青年奋发向上的精神状态，展现喜迎党的十九大召开的良好精神面貌，以及不忘初心、坚定信念、脚踏实地为崇高理想而奋斗的情怀。

（2）参赛作品题目自拟，要求主题鲜明、导向正确、寓意深刻、创意新颖、紧扣主题，具有较强时代感和启示性。画面内容需积极向上，避免商业性或消极不文明内容。

（3）参赛作品的画种、表现形式和绘画工具不限，彩色装饰画、黑白装饰画、水粉画、彩铅画等皆可。

（4）参赛作品一律使用4K画纸，并采用竖构图。单幅作品或系列作品均可，系列作品不超过3幅。背面用胶带粘贴在一起，无需装裱。

（5）请填写大赛报名表（见附件1），并将纸质版报名表粘贴至作品背面。

2. 日程安排

各院（系）须将加盖院（系）团总支印章的大赛作品汇总表（见附件2）和作品原件在5月5日前交至艺术系团总支办公室（厚德楼南108室），同时将电子版的参赛作品（以院〈系〉+作者姓名）和汇总表放入以院（系）全程命名的文件夹内，以压缩包的形式发送至bzuxsh@163.com。大赛不接受个人投稿，各院（系）报送作品数量不限。

作品征集完毕后将邀请我校专家及专业教师对参赛作品进行评审，产生各奖项后颁发获奖证书。

七、奖项设置

本次手绘大赛，设以下奖项：一等奖5%、二等奖10%、三等奖15%。

八、注意事项

所有作品涉及著作权等法律事宜均由作者承担；投稿作品一律不退；承办单位对参赛作品有展览、研究、摄影、录像、出版及宣传等权利。凡报送作品参评、参赛者，应视为已确认遵守此通知的各项规定。

附件：

1. 大赛报名表

2. 大赛作品汇总表

互动活动

马上就要到一年一度的五四青年节了,这是属于年轻人的节日,也是象征着朝气活力的节日。为庆祝这个节日,××系团总支决定开展"激情五月,不忘初心跟党走"主题团日活动。请根据活动主题,写出活动目的和活动意义。

_____
_____
_____
_____

综合训练

一、填空题

1. 调查报告正文中包括三个部分,即 _____、_____、_____。
2. 市场调查报告的侧重点是 _____,市场预测报告的侧重点是 _____。
3. 可行性研究报告是 _____ 时最主要的依据之一。
4. 市场预测是分析 _____ 的发展趋势。
5. 市场预测的写作要求包括 _____、_____、_____ 三个部分。
6. 市场调查报告的格式包括 _____、_____、_____、_____。
7. 写作可行性研究报告一般包括 _____、_____、_____、_____、_____、_____。
8. 写作经济活动分析报告一般包括 _____、_____、_____、_____、_____。

二、单选题(每个选择题有四个备选答案,其中只有一个是正确的)

1. 长期预测报告中的长期预测时间一般是( )。
   A. 1年以上　　　B. 10年以上　　　C. 5年以上　　　D. 3年以上
2. 当企业在做出重大经济决策时要对相关问题作分析,这种分析属于( )。
   A. 综合性经济活动分析　　　B. 专题性经济活动分析
   C. 简要的经济活动分析　　　D. 定期经济活动分析
3. 经济活动分析报告与经济预测报告都是以市场调查为基础的,但经济活动分析报告侧重( )。
   A. 未来分析　　　　　　　　B. 过去和现在
   C. 反映现实及未来　　　　　D. 预测未来
4. 调查报告在格式上没有固定的要求,一般包括( )。
   A. 标题、前言、时间、地点　　B. 标题、前言、主旨、地点
   C. 标题、前言、主体、结尾　　D. 标题、前言、规律、结论
5. 调查报告使用( )。
   A. 第一人称　　　　　　　　B. 第二人称

C. 第三人称 　　　　　　　　　D. 综合运用以上三种
6. 调查报告的表达方式采用（　　）。
   A. 叙述抒情　　B. 叙述议论　　C. 叙述说明　　D. 说明议论

三、多选题（每个选择题有四个备选答案，其中至少有两个是正确的）

1. 市场调查和预测报告的作用体现在（　　）这两个方面。
   A. 为决策服务　　　　　　　　B. 引导消费和生产
   C. 提高经营水平　　　　　　　D. 提供经验教训
2. 市场调查还经常采用（　　）。
   A. 询问调查法　　B. 直接调查法　　C. 试验调查法　　D. 统计分析法
3. 经济活动分析报告具有（　　）的特点。
   A. 分析性　　B. 总结性　　C. 指导性　　D. 权威性
4. 市场预测报告的标题形式有（　　）。
   A. 公文式　　B. 提问式　　C. 新闻式　　D. 单标题式
5. 市场调查报告和市场预测报告的区别在于（　　）。
   A. 前者重在列举事实，后者重在须有预测结果
   B. 两者撰写的格式不同
   C. 前者必须到市场实地调查，而后者可以借用他人资料
   D. 两者撰写的目的不同

四、简答题

1. 谈谈市场调查报告与市场预测报告的异同。
2. 简述市场预测报告的主体内容。

五、阅读写作题

"在快节奏的今天，吃饭时和家人朋友共处的半个钟头弥足珍贵。然而，大多数人不懂得珍惜，还在独自玩手机。"他说，"我能做的不多，但或许我正在改变人们的用餐文化。"（2013年12月5日，环球网）

这是以色列一家餐馆老板在接受美国某媒体采访时说的话。他在自己开的餐馆里推出"关闭手机，账单减半"的优惠活动，希望人们能专注于美食和身边的人。

看到这篇报道，首先感叹这家餐馆老板的慷慨大方，经营方式别具一格，十分有趣。同时，也觉得餐馆老板的话很有道理，值得我们深思。

据中国互联网络信息中心发布的数据显示，截至2013年6月底，我国人均每周上网时长达到21.7小时（合3.1小时/天），而手机网民对上网依赖性更强。在4.64亿手机网民中，79.9%的手机网民每天至少使用手机上网一次，近六成手机网民每天使用手机上网多次。同时，根据谷歌调查的数据显示，中国手机用户在家使用手机是最多的（94%），然后是公共交通上（89%），在餐厅和工作场合也达到了86%。

这是多么危险的信号啊，我们正在被网络和手机绑架着。

今天的我们在朋友聚会、亲人团聚时，见面一两句寒暄语过后落座，便各自掏出自己的手机或PAD打游戏、刷微博、看朋友圈。父母长辈问话，则是随便回一两句，甚至连头都不抬

一下。我们忙着游戏通关，也可以在网络世界里与陌生人聊得异常投机、称兄道弟，但却忽视了此时离我们最近的人。因此常有人开玩笑说，"世界上最遥远的距离，不是生与死，而是我在和你吃饭，你却在低头玩手机。"

手机给我们带来了巨大的便利，丰富了我们的生活，但在某些方面却也会威胁到我们的身心健康。首先，长时间玩手机会导致眼睛过度疲劳，容易产生头晕、胸闷、乏力等现象，也会损伤我们的颈椎、指关节，影响学习和工作的方方面面。其次，在许多不适合玩手机的场合下玩手机会威胁到生命安全。开车路上拍照、发微博导致车祸，边走边玩手机发生碰撞、掉下坑洞的事件时有发生。一次又一次惨痛的教训告诉我们：请放下手机，专心开车和走路。哪怕在我们到达目的地后再打开手机也不迟。

手机里的世界很精彩，但我们身边的风景也不赖，只不过太多美好的风景在我们低头的时候被错过了。被网络和手机绑架的我们，忽视了身边的亲朋好友，越来越少地与他们面对面交流。我们在网络上的朋友越来越多，抬头看一看却发现身边的朋友越来越少了，能说真心话的朋友更是所剩无几。因为，冷冰冰的屏幕将我们越隔越远。那时候，我们会发现自己是如此孤独。

所以，莫做低头一族。请放下手机，多和我们身边的人交流。

陪陪身边的父母，他们需要的不是我们给他们的钱，而是被嘘寒问暖时幸福的感觉，告诉他们我们近来的生活状况如何，这样会让他们更安心；和好朋友去看场电影，聊聊生活和梦想，开心的时候一起分享快乐，难过的时候也可以互相安慰开导，如是而已。

生活，就这么简单，但却很真实。

（摘自：夜之紫勋的博客）

请以"放下手机，多陪陪身边的人"为主题，写一篇活动策划书。

第五章
公关交际文书

知识目标

- 了解求职信的作用,掌握求职信(自荐书)的写法;
- 了解演讲基本概念和震撼人心的魅力,掌握不同风格演讲稿的写作方法;
- 了解邀请书、倡议书、欢迎(送)词、答谢词的特点,掌握相关文书的写作要点。

能力目标

- 完成求职信(自荐书)的写作;
- 利用资料写作不同风格的演讲稿;
- 根据实际场合,撰写邀请书、倡议书、欢迎(送)词、答谢词。

情景导入

有争议的求职信

　　王晓彤是某重点大学应届毕业本科生，他想要寻找一个符合自己专业的工作，他不怕吃苦，但因为考研耽误了校园招聘，只有四处奔波，带着简历争取面试机会。最近，小王联系到一家心仪的公司，其人力资源部主管电话中说："你现在来太晚了，我们都要入职了，我们有指标，指标用完就不招人了。"但小王依旧想去争取一下，并拟求职信一封，希望递交其手，这封求职信是这样写的：

　　1. 我是一名新毕业的本科生，我的学习能力还很强，有一定潜力。

　　2. 投资—回报分析：贵公司招收人才，每年结果应该也良莠不齐，既有良将，也不乏庸才，每一次聘用，均等同于投资，我与贵公司其他签约者相似，聘用我也算作一次投资，只不过，这次投资中，我本人能做到以下几点：

　　①降低投资成本：工资待遇可由公司决定，视为专科水平或更低也可。

　　②增加风险保障：可以延长试用期，试用期在一年半以内即可，若在一年半期间，我仍不能令公司满意，我自行离开。

　　③回报分析：我本人相信我自己是一个人才！我只能口头保证我未来努力工作并达到贵公司人才标准，或可做得更好。

　　相对其他人才，我在大学期间，由于种种原因，很多东西没有争取；大学结束，我也依旧在学习，不想再让一些机会白白流逝。出于对弱者的怜悯或是遇见伯乐这些能令贵公司聘用我的理由我不在乎，对于我，需要的就是一次机会！我也全然理解贵公司拒绝我的理由，所以，若您觉得实在为难，那我欣然接受贵公司的决定……

　　对于这样一封求职信，几位资深HR发表了激烈的讨论，首先是同至人集团高级招聘经理李易尘，他认为如果把这个简历和求职信投给自己，肯定连面试都不给小王的。李易尘还给了小王一些建议：虽然你错过了校园招聘，但是你没错过精彩的人生，为了求职，自降身价，而且降幅很大，且你也没在上文中提到你的优势，你的强项是什么，你能为公司做什么？说的内容很多，有价值的几乎没有。真正有能力的人，会在简历中写，他能为公司做什么，而不会自降身价。无论是本科或专科，基本相差不大，都是没有工作经验，所以薪资范围基本也没多少差距。你说你耽误了很多时间，这个和求职完全没有任何关系，对你的求职也没任何帮助，建议你删除了重新写吧。

　　高级职业规划师李春雨则表示：第一，这封信会让公司不爽，如果我是老板的话，肯定不会给你机会的。第二，如果你是个彪悍的人的话，你就问，不给钱我也干，你要我不？第三，你才找到心仪的公司，证明其实在校园招聘过程中，你的能力还需要加强，而且以后如果你能力强了，也能进去。所以，当下你最要紧是先找到一份和你能力匹配的工作，毕竟要生活。第四，好好做，你有这种决心的话，慢慢努力总有机会的。

第一节 求职信

一、求职信的内涵和特点

（一）求职信概念和作用

求职信是求职者向用人单位介绍自己、推销自己，并申请谋求某具体职业岗位（或职业范围）的具有祈使性的专用书信。

求职信的作用：求职者利用信函，尽可能扼要而重点地介绍自己的水平和才能及希望供职的心情，为供职单位决定取舍提供材料。

（二）求职信特点

（1）针对性。求职信要针对用人单位对岗位的要求、读信人的心理和本人的特点、求职目标等来写。

（2）自荐性。是指要恰当地推销自己。求职信是沟通求职者与用人者的一种媒介，在相互不了解的情况下，求职者要恰如其分地展现自己，用你的"闪光点"吸引对方，以期引起用人单位的兴趣。

（3）独特性。是指内容和形式不同于一般书信。要想在竞争中取胜，就要出奇制胜。

（4）求实性。求职信要实事求是，不能夸大其词，言过其实。

（三）求职信的种类

它包括自荐信和应聘信。自荐信是向用人单位自荐谋求职位的信；应聘信是指求职者根据用人单位的招聘条件，写信去应聘。

二、求职信的写作

（一）动笔之前需要考虑的两个问题

1. 对方要什么？

不同职业、不同岗位，对人才的需求是不同的。如物流业务经理和快递业务员，由于他们的工作性质和内容不同，对求职者的要求也不同。弄清楚对方的要求，我们就能有针对性地进行写作，从而提高求职成功的几率。

2. 我可以展示什么？

一般情况下，应聘不同的企业、不同的岗位，求职信的内容应该也不一样。"放之四海而皆准"，对求职信来说是不行的。对方对人才的要求是什么，求职者就应该把自己与之相关的知识和技能提供给对方。

当我们对以上两个问题考虑成熟之后，就可以开始写求职信了。

写作示例

求职信

尊敬的领导：

您好！

请恕打扰。本人是一名刚刚从××商学院会计系毕业的大学生，很荣幸有机会向您呈上个人材料，在投身社会之际，为了找到适合自己的工作，更好地发挥自己的才能，谨向各位领导作一自我介绍。

今天我与贵公司人事部的罗林强先生谈话，得知贵公司目前需要一名会计。经过了解贵公司的情况，我相信我的工作资格和能力完全符合这项会计工作的要求。

在大学里，我学习商业会计专业，并参加过计算机操作技能的培训和训练，这使我相信，我能够在贵公司这样高度专业化和现代化的公司里，熟练地应用计算机处理各种会计业务。在商业写作、人际关系和心理学方面的训练，将会帮助我与公司客户建立密切而融洽的业务联系。

由于贵公司专门研究税收保护项目，我想我在这一专业领域内的工作经验亦会对贵公司有所贡献。我曾在一家证券经纪公司做过两年的业余簿记工作，随后被提升到社会投资部任财务投资主力。2015年8月，我为公司分析和选择了一种特殊而有效的税收保护计划，得到公司经理的赏识，公司特意增加了我的工资。

此外，我具有较强的领导和组织能力，曾是学校金融协会副主席和市慈善活动团体的筹资部部长，能与人密切合作的能力对我做好会计工作也将十分有益。

随函呈上个人简历、论文及获奖证书复印件等，敬请参考。希望各位领导能够对我予以考虑，我热切期盼着您的回音。如果有机会与您面谈，我将十分感谢。

最后，即使贵公司认为我还不符合你们的条件，我也将一如既往地关注贵公司的发展，并在此致以最诚挚的祝福，愿贵单位事业蒸蒸日上，祝您的事业百尺竿头，更进一步！

此致

敬礼

叶××
2016年3月16日

（二）求职信的写作格式

求职信的书写格式，一般包括标题、称呼、正文、敬语、落款及附件六个部分。

1. 标题

标题可直接标明文种"求职信""求职书""自荐信""应聘信"，首行居中位置。

2. 称呼

写单位名称或联系人、负责人姓名。在第一行顶格单独写，称呼后要用冒号，表示下面有话要说。

求职信的称呼一般视具体情况而定，一般可称呼"××公司""××经理""××先生（女士）"等。有时，还可以在称谓前面加上表示尊敬的词语，如"尊敬的××"来称呼。

3. 正文

正文是求职信的主体也是求职信的重点，它一般包括以下几个部分：

（1）问候语。问候语是对收信人礼貌的表示。写在称呼下一行，一定要空两格，用感叹号。一般写上"您好""近好"即可。如果收信方是某单位的话，可省略问候语。

（2）写明求职信息的由来与要申请的职位。开头通常要说清写信的由来，因为求职者一般是看到了哪里登的招聘广告或听到别人介绍后写的。应聘信可以开门见山地写"本人求学期间就十分仰慕贵公司，近日看到《×××报》招聘×××一名，更激发起我到贵公司求职的渴望。"

如果不知道目标公司是否需要招聘新人时，你可以写一封自荐信去投石问路，如"久闻贵公司实力不凡，据悉贵公司欲开拓省外市场……故冒昧写信自荐，热切希望早日加盟贵公司。我的基本情况如下……"

（3）简介本人基本情况。主要介绍自己的姓名、年龄、就读的学校、所学专业及专业课成绩，尤其是与招聘单位对口或接近的专业课成绩。介绍自己学习的深度及广度，包括与求职岗位相关的社会实践和成绩。还可概括介绍自己在校期间曾经担任的职务、个人爱好、特长等。对于兴趣爱好的介绍只需局限在那些与目标职位有关的范围内。

（4）说明自己能胜任本岗位工作的各种知识和技能。雇主们都想知道你可以为他们做什么，他们最关心的是你有哪些专业知识、才能、过去和近一段时间干过或正在干什么。

应说明能胜任申请职位的各种能力，这是求职信的核心部分。目的就是要明确表明自己具有的专业知识和社会实践经验，以及与工作要求相关的特长、兴趣、性格和能力。对想要申请的职位，如果在竞争中处于劣势或者自身存在不足之处，必须在求职信中巧妙地化劣为优，在信中要表达自己对职位的理解，效果远远胜过表达自己对职位的兴趣。

另外还要表达希望被录用的愿望。先说明自己对本工作的喜爱和迫切心情，再谈谈入选后的想法、打算或计划，使用人单位仿佛看到新鲜血液在汩汩流淌，增强用人单位录用你的决心。

（5）提出希望和要求。感谢对方阅读并希望用人单位能予接纳、恳请对方给予回复等。在正文即将结束时，简单概括一下全文的内容，加深收信人的印象。求职信常用的结束语有"如蒙赐复，不胜感激！""若认为本人条件尚可，请惠予面试，本人将准时赴试"等。

互动活动

阅读下列求职者在求职信中经常写到的文字，讨论分析这些文字存在哪些问题：

A. 在公司给定的任何岗位上，我都可以表现得非常出色。

B. 在这个问题上我认为你们的理解是有误的。我觉得这个问题应该是这样来看……

C. 有我这样的人才来应聘，你们定会大喜过望，我将会让你们的销售额名列榜首。

D. 我对薪资没有任何要求，选择贵单位是因为离家比较近。

E. 公司的待遇和福利让我很感兴趣。

_____

_____

_____

_____

_____

4. 敬语

出于礼节，信的最后往往写上简短的表示敬意、祝愿之类的祝词。常用的有"此致敬礼""愿贵公司鹏程万里，事业发达"等。

5. 落款

在结尾语右下方写上求职人姓名，可以用"敬上"或"谨呈"等词以示礼貌和谦逊。姓名下面写日期，成文日期要年、月、日俱全。如用打印机打出，在求职人姓名处最好使用亲笔签名。

6. 附件

附件指对求职人有用的材料，如简历、学历证、学位证、职称证、身份证、获奖证书、外语等级证书、计算机等级证书以及获奖证书的复印件等。

在求职信里最好整理一份附件目录，这样既方便招聘单位的审核，同时也给对方留下一个"有条不紊、很负责任、办事周到"的好印象。

此外，还要注明求职人的通信地址、邮编和电话号码等信息，以便于联系（在简历里已注明的，在这里可以省略不写）。

格式在落款下一行空两格的位置，写上"附件"或"附"后加冒号，列出附件目录。

问题诊断

下面是一位同学应聘青岛地铁公司站务员的求职信，请认真阅读，根据求职信的写作要求，指出其存在的问题。

求职信

尊敬的公司领导：

  您好！

  首先感谢您能抽出宝贵的时间来看我的自荐信。我叫王子硕，现年22岁，身高174cm，来自山东淄博，是××××××学院精品班——城市轨道专业2017届毕业生。今天我怀着快乐而又激动的心情呈上这份求职信。之所以激动，是我决定到贵公司，实现共同的辉煌。

  三年的大专生活中，我勤奋刻苦，力求向上，努力学习基础与专业知识，三年来，各学科没有补考的记录，专业学科成绩优良，在校期间曾被评为优秀团员和优秀学生干部。普通话达到国家标准水平，计算机已拿到国家四级等级考试证书，同时英语也达到了国家四级水平。

三年的学习生活，铸就了我勤奋诚实、积极热情的性格，培养了我拼搏向上的精神，提高了自我判断、策划、协调等多方面能力，为自己注入了全新的营养，为今后的工作打下了良好的基础。基于以上情况本人适合担任地铁站务员工作，能与外国人交流，为他们指引方向。随叫随到，哪里需要就往哪里跑，有一分热发一分光。让乘客井然有序地上下车，老幼病残有专人护理，到地铁站就像到自己家一样幸福温馨！

实践是检验真理的唯一标准。所以每年我利用放假时间参加了春运、暑运！了解到整体工作才能让乘客满意，旅客放心。并且参观了地铁设施，查阅大量的资料，对地铁方面的规章制度、管理要求都比较清楚！我想一个人只有把聪明才智应用到实际工作中去，服务于社会，有利于社会，让效益来证明自己，才能真正体现自己的自身价值！虽然现在应聘的只是一名普通的站务员，但我坚信，不久后的将来我一定会有惊人的进步和提升，担任更高一级的职务。路是一步一步走出来的。只有脚踏实地，努力工作，才能做出更出色的成绩！

通过我的这封求职信，能使您对我有一个更全面深入的了解，我愿意以极大的热情与责任心投入到贵公司的发展建设中去。您的选择是我的期望。给我一次机会还您一份巨大的惊喜。

此致

敬礼！

求职者：王子硕

2017年5月2日

（本文来自中国人才网：有改动）

三、个人简历的制作

（一）个人简历的概述

1. 概念

个人简历是求职者说明个人基本情况、教育背景、工作经历、所获荣誉等的书面材料。个人简历是对过去生活经历的精要总结，在一定程度上是一个人过去经历的浓缩。简历通常作为求职信的附件，一起呈送给用人单位，求职者希望借此让用人单位全面了解自己，从而为面试创造机会，最终达到就业目的。

2. 作用

简历的真正作用是求职的"敲门砖"，很多企业都是通过简历来初步筛选所需人才。另外，简历中的表达、书写方式也能反映出一个人的思维模式和社会观念，客观上也能反映求职者的表达能力，这也是企业考察一个人是否符合公司和岗位要求的重要标准之一。

3. 类型

个人简历有如表5-1所示的两种典型的形式。

表5-1　个人简历类型

划分标准	内容
时间型个人简历	按照时间先后顺序排列出自己的个人经历，在学习或社会实践活动中取得的成就，应重点强调近几年的情况。它的优点是使最近的经历一目了然，容易看懂，这是普遍采用的形式
实用型个人简历	是把个人取得的成就分别列在不同的实践活动名称下，将具体日期写上，把它们作为辅助资料。也就是说，把你认为最重要的成就排列在前面。这种简历可以掩饰你就业经历不足的劣势，可以针对你最感兴趣的职位目标组织个人经历背景

简历在形式上可以采用条文式，也可以采用表格式。采用何种简历，应视个人的需要和目标而定，看哪种形式最能展现你的优点和长处。

4. 特点

（1）真实性。是指写简历时一定要客观理性地总结自己的经历，做到真实、准确、不夸大、不缩小、不编造，这样才能取信于人，具有保存的价值。

（2）正面性。是指内容以展示求职者优点和长处的材料为主，负面的内容要远离简历。

（3）精练性。是指个人简历要简明扼要，在大多数情况下，一两页即可。

（二）个人简历的写作格式

个人简历的写作格式一般由七个部分组成，即标题、个人基本情况、求职意向、学习经历、工作经历、所获得的各种奖励和证书、自我评价等。

1. 标题

标题可以直接标明文种"简历"或"个人简历"，首行居中位置。

2. 个人基本情况

个人基本情况包括姓名、性别、出生年月、籍贯、民族、受教育程度、专业、职务职称、政治面貌、婚姻状况、健康状况、身高、兴趣爱好、性格以及自己的联系方式（通信地址、电话、E-mail等）等。这一部分放在最前面，联系方式一定要写清楚，便于用人单位取得联系。

另外，根据工作的性质要求，有些求职者需要在简历中准备个人照片。有些职位比如文秘、公关、销售，对外貌有一定要求，这些需要灵活处理。

3. 求职意向

求职意向，即求职目标或个人期望的工作职位，用简短的话表达自己的求职意向，让用人单位一目了然地看到你的求职意向正是他们所急需的。

4. 学习经历

这是介绍求职人受教育的情况。按倒序时间来写自己的学习过程，通常写到高中（大专），高学历者（硕士、博士）可以从大学写起。要写清学习的起止时间、毕业的学校、专业。重要的学习经历可以列上主要的、有特色的专业课程及成绩，尤其是要体现与你所谋求的职位有关的教育科目、专业知识。要突出重点，有针对性，使用人单位感到你的学历、知识结构与其招聘条件相吻合。

5. 工作经历

写工作经历，要突出与求职目标相关的工作经历；一定要说出最主要、最有说服力的资历、能力和工作经历。写工作经历时，时间要倒序，最近的工作情况要放在最前面。在每一项工作经历中先写工作日期，接着是工作单位和职务。

对于初出校门的大学生，工作经历可以改为社会实践和实习经历，包括在学校、班级所担任的职务、勤工助学、课外活动、义务工作、参加各种团体组织、实习经历和实习单位的简要评价等。

6. 所获得的各种奖励和证书

所获得的各种奖励和证书包括发表的论文、社团成员资格、奖励和获得承认的计算机技能、英语等级、语言技能等一些资格证书，有关个人兴趣爱好的荣誉证书也可以针对求职意向有选择地列举两三项，让用人单位了解求职者的工作、生活情况。这部分内容主要是向用人单位证明自己的应聘资格，用人单位比较重视这一部分的内容，所以应该认真对待。

7. 自我评价

自我评价是帮助用人单位更全面地了解你，如果概括真实、重点突出、简洁得当，也是很能够帮助求职者从众多简历中胜出的。在求职者书写"自我评价"时，千万不要有虚假成分，例如夸大自己的能力、优点或工作经验等。经验丰富的招聘者很容易通过求职者的措辞判断求职者是否中肯而踏实，一旦语句让人感觉到浮夸，招聘者往往会不露声色地把求职者的简历淘汰出局。另外，要学会找到自己真正的闪光点，如果自我描述没有重点，与你求职的岗位没有任何联系，或者过于大众化，就难以突出自我的优势。

（三）写作注意事项

（1）语言要简洁明确。语言简洁精练，力求篇幅简短而富有感召力，要体现出明确的求职目标，内容尽量浓缩在两页之内，简历过长，会使人厌烦。

（2）内容要真实客观。不能为了赢得面试机会而凭空捏造事实，随意抬高自己身价。

（3）简历要重点突出。要针对所申请的空缺职位来写，有的放矢，使招聘人员觉得你各方面情况与所应聘职位的任职资格相吻合，与招聘条件相接近。

（4）照片要朴实大方。简历照片一定要近照。招聘者主要还是看求职者的知识、技能，看你毕业的学校和专业，看你接受过什么样的培训，参加过哪些项目……如果求职者过分看重照片的作用，难免有"本末倒置"之嫌。

写作示例

陈初见

/ 求职意向 /

新媒体运营

/ 个人信息 /

现居住地：上海市杨浦区

联系电话：138-0000-0000

电子邮箱：123456789@qq.com

/ 技能证书 /

语言能力：

大学英语六级证书

普通话二级甲等证书

计算机能力：

国家计算机二级证书

熟练使用 office 办公软件

其他能力：

C1 驾照

/ 教育背景　Education /

2013.09—2016.07　　中国社会大学　　市场营销　　本科
- 主修课程：基本会计、统计学、市场营销、国际市场营销、市场调查与预测、商业心理学、广告学、公共关系学、货币银行学、经济法、国际贸易、大学英语、经济数学、计算机软件应用等。

/ 实习经历　Internships /

2014.07—2014.08　　北京乔布有限公司　　运营实习生
- 要负责撰写软文，协助运营执行推广活动；
- 负责公司自媒体（如微博、微信公众）的信息发布及维护；
- 业绩：所负责的微博热点活动参与数量单条超过 1,000 人，获得 1,000 次转发，回复 500 条。

2015.07—2015.08　　"OPPO 校园俱乐部"项目　　新媒体运营
- 在官方微博平台中，打造 "OPPO 校园俱乐部" 的概念，为 OPPO 公司在全国范围内各大高集结粉丝，让学生由参与者变成创造者，变成 OPPO 的校园代言人；
- 根据 OPPO 客户诉求，基于产品特点，负责品牌传播策略，包括创意构想、文案撰写等；
- 挖掘分析网友使用习惯、情感及体验感受，结合产品特点撰写传播策划方案。

/ 校园活动　Activity /

2013.09—2014.06　　院学生会　　干事
- 积极参与学生会的各项活动，参与各类学生活动的策划；
- 负责学院活动的赞助拉取，制作活动赞助方案，并上门拜访企业拉取赞助；
- 完成其他学生会的工作任务，成功举办多次大型活动。

/ 自我评价　Evaluation /

- 有运营实习及活动策划经历，熟悉新媒体渠道和用户；
- 熟悉常用微信编辑器的使用方法，能使用 Maka 等工具制作简单的 H5 页面，也能根据公司要求制定新媒体活动方案，并确保活动的良好执行；
- 具备良好的沟通能力和团队协作能力，有团队精神，能快速融入新的团队。

图 5-1　简历例文

第二节　竞聘演讲稿

竞聘演讲稿又称竞聘报告、竞争上岗演讲稿、竞聘书，是竞聘者在竞聘会议上向与会者发表的一种阐述自己竞聘条件、竞聘优势，以及对竞聘职务的认识，被聘任后的工作设想、打算等的工作文书。它是公文应用写作研究的重要文体之一。

从古希腊、古罗马，到现在的欧美各国，一直把演讲当作一门学问来对待，对它进行深入的研究。早在第二次世界大战期间，美国人就把"口才、金钱和原子弹"看作是赖以在世界上生存和竞争的三大法宝。如今虽然"电脑"代替了"原子弹"，但是"演讲"仍居三大法宝之首。不管是政界的领袖林肯、丘吉尔、克林顿、奥巴马，还是商界的成功人士比尔·盖茨、马云、俞敏洪等，他们无一不是具有出色的演讲能力的。古今中外大多数的成功人士都是善于演讲和沟通的大师。

一、竞聘演讲的内涵和特点

演讲又叫讲演、演说，在西方最早见诸《荷马史诗》。公元前390年苏格拉底在雅典创立的修辞学校，就是第一个专门培养演说家的教育机构。中国最早的一部历史文献《尚书》中记载的"甘"誓就是公元前21世纪夏启和有扈氏战于"甘"这个地方的战前动员演讲。

唐代李延寿《北史·熊安生传》中有："公正（尹公正）于是有所疑，安生皆为一一演说，咸究其根本。""演说"在李延寿看来是释疑解惑。另外"演讲"在古代有的称之为"言辞"，有的称之为"谈说"。

演讲是以"讲"为主，以"演"为辅，是"讲"与"演"的统一，切不可简单地理解为"表演＋讲话"。演讲作为一种社会实践活动，不仅具有社会性，同时具有艺术性。"晓之以理，动之以情，喻之以利，导之以行。"为此，演讲常常借助戏剧、音乐、绘画、相声、小说、诗歌等多种文学艺术手段。"特定的时空环境"和语言是演讲的依存条件和承载体。"特定的时空环境"指的是演讲活动在一定的时间和空间环境中进行。如"战争演讲"是在大战当前的阅兵场上进行；"法庭辩护"是在庄严肃穆的法庭审判上进行。而语言是人们在彼此交流中得以传情会意，增强了解的一种极其重要的交际工具。人类社会生活的方方面面，都直接或间接以语言为工具。有声语言是演讲活动中最主要的物质媒介，所以离开了语言表达就无所谓"演讲"。

（一）竞聘演讲的内涵

公开选拔、竞争上岗已成为企事业单位升职的重要方式。在这个过程中竞聘演讲是其中重要的一环，演讲成功与否对竞职有着直接的影响，所以说竞聘演讲稿是很重要的。要对竞聘演讲词有一个充分的了解，首先要搞清楚竞争上岗的内在含义。所谓竞争上岗，就是指各级党政机关和企事业单位的工作人员在职务晋升、轮岗交流过程中，通过在一定范围内的公开竞争、群众评议、组织考察等环节，确定拟晋升、留任、轮岗、交流的人选，然后按有关管理权限决定任命的一种领导选拔任用方式。竞聘演讲词，是竞争上岗过程中的一项重要内容。它是在一定的组织形式下，参加竞聘者为了达到上岗目的，在特定的时间和场合，面对特殊的听众，就本人的竞聘条件、竞争优势、施政方案等内容发表的公开演讲。

互动活动

试着分析下面这次演讲的演讲者、演讲内容、演讲方式、演讲目的和演讲接受对象各是什么。

1944年6月6日，盟军司令蒙哥马利元帅在诺曼底登陆中对担负突击任务的士兵说："你们在干一件无与伦比的大事业。世界将通过你们完全变一番模样，历史将为你们树立一座丰碑，写上：你们是迄今最优秀的军人！这场世界上从未有过的拔河比赛，这些即将开辟第二战场的军人们所负的责任是成功地执行自己的任务，并最后作为一个自豪的人，回到家里同亲人团聚"。

士兵们高呼："元帅的贝雷帽和演讲给了我们扑向死神的力量。"

___

___

___

（二）竞聘演讲的特点

1. 竞聘演讲具有鲜明的目的性

任何讲话都有其目的性，但是竞争上岗演讲的目的更为明确，这就是为了竞选成功。通过演讲，可以使广大群众和评委了解竞选者的生活经历、性格特征、能力素质和工作谋略等，从而认可你，推荐你，使你达到能胜任所竞争岗位的目的。这就要求竞选者在演讲中始终围绕中心，通过各种积极有效的办法进行准确的语言表达，达到这个预期目的。

2. 竞聘演讲具有激烈的竞争性

竞争上岗演讲的全过程，实际上就是竞争者用语言表述个人的基本素质、能力优势、施政方案，从而与对手进行公开竞争的过程，所以竞争性贯穿在整个演讲的始终。竞选者在演讲时不仅要考虑个人的情况，而且还要认真分析竞争对手的优劣势，使你能在比较中选择对自己有利的条件和项目，并且加以表现，以展示自身更具竞争性的方面。

3. 竞聘演讲具有独特的创造性

为了更好地展示个人的才能，每位竞选者的演讲都要根据个人特点展示独创性。这就要求参加竞争者在演讲时，无论是对个人基本情况的陈述，还是对工作的设想和安排，都力求显示出个性化特征。特别是对今后工作的安排和设想，更要有一些独到的见解和创新，使听众有耳目一新的感觉。

4. 竞聘演讲具有真实的质朴性

竞争上岗演讲鲜明的目的性和激烈的竞争性，决定它具有真实的质朴性特点。一般来讲，有关竞争上岗的演讲不能用夸张、虚浮的态度来粉饰自己，也不可用华丽的辞藻和极富鼓动性的语言来表达。竞聘演讲词主要是靠竞选者真实的才能、诚恳的态度、严谨的思想和创新的思维来表现自己，说服群众，因此实事求是的质朴性就十分突出。

二、竞聘演讲稿的基本写法

竞聘演讲由于要考虑多种临场因素与竞争对象，它的结构就必须灵活多样，但就其基本内容而言，仍可分为以下几个部分。

1. 标题

竞聘演讲稿的标题有三种写法。

一种是文种标题法，即只标"竞聘演讲稿"；另一种是公文标题法，由竞聘人和文种构成，或由竞聘职务和文种构成，如《关于竞聘××公司经理的演讲》；还有一种是文章标题法，可用单行标题拟制，也可采用正副标题形式，如《让收音机制造厂腾飞起来——关于竞聘收音机制造厂厂长的演讲》。

2. 称谓

称谓，即对评委或听众的称呼。一般用"各位评委""各位听众"即可，例如可以说："尊敬的各位领导，各位评委，各位同事：大家好！""同志们，你们好！"等。由于竞争上岗的演讲比较严肃，所以不太适于用"女士们、先生们"的称呼。

3. 正文

（1）开头。为制造友善、和谐的气氛，开篇应以"感谢给我这样的机会让我参加答辩""恳请评委及与会朋友指教"等礼节性致谢词导入正题，紧接着阐明自己发表竞聘演讲的理由。开头应写得自然真切，干净利落，特别是要讲究适度的谦虚性。

一般可采用礼节性致辞进行导入，如可以从个人的感受开头"能参加今天的竞争我很荣幸"；可以从感谢的角度开头"首先感谢领导给我提供了这样一个接受挑战、展示自己的机会"；也可用比较谦和的语气开头"大家早就熟悉了我，但是今天我想让大家更好地认识我"；此外，还可以有针对性地说"我希望各位评委及与会同志对我的演讲给予指教。"总而言之，开头是缩短与听众距离最好的桥梁，虽然竞争上岗的演讲不像其他演讲那样，要精心地设计一个艺术性的开头，但是用一种比较谦虚的口气开好头，是成功的基础之一。当然谦虚也要适度，不要过分，否则会给听众带来反感，进而影响演讲效果。

🔗 资源链接

竞聘演讲稿常见的开头方式

1. 感谢式。用诚挚的心情表达谢意。如"非常感谢贵公司给我这次宝贵的竞聘机会"。

2. 概述式。概括叙述自己应聘的岗位以及竞聘演讲的主要内容。如"今天我充满自信地到贵公司竞聘文秘岗位，凭之立足的基石是我十几年不懈的努力所掌握的知识和技能。现在我向各位考官简述我的基本情况以及对竞聘岗位的认识"。又如"今天我将坦诚地向各位领导、同志们陈述我应聘银行办公室主任所具备的优势，并提出我拟聘后的工作设想，请各位提出宝贵意见"。

3. 简介式。简要介绍自己的经历、性格特征，让听众对自己有个初步的了解。如"我叫张××，1989年毕业于复旦大学新闻系，出身于农家、成长于复旦的我，既有农民的朴实，又有诗人的气质，自信能胜任新闻工作"。

（2）主体。这是全文的重点和核心。应围绕以下几个方面展开。

介绍个人简历。可分两个层次：第一层简明介绍竞聘者的基本情况，使评委明了竞聘者的基本条件；第二层紧接第一层对自己与竞聘岗位有联系的工作经历、资历作出系统、翔实的说明，便于评审者比较与选择。例如：

站在大家面前有点单瘦的我，稳重而不死板，激进而不张扬，温和而不懦弱，愚钝而不懒惰，正直而不固执。我1999年9月考入空军飞行学院，学过飞行，后因视力下降停飞改做地面工作，干过排长、指导员、干事，大学文化，中共党员，2010年9月转业。在有206名军转干部参加的进政法系统考试中，我名列第二，原以为能谋个警察的差事也就心满意足了，没料到能非常荣幸地被选拔到首脑机关市委办工作，在此，我衷心感谢领导和同仁的厚爱。与大家共事一年来，我既有不小的压力，更有无穷的动力。

摆出竞聘条件。竞聘条件包括政治素质、政策水平、管理能力、业务能力以及才、学、胆、识各方面的条件。竞聘条件是决定竞聘者是否被聘任的重要因素之一，应该重点强调。但切忌夸夸其谈，应多用事实说话，"事实胜于雄辩"。可以结合自己前一时期的工作来写，如自己曾做过什么相关的工作，效果如何。从中展露出自己的水平、能力、知识和才华。采取引而不发的办法，通过这些事实，让评委及听众自然而然地得出肯定的结论。例如：

在省××公司市场经营部4年来的管理工作中，我逐渐认识到，从市公司到省公司，是一个角色转变的过程：一是从具体的、微观的管理到原则的、宏观的管理的转变；二是所做的工作从影响局部到影响全局的转变。在省实业公司市场经营部从事经营分析工作期间，我充分认识到，只有"研究市场，分析市场，把握市场"，才能"掌握主动，加快发展"，通过刻苦学习通信市场经营管理理论知识及通信市场经营分析方法，增强了自己的业务能力和管理水平。在领导和同志们的支持和帮助下，我不断地学习政治理论和管理知识，渐渐成长为市场经营部的骨干之一，并于2003年6月19日光荣地加入了中国共产党。4年来，我主要做了以下工作。

1. 做好全省实业公司的经营分析工作。为了做好全省实业公司的经营分析工作，我深入基层进行调研考证，收集了大量相关资料、数据，详细掌握了省实业公司及其下属子公司的经营业务种类、企业经营状况，特别是市场经营部管辖范围内的企业经营现状及业务种类。主动收集和了解通信市场信息和有关情报，进行系统的归纳和分析，并根据实业公司的经营范围加以研究，积累了大量的经营经验和数据资料；经过不断努力，初步建立了省实业公司市场经营分析体系。拟订并下发了《××电信实业有限公司经营分析制度》，针对各市实业公司及直属单位的实际经营情况，对其经营分析工作提出了具体、科学的要求，指导各基层单位做好经营分析工作，使省实业公司的市场经营分析工作更详尽、更具体，制作了多期《××通信实业经营工作分析》，通过详尽的文字说明和直观的图表数据，对全省通信实业的经营情况进行总体分析，说明情况、发现问题，并及时提出解决方案，为公司制定总体经营策略提供了可靠的依据。

2. 对公司的发展提出建设性意见。我结合省实业公司实际经营情况，先后负责起草了《关于成立省通信工程集团公司的可行性报告》《有关××电信实业有限公司未来发展的合理化建议》及《实业公司现有业务种类及核心业务分析》等建议。在负责起草相关文件及建议的过程中，为掌握真实的数据和符合基层的实际，主动深入相关单位了解情况，并召开座谈会征求意见，这样做既密切了上下级关系，又使文件切合实际，保证了文件质量。

3. 积极开发新业务，拓展增值电信领域。为了实业公司的长远发展，在巩固实业公司传统业务的同时，根据市场需求开发具有市场潜力的新型业务。为了拓展增值电信领域，在公司的领导下，部里安排我先后对上海呼叫中心、杭州迪佛通信信息有限公司呼叫中心的建设、经营情况进行了考察，并同大连华信计算机有限公司就外包呼叫中心业务进行了全面探讨。通过实际参观考察和理论研讨，我们对呼叫中心投资建设规模、业务功能、经营现状、市场需求有了进一步的了解，开阔了视野，积累了经验，并起草了《关于对呼叫中心业务的考察报告》及《关于呼叫中心投资建设的建议》，用翔实的数据资料阐明了呼叫中心业务的发展前景及利弊关系，为公司领导的决策提供了依据。

提出施政目标、施政构想、施政方案。这部分是竞聘者假设已被聘任后，对应聘岗位所提出的目标及实现的具体措施。选招、选聘单位除了看竞聘人基本素质条件之外，还要考虑竞招、竞聘的施政目标和施政措施。演讲者应鲜明突出地提出自己的施政目标和施政措施。这些目标和措施既要适应总体形势，又要体现部门特点。基本目标要具有客观性、明确性和先进性。要定性定量相结合，能量化的尽量量化，以便评委进行比较、评估。目标还应围绕人们对竞聘岗位较为关注的焦点、难点、重点提出。基本目标必须有切实可行的措施做保证。因此，保证措施十分重要。措施必须针对目标来制定，要明确具体，有可操作性，且密切联系岗位实际，从岗位工作出发。例如：

假如本次竞聘我能荣幸担任办公室副主任一职，我的主要目标和工作思路概括如下：

一个目标是把办公室建设成为精干、高效、协调有序、团结奋进的办事机构，充分发挥办公室的参谋作用、助手作用、协调作用、枢纽作用和保障作用。

具体工作思路是：

1. 强化新闻宣传报道工作，加大宣传报道力度，认真做好《历城公路信息》的编写工作，注重信息的准确性与时效性。并保证在省、市、区各级报纸杂志上的发稿数量。同时，密切与新闻单位的联系，做到沟通及时。

2. 扎扎实实地抓好督查督办工作。督办是决策、执行、监督过程中的重要一环。是保证政策、决策准确及时执行的关键，是政策调整和进行再决策的主要依据。因此需要及时准确地收集和反馈各项决策执行和工作任务进展的动态情况。做到督查督办的程序化、经常化、制度化，加大督办工作力度，制定具体措施。督查督办情况形成文字，并适时公开督查督办结果。

3. 做好调查研究工作。重大决策的会前，办公室及时提交有关情况的书面调查报告，做好相关方面的意见汇总收集。对有关公路改革发展形势的资料、重要政务信息及时收集、反馈，以提高领导掌握工作动态和决策的前瞻性、预见性。

4. 突出做好全局招商引资的服务工作。积极协助能够引进项目的职工完成招商引资工作，严格把好项目引进的审核关，为职工提供政策、信息和其他资源上的服务。

5. 加强档案管理工作。确保档案管理水平。

作为办公室副主任，实际上是办公室具体事务的操作者和执行者，必须严格要求自己，以身作则，作为副主任，是主任的得力干将，是联系上下的纽带，也是办公室领导班子的重要一员，必须明确自己所处的特殊位置。既要注意收集大家的意见和建议，协助主任从办公室整体利益出发，制定有利于办公室发展的政策和举措。又要做好宣传思想工作，维护主任在办公室的形象和地位。作为办公室副主任，应该是一个多面手，对办公室的各项工作都应精通，懂管理、会管理、能管理。要求别人做到的，自己不仅要做到，而且要做好，这样才能发现问题并及时地指导。

办公室的工作就是紧紧围绕全局工作的中心，以政务工作为重点，以信息工作为突破口，逐步完善全系统办公室业务工作的考核管理机制，加快办公自动化建设步伐，充分发挥办公室参谋助手、协调服务、监督把关的职能作用，最终实现为领导服务、为机关服务、为基层和群众服好务的目标。努力当好领导的参谋助手，工作中多请示、勤汇报，既充分尊重领导的意见，又敢于表达自己的看法，提出合理化建议；对领导交办的工作做到事事有回音、件件有着落，坚持做到不越权、不越位、不错位、不失位，协调好与各科室的合作关系，让领导和同志们满意、放心！

（3）结尾。竞聘演讲词的结尾一般表述两方面的内容，一方面，如果竞争成功，表明干好工作的决心和信心；另一方面，如果不成功，表达能上能下的态度。如"不管结果如何，我都会以这次竞聘为契机，发现不足，一如既往地做好我目前的本职工作，不断提高自己、完善自己""请同志们支持我、关心我、鼓励我、监督我"等。总之，结尾要精练简洁，不要拖泥带水。

🔗 资源链接

竞聘演讲稿结尾写法

对于竞争性极强的竞聘演讲来说，结束语是演讲者走向成功的关键一步。竞聘演讲稿结尾好，就如乐曲结束时的"强音"，动人心魄；竞聘演讲稿结尾不好，则犹如吃花生米，吃到最后一粒是个坏的，又苦又涩，一股霉气，就会使整个演讲失去原有的香味。那么，怎样的精彩结尾才能给听众留下更深更好的印象呢？下面介绍几种常见的竞聘演讲稿精彩结尾方式，供竞聘者参考。

1. 卒章言"志"表真诚

这是竞聘演讲常用的一种竞聘演讲稿精彩结尾方法，主要是指演讲者表明自己"上任"后的抱负和决心。在竞聘村委会主任的演讲会上，一位刚从管理学院毕业的小伙子在演讲结束时这样说："我虽然没有当干部的经验，但我有为官一任、造福一村的热情。如果选我当村委会主任，我保证两年之内实现以上规划，让咱村改变面貌。让大家人人抱上金饭碗。说到做到，决不放空炮。如不兑现，我甘愿下台受罚！不仅我这一百多斤要交给大家，我还要把我家的楼房和几万元存折都压上。"他"明明白白"地表明了自己的信心和决心，使听众很快由怀疑、惊奇变为信任和亲近，话音刚落，台上台下便掌声一片。他的真诚深深感动了乡亲们，不少人都投了他的票。

2. 发出号召表真心

有的演讲者还在竞聘演讲稿精彩结尾时直接向听众提出希望，发出号召。但这种"号召"大大不同于一般演讲的"号召"，它是以竞聘成功为直接目的的，说白了，也就是号召听众投自己的票。例如，在某企业竞聘副经理演讲时，一位演讲者在演讲结束时直截了当地向听众说："同志们，朋友们，请大家助我一'笔'之力投我一票吧，因为选我就等于选了你自己！"（掌声热烈）

他的这一号召很管用，言语不多，却亲切感人，如同一根魔棒一样触动了听众的心灵，使大家的心和他紧紧拴在了一起，因此取得了很好的效果。

3. 以"谢"圆场表真情

当竞聘演讲结束时，一般都要礼貌地说声"谢谢"。但"谢"字也有会说不会说之分，会说的，不仅可以表示自己礼貌待人的文明素质，还可成为沟通人们心灵的虹桥。

请看下列三段竞聘演讲稿精彩结尾：

"我的演讲完了，谢谢。"

"最后，让我再次感谢领导给我这个难得的竞聘机会，感谢各位评委和在座的所有听众对我的支持和鼓励。"

"今天天气这么冷大家还都来捧场，这使我非常感动。无论我竞聘是否成功，我都要向各位领导、评委，和在座的朋友们表示深深的谢意！"（说完给大家深深地鞠了一躬）

以上是三名演讲者在同一次竞聘演讲会上的结束语，虽都是言"谢"，但第一个人的有"客套话"之嫌，掌声一般。第二个人的"再次感谢"比第一个人的要显得真诚，因此获得的掌声较热烈。反响最强烈、给听众印象最深的还是第三个人的竞聘演讲稿精彩结尾，他字字含真情，句句发肺腑。所以在他下场之后，人们还在为他鼓掌。由此看来，"谢"字里面也大有文章。

4. 巧借"东风"表决心

这是一种借他人竞聘演讲稿精彩结尾作为自己竞聘演讲稿精彩结尾的一种方法。它包括两种情况，一是顺手牵羊用别人竞聘演讲稿精彩结尾中的原话来表明自己的志向；二是简单汇总他人的"意思"作为自己的"意思"。如，在竞聘厂长的演讲会上，许立华在演讲结束时这样说："刚才刘勇同志说的完全代表了我的心，那就是：无论能不能获得这个职位，我都要发奋图强，为咱厂迅速创造新的辉煌贡献自己的力量！"（掌声）他巧妙借他人之言表达自己的决心，看似重复却又新鲜，不仅没有拾牙慧之嫌，还能让人在重复之中看出演讲者不凡的智慧。

在竞聘校长的会上李连山是最后一个出场演讲的，当他看到前边每个人最后都是希望和决心作结以后，他没有再讲自己的决心，而是灵机一动说："朋友们，至于决心在这里我也就不表了，因为前边每一位竞聘者的心声就是我的心声，他们的决心就是我的决心！"他的话音刚落，会场上就响起了热烈的掌声。会后人们说："他的这种方法很不错，不表决心胜于表决心。"

5. 借景抒情显水平

在竞聘演讲稿精彩结尾时如能巧妙地借用当时的景物来抒情表志，也可助自己一臂之力。一次，县委在县大会议室举行副局级干部竞聘演讲会。那天天很阴，当诸葛洪钢竞聘教育局副局长的演讲就要到尾声的时候，外面电闪雷鸣，几乎淹没了他的声音。他稍停顿了一下，指着窗外说:"同志们,听着窗外响起的阵阵春雷,我的心中不由得一震,是啊,我们的屋内不也是春雷滚滚吗?干部聘任制度改革的春雷正在我们这块天空上震响,在这场竞争中也许我只是一个过客,但我要张开双臂,为春雷春雨的到来而欢呼!"

他巧借突如其来的天气变化来抒发自己的情感,比起那些"背稿"的演讲者来显然棋高一筹。他的讲话激起了如雷般的掌声。会后人们还对他的机智赞不绝口。

6. 设问结束增语气

"同志们,当听完我的构想以后,也许你会想:你的想法倒挺好,可实现得了吗?说实话,我只是一个平凡的人,不是神,我就是浑身是铁也打不了几个钉,要是光靠我自己,甭说是三年,就是三十年也实现不了。可古语说得好:人心齐,泰山移,如果在座的各位都和我一起干,我敢肯定,不久的将来,梦想定会变成现实!"(热烈掌声)

这位竞聘者在讲完自己的实施方案后,先抓住听众的心理来了一个设问,但他并不急着回答,而是故意用否定的话荡了一个"秋千",之后再进行肯定。话语不多但含义颇深。其一,表明了自己有自知之明的态度;其二,说明在一定条件下自己的构想并非是"吹牛",从而激发了大家对自己的信任;另外,也含蓄表达了自己对全体听众的信任和自己的决心。

有时为了表"情"的需要,还可以用反问句作结。如,一位年轻人在竞聘乡长演讲收尾时说道:"大家知道,我是一名孤儿,是在党和乡亲们的关怀培养下长大的。如果不当好人民的公仆,不把乡里的事办好,能对得起培养我的党吗?能对得起各位父老乡亲吗?"他的反问加强了他要当好乡长的语气,犹如一股强劲的风,吹动了听众的心,全场掌声一片。

写作示例

部门经理竞聘演讲稿

第三节　邀请书、倡议书

一、邀请书

(一)什么是邀请书

邀请书,也称邀请信、邀请函,是各级行政机关、企事业单位、社会团体或个人邀请有关人士前往某地参加某项会议、工作或活动的一种专用书信形式,发出邀请书是为了表示正规和重视。

与邀请书性质相近的还有请柬，也称请帖，是各级行政机关、企事业单位、社会团体或个人在活动、节日和各种喜事中邀请宾客使用的一种简便邀请函件，一般用于社会组织友好交往活动、座谈会、联欢会、派对、联谊会、纪念仪式、婚宴、诞辰和重大庆典等，发送请柬是为了表示庄重、热烈和隆重。

（二）格式与内容

邀请书的结构一般由标题、称谓、正文、结尾和落款组成。

1. 标题

第一行写标题"邀请书"三个字，并要居中。

2. 称谓

换行顶格写被邀请者姓名或单位名称。要带职务，用尊称。

3. 正文

这部分要写清楚邀请的事由、时间、地点，以及有关要求或注意事项。如是向单位发出邀请，还需写明被邀对象和人数。

正文应特别注明的内容：

附券：如有参观、文艺活动，或有礼品赠送，应附上入场券，或者领取礼品的赠券。

宴请：如有宴请，应写明"敬备菲酌""沏茗候教"等字样，并注明"席设"何处，以及入座时间。

特别提示：如有特殊的着装要求也应该在正文注明。如需乘车乘船，应交代路线及有无专人接站等。

4. 结尾

通常在正文之后，紧接着写结尾，也可以另起一行，顶格书写。

结尾处要表示希望接受邀请、欢迎前来的诚意，一般用"欢迎指导""敬请光临""恭请莅临""请届时光临指导"等表示对被邀请方的恭敬和礼貌。

5. 落款

在正文右下方写邀请单位或个人的名称。单位要加盖公章，个人只需署名。署名之下一行写发出邀请的具体年、月、日。

互动活动

某公司为销售额突破百万元举行庆功联谊会，给一些合作单位发送了邀请书，邀请大家本周六晚上参加公司活动，并准备了精美的礼品，用来感谢平时对自己公司的帮助。结果有些单位没有接受邀请，活动不太成功。

单位主要领导很困惑，经和有关人士接触，方知所送邀请书有问题。一是邀请书中的事由没有表达清楚，使人误以为是该公司的内部活动，别人可有可无，当然就不肯应邀前来了。二是给合作单位发通知时，已是周五快下班的时候，给人以活动不正式、仓促的感觉。可见，邀请书的写作规范还是相当重要的。

问题：邀请书的发出时间有什么要求吗？

_____

_____

_____

写作示例

邀请书

尊敬的××先生/女士：

  为了促进学术交流，助益学术传承和创新，××市文学艺术界联合会，定于2017年10月28日，在××市举办清代著名作家蒲松龄学术论坛，诚邀您参与。您对蒲松龄素有研究，造诣颇深，我们恳切希望您能围绕着相关议题分享您宝贵的学术成果或心得体会。另外，我们将邀请相关领域的专家前辈莅临指导。本次论坛将承担您的食宿，并适当补助差旅费。

蒲松龄学术讨论会筹备组
××××年××月××日

二、倡议书

（一）什么是倡议书

倡议书指的是由某一组织或社团拟定、就某事向社会提出某种号召性建议或提议，以推进某项活动或某项任务的广泛开展与顺利进行时使用的文书。它作为日常应用文写作中的一种常用文体，在现实社会中有着较广泛的使用。

（二）格式与内容

倡议书一般由标题、称呼、正文、落款四个部分组成。

1. 标题

倡议书标题一般由文种名单独组成，即在第一行正中用较大的字体写"倡议书"三个字。另外，标题还可以由倡议内容和文种名共同组成，如《把遗体交给医学界利用的倡议书》。

2. 称呼

一般顶格写在第二行开头。倡议书的称呼可依据倡议的对象而选用适当的称呼。如"广大的青少年朋友们："、"广大的妇女同胞们："等。有的倡议书也可不用称呼，而在正文中指出。

3. 正文

倡议书的内容需包括以下几个方面：

（1）写明倡议书的背景原因和目的。倡议书的发出贵在引起广泛的响应，只有交代清楚倡议活动的原因，以及当时的各种背景事实，并申明发布倡议的目的，人们才会理解和信服，才会自觉地行动。这些因素交代不清就会使人觉得莫名其妙，难以响应。

（2）写明倡议的具体内容和要求。这是正文的重点部分。倡议的内容一定要具体化。开展怎样的活动，都做哪些事情，具体要求是什么，它的价值和意义都有哪些，均需一一写出，倡议的具体内容一般是分条开列的，这样写往往清晰明确，一目了然。

（3）结尾。结尾要表示倡议者的决心和希望，或者写出某种建议。倡议书一般不在结尾写表示敬意或祝愿的话。

4. 落款

落款即在右下方写明倡议单位、集体或个人的名称或姓名，署上发倡议的日期。

写作示例

"全民阅读·书香邢台"活动倡议书

广大市民朋友们：

今天，我们迎来了第23个"世界读书日"。现正值我市"全民阅读·书香邢台"活动广泛开展之际，这一天更显得意义非同一般。

尊重知识、崇尚读书是中华民族的优良传统。中华文化历经5000余年而绵延不绝，离不开"耕读传家、诗书继世"的传承与坚守，离不开"悬梁刺股""囊萤映雪"的刻苦与勤奋，离不开"读万卷书、行万里路"的践行与探寻，更离不开"为中华之崛起而读书"的担当与情怀。习近平总书记就是读书学习的典范，他把读书当成自己最大的爱好，指出要"爱读书、读好书、善读书"，并身体力行、率先垂范，无论工作多忙都坚持手不释卷，为开展全民阅读提供了强大的精神引领。

我们邢台是一座有着3500多年建城史的文化古城，钟灵毓秀、人杰地灵，孕育了底蕴深厚的邢襄文化。腹有诗书气自华。读书，既是邢台人民融于血脉的文化基因，更是谱写中华民族伟大复兴中国梦邢台篇章的文化追求。我市今年启动的"全民阅读·书香邢台"活动，将通过"荐、读、讲、诵、评"相结合的方式，开展一系列丰富多彩的读书活动。这是市委、市政府确定兴办的一项重点民生实事，是贯彻落实党的十九大精神、提升全民素养、建设文化强市的一项重要举措，也是我们创建全国文明城市的题中应有之义。为此，特向全市人民、向社会各界发出倡议：

从今天起，让我们一起爱上阅读。希望我们每一个人，无论男女老幼、各行各业，都能在一天紧张忙碌的工作生活之余，抽出点时间，关掉电视、放下手机，踏踏实实坐下来，静下心来读会儿书，逐渐培养起读书博览的良好习惯，让阅读成为我们每个人日常生活不可或缺的一部分，成为我们最优雅的生活方式。

从今天起，让我们都来支持参与阅读。希望各级各部门、社会各界都能大力支持、服务读书学习，积极创建"书香单位""书香校园""书香企业""书香社区""书香乡村""书香家庭"，在全社会营造浓厚的读书氛围，让阅读成为我们共同的文明时尚，让我们手捧书本静心阅读的情景，成为邢襄大地上一道美丽的风景。

从今天起，让我们在阅读中收获美好未来。希望大家都能在读书中吸收营养、增强才智，在读书中体会责任与担当、汲取砥砺前行的勇气和力量。让我们的生活因读书而更加精彩，让我们的事业因学习而更加兴旺，让我们的城市因阅读而更有品位，让"书香邢台"成为一张靓丽的文化名片，用阅读汇聚起新时代全面建设经济强市美丽邢台的强大正能量！

中共邢台市委宣传部

2018年4月23日

（资料来源：2018-04-23牛城晚报）

第四节　欢迎（送）词、答谢词

一、欢迎（送）词

在与客户交往中，座谈会、宴会、酒会等场合主人或客人往往要发表一些讲话，欢迎（送）词、答谢词是最常用到的文体。

（一）欢迎（送）词概述

欢迎（送）词是在宾客初到或访问结束，或在座谈会、宴会、酒会等场合，欢迎宾客光临（离去），由主人出面，对宾客表示热烈的欢迎（送）而使用的讲话文稿。

写作因落在对宾客的热烈欢迎之情上，要体现出迎客的诚意。

（二）欢迎（送）词的格式与写法

欢迎（送）词的结构一般由标题、称呼、正文和落款四个部分组成。

1. 标题

标题写法一般有两种。一种是单独以文种命名，如《欢迎（送）词》。另一种是由活动内容和文种名共同构成。如《在校庆75周年纪念会上的欢迎（送）词》。

2. 称呼

称呼对象顶格加冒号。面对宾客，宜用亲切的尊称，如"亲爱的朋友："" 尊敬的领导：""亲爱的××大学各位同仁："等。需列宾客姓名时，可以加上头衔和尊称。

3. 正文

欢迎（送）词的开头用一句话对宾客的光临表示热烈的欢迎。

欢迎（送）词的主体，说明欢迎的情由，可根据双方的关系，回顾相互交往的历程、情谊，阐明宾客来访的意义，展望美好的未来。对初次来访者，欢迎词可多介绍本组织的情况。

欢迎（送）词的结尾，应再次表示欢迎（送），并以良好的祝愿作结。

4. 落款

欢迎（送）词的落款要署上致辞单位名称、姓名，并署上成文日期。用于讲话的欢迎（送）词无须署名。

（三）欢迎（送）词的注意事项

看对象说话。欢迎（送）词多用于对外交往。在各社会组织的对外交往中，所迎接的宾客可能是多方面的，如上级领导、检查团、考察团等。来访目的不同，欢迎的情由也应不同。欢迎（送）词要有针对性，看对象说话，表达不同的情谊。

看场合说话。欢迎的场合仪式也是多种多样的，有隆重的欢迎大会、酒会、宴会、记者招待会；有一般的座谈会、展销会、订货会等。欢迎（送）词要看场合说话。该严肃则严肃，该轻松则轻松。

热情而不失分寸。欢迎应出于真心实意，热情、谦逊、有礼。语言亲切，饱含真情。注意分寸，不亢不卑。

关于称呼。由于是用于对外（本组织以外的宾客）交往，欢迎（送）词的称呼比开幕词、闭幕词更具有感情色彩，更需热情有礼。为表示尊重，要称呼全名。在姓名前或后面加上职衔或"先生："“女士：”"亲爱的""尊敬的""敬爱的"等敬语表示亲切。

欢送词的结尾致辞者可根据自己与被欢送者的关系、自己的身份和地位，向被欢送者提出勉励之词或共勉之词。

写作示例

在首届世界互联网大会上的致辞

尊敬的马凯副总理，各位海内外来宾，女士们、先生们：

大家上午好！刚才马凯副总理宣读了习近平主席发来的贺词。这充分体现了习主席对这次会议的高度重视、对发展互联网事业的殷切期望，我们听了深受鼓舞，一定要按照习主席的要求，把这次大会办成精彩圆满、永不落幕的大会。

世界因互联而美好，生活因互通而便捷，技术因共享而进步，网络因共治而精彩。今天的乌镇洋溢着喜庆的气氛，世界互联网精英从天南地北汇聚到这里，共同参加首届世界互联网大会。首先，我对远道而来的各国朋友、各位嘉宾、各界人士，表示热烈的欢迎！

借此机会，我愿意向各位介绍一下乌镇、介绍一下浙江。乌镇是美丽浙江的缩影。乌镇小桥流水、粉墙黛瓦、青石为路、小巷幽深，是江南水乡的一颗璀璨明珠。在浙江，像乌镇这样美丽的地方，星罗棋布、不胜枚举。浙江既有水光潋滟的西湖，也有烟波浩渺的千岛湖；既有"海天佛国"普陀山，也有天下奇绝雁荡山，被誉为"山水浙江""诗画江南"。在这里，在浙江，我们可以看到"绿水青山就是金山银山"的无穷魅力。

乌镇折射了浙江人文之光。"唐带银杏宛在，昭明书室依稀"，中国著名文学家茅盾曾用这两句诗来描绘故乡乌镇的悠久历史。乌镇的历史是浙江历史的一部分。乌镇得以保持传统的形态，得益于中华传统文化，得益于浙江的人文之光。浙江人文历史光辉灿烂，大禹治水所体现的敬业，钱王保境安民所体现的和平，陈亮的经世致用和黄宗羲的工商皆本所体现的务实和开放，这些传统绵延数千年，薪火相传、弦歌不绝，与当今互联网时代是完全融合的。在这里，在浙江，我们可以看到传统与现代的和谐相融。

乌镇见证了浙江信息经济的发展。今天的乌镇，扫码支付普及，网络营销发达，免费无线Wifi覆盖，"智慧旅游"方兴未艾。正如这次大会"互联互通，共享共治"主题所倡导的那样，互联网正在改变千年古镇的面貌，也正在改变浙江人民的生产方式和生活方式。这些年来，浙江省顺应科技革命和新兴产业发展趋势，加快发展信息经济，打造信息经济大省。浙江已经成为中国互联网事业最为繁荣发达的地区之一。拥有24万多家网站、3300多万网民，互联网普及率超过60%，拥有阿里巴巴等国际知名互联网企业。在这里，在浙江，人们正从互联网中汲取无尽的营养和收益。

女士们、先生们！中国有句古话，"有缘千里来相会"。我们因网结缘，因为共同的关切而齐聚美丽的乌镇。展望未来，我们坚信，世界互联网大会永久落户乌镇，是人类先进文明与中华传统文化的一次完美拥抱，必将加深全球互联网界在推动网络信息联通、技术合作、多方治理等方面的共识，也必将推动互联网如江南烟雨般浸入浙江千家万户的生活，为浙江经济社会发展插上腾飞的翅膀，从这里走向世界，使我们的世界更美好、更便捷、更精彩。

最后，祝首届世界互联网大会圆满成功！祝各位嘉宾在浙江、在乌镇生活愉快、身体健康！谢谢大家！

（摘自：浙江在线　有改动）

互动活动

《在首届世界互联网大会上的致辞》是由前浙江省委书记夏宝龙在首届世界互联网大会上致辞，也是他代表全省人民作为东道主向国内外来宾所做的一篇欢迎词。全篇只有1200个字，既短小精悍，又内容精致，富有文采。试分析一下这篇欢迎词的写作结构。

标题：＿＿＿＿＿＿＿＿＿＿＿＿＿＿＿＿＿＿＿＿＿＿＿＿＿＿＿＿＿＿＿＿
称呼：＿＿＿＿＿＿＿＿＿＿＿＿＿＿＿＿＿＿＿＿＿＿＿＿＿＿＿＿＿＿＿＿
正文：＿＿＿＿＿＿＿＿＿＿＿＿＿＿＿＿＿＿＿＿＿＿＿＿＿＿＿＿＿＿＿＿
　　　＿＿＿＿＿＿＿＿＿＿＿＿＿＿＿＿＿＿＿＿＿＿＿＿＿＿＿＿＿＿＿＿
　　　＿＿＿＿＿＿＿＿＿＿＿＿＿＿＿＿＿＿＿＿＿＿＿＿＿＿＿＿＿＿＿＿
　　　＿＿＿＿＿＿＿＿＿＿＿＿＿＿＿＿＿＿＿＿＿＿＿＿＿＿＿＿＿＿＿＿

写作示例

欢送讲学博士罗伯特回国的欢送词

尊敬的罗伯特博士，尊敬的朋友们、同志们：

罗伯特博士结束了在我校为期三年的执教生活，近日就要回国了。今天我们备此薄餐，为罗伯特博士送行。

三年来，罗伯特博士以出众的才智和辛勤的工作，赢得了全校师生的信赖与尊敬。他所做的几次学术报告，开阔了我们的视野，推动了学校的教学改革。对此，请允许我代表全体师生对罗伯特博士再次表示感谢！在三年的教学工作和日常交往中，罗伯特博士与汽修专业的师生诚挚交流，以友相待，结下了深厚的友谊，我们为此而感到高兴。

中国有句古话："海内存知己，天涯若比邻"，千山万水无阻于我们友谊的发展，隔不断彼此之间的联系。我们期望罗伯特博士在适当的时候再回来做客、讲学。

罗伯特博士将踏上回程的时候，请带上我们全体师生的深情厚谊，也请给我们留下宝贵的意见和建议。

让我们为罗伯特博士的健康干杯！

×××

201×年××月××日

二、答谢词的格式与要求

（一）什么是答谢词

答谢词，是指特定的公共礼仪场合，主人致欢迎辞或欢送词后，客人所发表的对主人的热情接待和多方关照表示谢意的讲话文稿。答谢词也可以是客人在举行必要的答谢活动中所发表的感谢主人的盛情款待的讲话，因此通常作为客人的祝酒词用。

（二）答谢词格式与内容

答谢词一般由以下四个部分组成。

1. 标题

一般由致词人、致辞场合和文种组成。也可以根据致辞目的或内容、主题拟写标题。

2. 称呼

写答谢的对象，称呼前可加"亲爱的""尊敬的"等修饰语。

3. 正文

正文的开头要对主人的热情接待表示感谢。答谢词的主体，先是用具体的事例，对主人所做的一切安排给予高度评价，对主人的盛情款待表示衷心的感谢，对访问取得的收获给予充分肯定。然后，谈自己的感想和心情。比如，颂扬主人的成绩和贡献，阐发访问成功的意义，讲述对主人的美好印象等。

4. 结尾

答谢词的结尾，主要是再次表示感谢，并对双方关系的进一步发展表示诚挚的祝愿。

（三）答谢词的写作要求

1. 内容与结构要合乎规范

答谢词所涉及的写作内容以及所运用的结构形式，各有相对稳定的模式。在写作中，一不可混淆，二不可随心所欲地"独创"，要尽可能地符合写作规范，否则将会张冠李戴、非驴非马。

2. 感情要真挚、坦诚而热烈

既然要"答谢"，就应该动真情、吐真言，这就是所谓"真挚、坦诚"；虚情假意、言不由衷或矫揉造作，只能引来对方的反感。况且，"答谢"的本身，就是一种"言情"方式，既然要"言情",就应热烈奔放、热情洋溢,给人以如沐春风的温煦感;否则,那种薄情寡义、冷冰冰、干巴巴、硬邦邦的致辞是很难获得对方认可的。

3. 评价要适度,要恰如其分

一般说来,对于对方的行动,"谢遇型"致辞不宜妄加评论、说三道四。而"谢恩型"致辞则可就其"精神"或"风格"作出评价,但要适度,要恰如其分,不可故意拔高、无限升华,以免造成"虚情假意"之嫌。

4. 篇幅要简短,语言要精练

要想篇幅简短,语言精练,应尽可能地将可有可无的字、句、段删掉,努力做到"文约旨丰",言简意赅。

写作示例

在名人堂登堂仪式上的致辞

综合训练

一、填空题

1. 求职信是_____向用人单位介绍自己、推销自己,并申请谋求某具体职业岗位(或职业范围)的具有祈使性的专用书信。

2. 个人简历是_____说明个人基本情况、教育背景、工作经历、所获荣誉等的书面材料。个人简历是对_____的精要总结,在一定程度上是一个人过去经历的浓缩。简历通常作为求职信的附件,一起呈送给用人单位,求职者希望借此让用人单位全面了解自己,从而为面试创造机会,最终达到_____目的。

3. 竞聘演讲,是_____过程中的一项重要内容。它是在一定的组织形式下,参加竞聘者为了达到上岗目的,在特定的时间和场合,面对特殊的听众,就本人的竞聘条件、竞争优势、_____等内容发表的公开演讲。

4. 邀请书的写作结构一般由_____、_____、_____、_____、_____组成。

5. 倡议书的结构一般由_____、_____、_____、_____四个部分组成。

二、简答题

1. 求职信动笔之前需要考虑的两个问题是什么?
2. 竞聘演讲有哪些特点?
3. 结合自己的理解说一说,如何避免演讲时的紧张。
4. 写作欢迎(送)词有哪些注意事项?
5. 写作答谢词有哪些注意事项?

三、改错题

1. 下面是一封求职信的主要内容，其中有四处用词不妥，请找出来并加以修改。

日前惠顾你社网站，得知招聘编辑的消息，我决定应聘。我是广天学院新闻专业2011年专科毕业生，学习成绩优秀，身体健康，表达能力强。现寄上我的相关资料，如有意向，可尽快与我洽谈。

（1）将 _____ 改为 _____；
（2）将 _____ 改为 _____；
（3）将 _____ 改为 _____；
（4）将 _____ 改为 _____。

2. 下面是一封求职信，在形式和内容上有多处错误，请找出来并改正。

尊敬的渤海银行领导：你好！

我是金融类独树一帜、享有盛誉的品牌学院——山东财经大学2017届的毕业生。在经济迅猛发展、人民生活日益提高的今天，人们的投资理财意识日益增强，我感觉投身于金融事业大有作为。因此，我非常热爱我的专业，在校期间，刻苦学习，各科成绩名列前茅。性格开朗活泼的我待人随和，能与同学和睦相处。我最大的特长是爱好体育运动。长跑、短跑及球类运动都是我的最爱，在这方面取得了一系列优异的成绩：2014年上半年，我代表学校参加区运动会5000m比赛获得了第一名，在4×100m竞赛中获小组第一名；此外与其他同学一起代表学校与山东师范大学代表队参加篮球比赛，以95∶72取胜，为学校赢得了荣誉。正因为体育锻炼，使我有强健的体魄和充沛的精力胜任工作。在济南商业银行实习期间，我热情地招呼每一位客户，工作细致无差错，以优质的服务赢得了客户的喜爱。我的财会电算化水平也很好，能处理银行的存储、信贷等日常综合业务。恳请您在6月20日前务必给予答复。

此致

敬礼

张小文

2017.5.28

3. 指出下面邀请书中的错误之处。

邀请书

××公司：

兹订于2018年3月10日至3月18日，在××华侨大厦召开××名酒展销会，并于当日中午在甲座华侨大酒家举行开幕典礼，敬备酒宴恭候。请准时光临。

××电器有限公司敬约

2018年3月1日

四、案例分析

下面的演讲被称为"史上最狂妄的演讲"，试分析狂妄的原因。

甲骨文公司总裁Larry Ellison在耶鲁大学的演讲

耶鲁的毕业生们，我很抱歉——如果你们不喜欢这样的开场白。我想请你们为我做一件事。请你——好好看一看周围，看一看站在你左边的同学，看一看站在你右边的同学。

请你设想这样的情况：从现在起5年之后，10年之后，或30年之后，今天站在你左边的这个人会是一个失败者；右边的这个人，同样，也是个失败者。而你，站在中间的家伙，你以为会怎样？一样是失败者。失败的经历。失败的优等生。

说实话，今天我站在这里，并没有看到一千个毕业生的灿烂未来。我没有看到一千个行业的一千名卓越领导者，我只看到了一千个失败者。你们感到沮丧，这是可以理解的。为什么，我，埃里森，一个退学生，竟然在美国最具声望的学府里这样厚颜地散布异端？

我来告诉你原因。因为，我，埃里森，这个行星上第二富有的人，是个退学生，而你不是。因为比尔·盖茨，这个行星上最富有的人——就目前而言——是个退学生，而你不是。因为艾伦，这个行星上第三富有的人，也退了学，而你没有。再来一点证据吧，因为戴尔，这个行星上第九富有的人——他的排位还在不断上升，也是个退学生。而你，不是。

你们非常沮丧，这是可以理解的。

你们将来需要这些有用的工作习惯。你将来需要这种"治疗"。你需要它们，因为你没辍学，所以你永远不会成为世界上最富有的人。哦，当然，你可以，也许，以你的方式进步到第10位，第11位，就像Steve。不过，我没有告诉你他在为谁工作，是吧？根据记载，他是研究生时辍的学，开化得稍晚了些。

现在，我猜想你们中间很多人，也许是绝大多数人，正在琢磨，"能做什么？我究竟有没有前途？"当然没有。太晚了，你们已经吸收了太多东西，以为自己懂得太多。你们再也不是19岁了。你们有了"内置"的帽子，哦，我指的可不是你们脑袋上的学位帽。

嗯……你们已经非常沮丧啦。这是可以理解的。所以，现在可能是讨论实质的时候啦——绝不是为了你们，2000年毕业生。你们已经被报销，不予考虑了。我想，你们就偷偷摸摸去干那年薪20万元的可怜工作吧，在那里，工资单是由你两年前辍学的同班同学签字开出来的。事实上，我是寄希望于眼下还没有毕业的同学。我要对他们说，离开这里。收拾好你的东西，带着你的点子，别再回来。退学吧，开始行动。

我要告诉你，一顶帽子一套学位服必然要让你沦落……就像这些保安马上要把我从这个讲台上撵走一样必然……

（此时，拉里·埃里森被带离了讲台）

五、写作题

请根据下列材料，代FISM 2009世界魔术大会执行主席向各国魔术师朋友以及热爱魔术的朋友拟写一封邀请信。

（1）2009年7月26日至7月31日，第24届FISM世界魔术大会将在中国北京举行。

（2）中国魔术源远流长，早在2000多年前，就出现了早期的魔术。现在，中国从事魔术事业的人数已达数万人，魔术爱好者更是不计其数。

（3）我们在此向您承诺，这将会是FISM历史上最成功的一届大会！

（4）中国的魔术师在一些国际魔术比赛中获得了金奖。中国的魔术正在走向世界，世界的魔术正在走进中国。2009年的世界魔术大会为此搭建了一座桥梁。

（5）我们选择了七月底召开世界魔术大会，正值您的假期。这样您就可以在中国多待几天，会旧友，识新朋，参观游览，好好享受假期。

（6）我们将会挑选最强大的嘉宾演出阵容，为您呈现一台世界顶尖水平的嘉宾演出。

（7）我们将会聘请国内外的舞台技术专家、专业的会议组织者，确保大会各项工作平稳高效地进行。

（8）我们遵循的原则是"先注册者将先得到好的观看演出座位"。

（9）欢迎广大魔术师和魔术爱好者参加大会！欢迎各国优秀的魔术师参赛！欢迎世界各地的道具商参展！

（10）我们在网上设立了平台，请留下你们宝贵的建议和意见，以便我们更好地了解您所需要的服务。我们也会在网上发布最新的信息，敬请关注我们的网站。

（11）中国有句老话，叫作"有朋自远方来，不亦乐乎？"中华民族是好客的民族，希望2009年世界魔术大会带给您的是一次美好的永久回忆。

第六章
科技文书

知识目标

- 了解项目的含义及项目申报的基本要求；
- 了解产品说明书的特点和种类；
- 了解学术论文、毕业设计的功能和基本规律；
- 掌握毕业论文的选题原则。

能力目标

- 掌握项目申报书的写作技巧，在老师指导下能够撰写项目申报书；
- 掌握产品说明书的写作格式及要求；
- 掌握学术论文、毕业设计的写作格式和写作要求；借助工具书和网络资料，撰写毕业论文、毕业设计。

情景导入

一诺冰箱公司近期要开发新一代冰箱产品，专门成立了新冰箱研发小组，刘伟是项目的研发工程师之一。研发小组初期的工作很顺利，大家也都是信心满满，收集市场信息、进行客户需求调研、比较现有产品，做了大量的准备工作，刘伟等小组成员也都纷纷拿出了方案，经过小组讨论，最终形成了产品设计项目申请书。研发小组的项目申请书提交给公司各个职能部门时，出现问题了，各职能部门反馈回来很多不同意见。研发小组不得不重新返工，与公司内各个部门进行充分沟通、进一步整理分析前期调研数据，对项目申请书进行修改，从文字表达到篇章布局。

经过这一番折腾，刘伟感触特别深刻，他觉得作为技术人员，不仅要技术过硬，自己动手会做，也需要具备良好的沟通能力，明确项目申报的要求，学会清晰准确地表述技术原理、操作过程，这样技术项目才能顺利研发。

第一节　项目申报书

一、项目的含义

项目是为创造独特的产品、服务或成果而进行的临时性工作。这是美国项目管理协会（Project Management Institute，PMI）在其出版的《项目管理知识体系指南》（Project Management Body of Knowledge，PMBOK）中为项目所做的定义，也许是最容易理解的表达。

工作中，建设一条公路、建造一栋建筑物、开发一项新产品、策划举行一次会议等，都可以称为项目。对于企业而言，对内可以用项目管理进行内部管理，对外则需通过项目申报取得上级的资金或政策支持。

资源链接

项目的分类

（一）国家部委分类

1. 国家发改委

①国家高技术产业发展重大专项计划；②国家高技术产业化示范工程；③国家高技术产业化光电子专项计划；④国家高技术西部专项计划；⑤国家高技术产业化信息网络专项计划；⑥国家技术创新计划；⑦国家振兴软件产业行动计划；⑧高技术产业化新材料专项计划；⑨中小企业发展专项补助基金；⑩现代农业高技术示范工程；⑪生物医学工程高技术产业化专项计

划；⑫国家高技术产业化电子、新型电子元器件专项计划；⑬利用国债资金建设优良林木种苗繁育高技术产业化示范工程。

2. 科技部

①火炬计划；②星火计划；③科技攻关计划；④国家重点新产品计划；⑤科技成果推广计划；⑥高技术研究发展计划（863计划）；⑦973计划；⑧中小企业技术创新基金；⑨科技成果转化基金；⑩农业科技成果转化基金；⑪技术创新工程。

3. 信息产业部

①国家振兴软件产业行动计划；②电子发展基金。

4. 农业部

①农业科技跨越计划；②丰收计划；③948计划；④科教兴农和可持续发展综合示范县工程；⑤节水农业示范基地工程。

5. 商务部（财政部）

①高技术出口产品技改项目贴息或无偿支持；②中小企业开拓国际市场专项基金。

（二）省、市支持项目

1. 技改项目

主要以贴息方式支持，也有部分无偿支持。省发改委、省经委、省财政厅、市经委等均有此类项目的支持。

2. 科技攻关项目

省科技厅、市科技局每年有此类项目支持。

3. 技改或基建项目中购置进口设备、国产设备的抵税或免税

此项由省、市经委办理。

4. 技术创新项目

已列入国家或省经、市级重大新产品或科技攻关计划，有查新报告、专利、科技成果等，均可申请该项目的支持。支持方式主要为贴息或无偿。

二、项目申报的含义

项目申报就是根据企业自身的实际情况，对照国家、省、市的产业发展方向和支持重点，有针对性地向国家及省、市相关部门申请项目的立项，进而获得有关资金或政策支持。

这里的项目申报主要指企业对外的项目立项。企业内部的项目管理也可参照项目申报的要求进行。

三、项目申报的基本要求

项目申报并要获得支持，原则上须符合以下条件：

（1）符合国家、省、市的产业政策和投资导向指南。

（2）符合国家、省、市规划精神并列入《中长期科学和技术发展规划纲要》中的重点产业

和优先主题。

（3）符合国家和当地的环保、安全要求。

（4）符合产品技术含量高的特点，能体现地方特色。

四、项目申报书的写作

根据申报的不同项目和要求，项目申报书既可由企业自己编写，也可请有资质的中介服务机构编写。

项目申报书不但是企业研发概述的集中表达，它还体现企业人才结构、市场营销、技术路线等多方面的情况。因此，一份优秀的项目申报书，往往能为项目"锦上添花"。一般的项目申报书都有官方提供的参考结构模板，项目申报书的填写需要注意以下几方面。

1. 项目资料收集、比较要全面

资料要包括申报项目国内外现状，技术发展趋势，同类产品技术指标对比。

2. 说明问题要突出要点

说明的主要问题应包括技术内容、创新点、技术路线、研究基础。例如技术创新部分应从技术上说明该项目的创新性，比如结构、工艺、新技术、及至产品性能及应用效果的变化，国内外同类产品比较方面应详细。

3. 相关数据的引用来源真实可靠

翔实、科学的数据关乎该项目的实施是否具有落地性与可行性。不少企业在项目申报过程中，遇到过被退回材料的情况，其中往往有"以数据说明问题""罗列相关清晰的数据"等问题，而这些正是申报书是否切实可行的判断依据之一。例如在描述技术情况时，对"已有"与"将有"的技术用相关技术领域的数据说明，则是重中之重。虽然产品的技术归类众多，但是也有基本的原则，例如产品的属性、功效、使用环境要求、外形等，都可成为技术指标。

4. 资金使用安排合理

其中包括配套资金、确定申请扶持金额、经费用途等。

5. 图文并茂，表述简洁清晰

图形、表格等的综合运用是申报书的"点睛"，帮助提升申报书的研究品位与价值。特别是对于一些需要从多角度分析的问题，如竞争状况、产品市场分析等，可适当避开单纯以文字表述的不足与弊端，设计对应的图形或表格，将原本错综复杂、结构重重的问题一下子变得简洁明了、可圈可点。常用的图形与表格很多，有综合图、柱形图、射线图、金字塔图表等。

写作示例

河北省某大宗尾矿材料高效开发利用项目申报书

五、项目申报的其他资料

项目申报的成功与否，除了项目本身外，资料准备得是否完善、充分、得体，具有决定性的影响。项目申报的资料除项目申请书外，还包括以下文件。

1. 项目立项及批复文件

（1）项目立项采用核准或备案方式。根据国家投资体制改革的决定，一般列入《政府核准的投资项目目录》的项目实行核准制；企业不使用政府性资金投资建设目录以外的项目（除国家法律法规和国务院专门规定禁止投资的项目外），均实行备案管理。备案制的具体实施办法由省级人民政府自行制定。

（2）项目立项的批复机关。
①科研与科技攻关项目：由科技主管部门批复。
②基本建设项目：由经委批复。
③技术改造项目：由经委批复。

以上批复机关的选择根据申报项目的不同要求，可选择不同的级别，一般而言，在哪一级申请支持则选择同一级别的主管机关立项。

（3）项目立项批复文件的有效期。
①技术改造项目：项目批复的文件有效期为一年。
②基本建设项目：项目批复的文件有效期为两年。

2. 土地证

一般情况下，基本建设项目应取得国有土地使用证；技改项目应具备土地使用证或相应的证明文件。

3. 项目环评文件

（1）技改或基建项目必须按要求提供环评文件或报告。此项一般应由具备资质的环评中介机构做出环评报告，然后报环保局审批并组织验收。

（2）环评验收与批复权限。总的来说，根据项目投资额大小，按以下权限审批：投资额＜1000万元：由区、县环保局审批；1000万元≤投资额＜5000万元：由市环保局审批；投资额≥5000万元：由省环保局审批（此外，根据不同行业的要求，限额以上项目还将由国家环保总局审批）。

4. 消防申报与验收批复

技改与基建项目在实施前均要进行消防申报，完成后还要进行消防验收并由消防部门下发消防合格的批复文件。一般，新建项目由市消防支队审验；改（扩）建项目实行属地化管理的原则。

5. "三同时"验收批复文件

技改或基建项目均要在项目实施前按"三同时"（即按照建设项目安全设施与主体工程同时设计、同时施工、同时投入生产和使用）要求申报，项目完成时"三同时"进行验收并下达合格批文。此项由省、市、区（县）的安全生产监督管理局负责。

6. 贷款资料

凡申报贷款贴息的项目均应具备银行贷款合同、贷款凭证、付息清单等。贷款一般应为项目或固定资产贷款。

7. 企业相关资料

总体上，企业应准备企业简介、法人简介，近两年的财务报表（有的要求提供经审计的财务报表）、银行信用等级证明、纳税证明、营业执照、组织机构代码证、项目查新报告、专利证书、科技成果证书、建设施工合同以及与项目有关的其他资质证明、荣誉证书等资料复印件。

🔗 资源链接

项目评估主要内容

（1）技术材料的完整性和可靠性。
（2）项目的科学性、先进性，强调创新，突出特色。
（3）技术路线、工艺流程的可行性。
（4）实施方案的可操作性。
（5）项目负责人技术水平及项目组人员结构的合理性。
（6）研究经费安排的合理性及承担单位财务状况分析。
（7）验收指标的准确性。
（8）投入与产出的可比性，产业化的可能性。
（9）知识产权状况评议。

第二节　产品说明书

在激烈的市场竞争中，产品说明书成了企业推销自己和产品的重头戏，其写作内容、形式及应用性功效也多种多样。说明书在产品的流转过程中起着与消费者直接沟通的重要作用，在商品交易中起着宣传和承诺的作用，在产品的使用和维护中起着告知和权威性的指导作用。作为商务人员必须要切实把握这些要素的内外在特征和规律，详尽地掌握产品的特征、用途及维修保养等知识，并进行技术示范，使消费者比较完整地了解产品的使用、保养、维修等方法，才能适应商务工作的具体需要。因此，商务人员不但要勤于动嘴，更要勤于动笔，在日常工作中学会撰写产品说明书。

一、产品说明书的含义和作用

产品说明书，简称说明书。它是以说明为主要表达方式，向消费者介绍产品的性能规格、构造用途、使用和保养方法以及维修等事项的文书，它是一种指导消费的文书。

🔗 资源链接

产品说明书的作用

随着社会与科技的发展，新产品、新技术不断涌现，产品说明书使用的频率越来越高。无论是科学尖端产品还是生活的消费品，无不借助于产品说明书来向人们展示它的本质和风采。产品说明书可以帮助用户了解产品特性，确保用户正确安全使用产品。如果某项新品问世后没有说明书，或说明得不清楚、不准确，用户就无法了解和使用。即使产品的性能、技术再先进，也不能进行推广、使用。产品说明书写作的成功与否，将直接影响产品的生产与效益。它伴随着产品广泛进入生产、科研、贸易、生活各个领域，具有指导消费、扩大销售和便利用户使用的作用。

二、产品说明书的特点

1. 客观性

产品说明书的内容必须真实、客观、准确地反映产品的实际情况，其内容要符合产品的真实原貌。对有关知识、原理的介绍要恪守科学性，不能夸大其词，应遵守商业道德，向用户负责，维护消费者的合法权益。特别是药品说明，如果稍有不科学之处，就可能产生严重的后果。此外，还应该说清楚使用该产品应注意的事项或可能产生的问题，使产品更有效地发挥使用价值。

2. 实用性

产品说明书主要是以说明为主要表达方式，客观、真实、详细地向顾客介绍产品特点、性能、用途、使用、维修方法等，帮助顾客正确地认识、使用该产品，为顾客提供方便。

3. 说明性

用户要按产品说明书去使用产品，因而对产品的性能、用途、特点和内容应逐条予以说明，做到条理清楚，次序分明。产品说明书常常按照产品结构的空间顺序和使用产品时的操作顺序进行说明，也可按照消费者认识商品的递进程序进行说明。一般很少用议论和叙述等表达方式。

三、产品说明书的种类

按照内容和用途的不同：可分为民用产品说明书、专业产品说明书、技术说明书等。

按照表达形式的不同：可分为文字式说明书、图表式说明书和音像式说明书等。

按照传播方式的不同：可分为包装式说明书（即直接写在产品的外包装上）、内装式说明书（将产品说明书专门印制，甚至装订成册，装在包装箱内）。

四、产品说明书的结构

产品说明书通常由标题、正文和尾部三个部分组成。

1. 标题

产品说明书的标题一般包括产品名称、产品品牌、型号和文件名称等要素，常用的有以下几种方式：

①以产品名称为标题，如《方便面》。

②由产品名称和文种名称构成的标题，如《电吹风说明书》。

③由产品品牌、型号、产品名称和文种名称构成的标题，如《天利牌MS800空调说明书》。

2. 正文

正文是产品说明书的主体部分，是对产品进行详细的说明。说明书中融合了产品的专业技术和产品服务对象的工艺或试验技术，并受到国家质量法规、安全卫生法规、广告法规和编制规范的约束和指导。一般分为性质说明和指导说明，通常要说明产品的性能、用途和使用方法。有的还要说明产品的原理、型号、特点和保管、排障、维修及有关的注意事项和保养办法。

一般包括以下内容：

①产品的设计目的、用途、适用范围、使用对象。

②产品结构原理、性能特点、材料工艺。

③规范指标和技术参数。

④产品工作原理和使用方法。

⑤产品使用注意事项，如有效期、储藏条件，药品的禁忌证等。

⑥产品保养及维修。

⑦产品附属设备及工具。

⑧产品保修期及保养方法。

⑨应该让消费者了解掌握的产品介绍或使用的内容。

写作示例

云南白药胶囊说明书

3. 尾部

产品说明书的尾部一般包括生产单位名称、地址、电话、邮编、电报挂号、开户银行等。

互动活动

分析下则说明书的内容。

红光牌手电筒说明书

1. 概述

本产品为LED-901充电式手电筒，公司遵循国家行业执行标准：GB7000.13—1999，确属本公司产品质量问题,自购置之日起保修期为3个月(非正常使用而致使产品损坏、烧坏的,不属保修之列)。

2. 技术特性

①本产品额定容量高达900mAh。

②超长寿命电池,高达500次以上循环使用。

③采用节能,高功率,超长寿命的LED灯泡。

④充电保护:充电状态显示红灯,充电满显示绿灯。

3. 工作原理

LED灯由电池提供电源而发光,此电池充电后可重复使用。

4. 结构特性(略)

5. 使用和操作

①充电时灯头应朝下,将手电筒交流插头完全推出,直接插入AC110V/220V电源插座上,此时红灯亮起,表示手电筒处于充电状态;当充电充满时,绿灯亮起,表示充电已充满。

②使用时推动开关按键,前档为6个LED灯亮,中间档为3个LED灯亮,后档为关灯。

③充满电,3个LED灯可连续使用约26小时,6个LED灯可连续使用16小时。

6. 故障分析与排除

①使用过程中若发现灯不亮或者光线很暗,则有可能是电池电量不足,如果充电后灯变亮则说明手电筒功能正常,如果充电后仍然不亮,则有可能是线路故障,可以到本公司自费维修。

②使用几年后若发现充电后灯不亮,则极有可能是电池寿命已到,应及时到本公司自费更换。

7. 维修和保养

①在使用过程中,如LED灯泡亮度变暗时,电池处于完全放电状态,为保护电池,应停止使用,并及时充电(不应在LED灯泡无光时才充电,否则电池极易损坏失效)。

②手电筒应该经常充电使用,请勿长期搁置,如不经常使用,请在存放2个月内补充电一次,否则会降低电池寿命。

8. 注意事项

①请选择优质插座,并保持安全规范充电操作。

②产品充电时切勿使用,以免烧坏LED灯泡或电源内部充电部件。

③手电筒不要直射眼睛,以免影响视力。(小孩应在大人指导下使用)

④勿让本产品淋雨或者受潮。

⑤当充电充满时(绿灯亮起),请立即停止充电,避免烧坏电池。

⑥非专业人士请勿随便拆卸手电筒,避免引起充电时危险。

五、产品说明书的写作要求

随着科学技术的进步,产品更新换代很快,新的功能、配置不断推出,有些产品说明书跟不上时代和形势的变化。为了维护消费者的合法权益,让产品说明书真正发挥作用,我们应掌握产品说明书的一些写作要求和技巧，以便写出较为规范的产品说明书。

（1）突出重点、防止疏漏。要针对用户的需要，抓住产品的特点，要突出如何使用、注意事项等重要内容，同时要找出产品的独到之处，抓住产品"不同凡响"的实用价值，将其说准、说深、说透。

（2）把握分寸、实事求是。写前要对其产品进行实际调查了解，查阅资料，掌握专门知识，具体数据要经过核实，在此基础上，以对用户负责的精神，写出准确有序的符合客观实际的产品说明书。说明书要全面说明事物，不仅要介绍产品优点，还应该将产品的不足，以及因操作不当可能产生的问题告诉消费者。这样做，不但不会影响消费者的购买欲望，反而会增加消费者对产品的信任度。

（3）语言要准确简明、通俗易懂。准确，即运用概念、判断要准确，不可含混不清；简明，即简洁明晰，没有多余的字句，不拖泥带水；生动，即要用富有生气与活力的语言来推介产品，可适当借助广告的写法，把产品说明书写得富有吸引力，通俗易懂。

相关链接

日本的产品说明书

不管是谁，拿到一件新产品时，首先要看的就是说明书。世界各国的产品说明书不仅语言文字不同，表述方法也不尽相同，从一个侧面反映出各国不同的文化背景。

日本说明书更注重消费者的立场

美国的说明书专业用语较少，内容十分简单明了；意大利的说明书很少使用"不能如何如何"的句式，据说这会使消费者产生被命令的感觉，从而对商品产生反感；匈牙利人则觉得商品是容易用坏的，而用坏了后自己是完全有能力修好的，因此匈牙利的说明书读起来像制造手册。

在各国的说明书中，日本的说明书普遍受到好评。其在保持了日本人一贯的严谨细致的作风同时，也站在消费者立场上充分考虑通俗易懂的表达方式，并为此付出了各种努力。

虽然说明书的编纂是一种企业行为，但在日本也受到政府的管理。比如，财团法人日本家电制造协会是一个半官半民性质的行业团体，具有对下属企业进行管理和指导的职责。在其制定的《确保家电制品安全的表示方法总则》中首先强调"制造者必须充分考虑到消费者是不具备专业知识的人"。于是，先对表现形式进行规定，比如，字号要大于10号，以方便人们阅读；字体要用标准印刷体。接下来，对表现方法也做了具体要求，比如，句式一定要用单句，避免复合句；不用敬语和自谦语；一小节一个意思，一小节40字之内；多用主动语态，少用被动语态；将专业用语减少到最低限度；不用代名词等。

用简单明了的图形来解释产品使用方法

最能体现日本说明书特色的是其大篇幅的图画，不仅形象地解释产品的功能和使用方法，而且图画中带有很强的感情倾向，使消费者带着浓厚的兴趣进行安装和使用。不久前记者买了个接收卫星节目的天线，说明书的图画中不仅有哪个零件和哪个零件安在一起的示意，就连转动天线方位调整最佳角度的说明中,也画了个手扶天线的小人。调试角度是一个很需要耐心的活,有了这样一个图,就不会产生烦躁情绪。整个安装工作虽然花了一个多小时,但主要看图辅助看文章,不知不觉中就安好了。

好的说明书可以代替服务热线

随着法律的完善和产品功能的增加,现在的说明书动不动就是一大厚本,让人看了后面就忘了前面。在对家电厂商服务热线的一次统计中发现,半数以上的咨询是关于产品性能和使用方法等问题。而这些都清楚地写在说明书中,但消费者并没读到或没读懂。与其培训一批专业人员守在热线旁边,不如借鉴一下日本的做法,一开始就在说明书上下些功夫,厂家省钱,消费者高兴,何乐而不为呢?

(摘自《环球时报》2003年06月18日 第十二版,有改动)

六、产品说明书与广告的异同

用简明的语言介绍产品,说明产品的名字、产地和有关产品的其他知识,这是产品说明书和广告的相同之处。

产品说明书和广告的不同之处包括以下两个方面。

1. 目的不同

广告的目的是宣传商品,推销商品,引导消费者购买;产品说明书的目的主要是说明产品各方面知识,帮助消费者正确地认识、使用产品。

2. 内容重点不同

广告侧重于宣传产品的优点和作用,对商品的性能、特点、用途等的说明,只是三言两语,高度概括;产品说明书介绍这些知识则较为细致、具体。

相关链接

目前产品说明书领域存在的问题

(1)部分说明书应列内容不全,或是内容过于简单,说而不明。

(2)一些产品尤其是高科技产品的说明书上所列的配置、功能与产品实际有出入。

(3)擅自扩大适用范围。

(4)虚假宣传,夸大功效。

(5)项目名称五花八门,极不规范、不准确。

(6)说明书中项目内容存在"兼并"现象。

(7)缺少警示性内容,安全警示内容模糊、不够具体。

(8)用语不通俗,语句不通顺。

(9)字体不规范,不用简化字而用繁体字。

(10)使用技术用语和外文太多,中英文混排、混用,很多消费者看不懂。

(11)个别说明书内容陈旧,已超过使用期限仍在超期服役。

（12）有些产品说明书或字号太小，老年人看起来特别吃力；或印刷字迹模糊，使人不易看清；或印制纸张质量较差，打开包装时极易出现缺损现象。

第三节　毕业设计报告

一、毕业设计报告的含义

毕业设计是指工、农、林等科高等院校学生毕业前夕总结性的独立作业，是实践性教学最后一个环节，旨在培养学生综合运用所学理论、知识和技能解决实际问题的能力。在教师指导下，学生就选定的课题进行工程设计和研究，包括设计、计算、绘图、工艺技术、经济论证以及合理化建议等，最后提交一份报告。

二、毕业设计的步骤

毕业设计一般包括以下几个阶段。

1. 确定选题

选好毕业设计的课题是做好毕业设计的关键，一个良好的课题，能强化理论知识及实践技能，使学生充分发挥其创造力，圆满地完成毕业设计。设计题目由指导教师根据专业人才培养方案和专业培养目标确定。一是紧密结合专业培养方向，体现专业特点；二是坚持理论与实践相结合的原则，毕业设计内容直接来源于工程实践，尽可能与生产、科研和实验室建设相结合；三是注意设计内容与专业知识结构的联系，拓宽知识面，增强学生适应性。

2. 分析任务书

设计任务书下达以后，学生应了解课题的名称、来源、范围、提供的原始数据、图纸，要求达到的技术指标等，审查零件图纸、消化产品技术要求和设计任务要求，收集技术文献资料。

3. 调研和收集资料

调研的任务是对设计目标及实现设计目标所要解决的各种问题，进行深入和全面的了解，分析解决问题的途径及技术关键，并对获取的信息进行加工和整理，同时做好毕业设计的资料收集工作。

4. 设计

在对课题有较充分的认识后，对方案进行分析，将各方案进行比较、总结，选出最佳方案，然后进行必要的理论计算，并根据实际结果，对参数做必要的调整，然后设计零件或电器元件，绘制装配图、电气原理图及机械零件图。

5. 撰写设计说明书

（1）根据设计课题要求，查阅相关资料。

（2）编写毕业设计（论文）。

6. 答辩

整理资料做好笔记；形式审查；准备答辩。

在毕业设计中要特别注意工程实践能力的训练，控制好软件和硬件工作量的比例。纯软件的课题应在毕业设计时提供相应的软件文档和软件使用手册。

三、毕业设计报告书的一般要求

毕业设计报告不同于毕业论文，它的组成部分不只是一篇学术论文，以"机械毕业设计"为例，2004年以前设计内容一般包括：毕业设计图纸＋说明书（毕业论文），2005年以后国家教育部门提出新的要求，结合工厂需求加入三维设计、模拟仿真及程序分析研究。其中包括：毕业设计图纸＋开题报告＋任务书＋实习报告＋说明书正文。

毕业设计报告一般包括标题、设计总说明书或论文摘要、目录、前言、正文、结论、参考文献几个部分。

（1）标题。标题要简短、明确，有概括性。通过标题使读者大致了解毕业设计的内容、专业的特点和科学的范畴。标题字数要适当，一般不宜超过20字。

（2）设计总说明书。设计总说明书主要介绍设计任务来源、设计标准、设计特点及主要技术要求，字数要在1000～1500字以内。

（3）论文摘要。应以浓缩的形式概括研究课题的内容、方法和观点，以及取得的成果和结论，应能反映整个内容的精华。以100～300字为宜，注意语言精练、概括，只客观陈述，不加主观评价或展开说明。

（4）目录。一般按三级标题编写，要求标题层次清晰。目录中标题应与正文中标题一致。

（5）前言。说明本课题的意义、目的、研究范围及应解决的主要问题。

（6）正文。正文是全文的主要部分，包括：理论分析、分析方法、计算方法、实验方法、实验设备、实验的过程和操作方法、结果与讨论等。文中插入的图表要符合国家标准，经过精心设计后用计算机绘制，尽量避免扫描图表。

（7）结论。对整个课题或研究工作进行归纳和综合而得出的总结。

（8）参考文献。参考文献反映毕业设计的取材来源、材料的广博程度和材料的可靠程度。参考文献不宜过多。

写作示例

《书·粮》书籍装帧设计报告

第四节　学术论文

一、学术论文的概念

学术论文是用来研究社会生活领域中的各种问题，表述社会活动中研究成果的文章。

中华人民共和国原国家标准局发布的《科学技术报告、学位论文和学术论文的编写格式（GB7713-87）》中指出："学术论文是指某一学术课题在实验性、理论性或观测性上具有新的科学研究成果或创新见解的知识和科学记录；或是某种已知原理应用于实际中取得新进展的科学总结，用以提供学术会议上宣读、交流或讨论；或在学术刊物上发表；或作其他用途的书面文件。"

学术论文主要运用逻辑思维，通过说理辨析、推理论证，阐明客观社会活动的某些本质和规律。

二、学术论文的写作步骤

（一）选定论题

1. 选题的意义

撰写论文的第一个步骤就是选题。所谓选题，即在写论文之前，选择确定所要研究、论证的学术问题。一个好的选题是完成一篇优秀论文的关键。爱因斯坦认为：提出一个问题往往比解决一个问题重要，因为解决问题也许仅是一个数学上或实验上的技能而已。而提出新的问题、新的可能性，从新的角度去看旧的问题，却需要有创造性想象力，而且标明科学的真正进步。通过选题，可以大体看出作者的研究方向和学术水平。提出问题是第一步，选准了论题，就等于完成了论文写作的一半。

2. 选题的原则

（1）现实需求原则。注意选取与社会发展和经济建设息息相关的论题。撰写论文应该根据现实需要来选题，论文的选题一定要切合社会实际，有利于社会的进步和发展，并且对社会发展和经济建设有一定的指导意义

（2）科学性原则。选择的论题既要有创新精神，又要从实际出发，选择有学术价值的论题。选题具有一定的理论深度，能够回答和解决现实财经活动中的实际问题，能够敏锐地发现学科领域内有价值的但未被充分挖掘研究的领域，要着眼于社会效能和价值。

（3）可行性原则。选题的可行性原则包括两个方面：其一要选择适合自己特点的论题，可以根据自己的兴趣爱好、业务专长进行选择，从而充分发挥自己的优势；其二要选择客观条件有利的论题，即能够搜集到一定的研究资料。

（4）适度性原则。选题要根据自己的实际情况选择难易适中的论题。如果选题难度过大，必然难以完成，急功近利，可能导致失败；如果选题过小，就很难发挥出自己的潜力，不能写出具有较高水平的论文。

相关链接

选择论题的"三级收缩"

论题定得宽泛不实是一个相当普遍的问题。

"宽泛",说明了"研究"的状态,还大体停留在对问题"一般"的、"概貌"的宽泛了解上,还没有抓住"精髓"的东西,具有鲜明"个性"的东西,还缺乏应有的"深度"。

"宽泛",还反映了"思维"的状貌,还大体停留在对问题所做的"发散性"思维之上,思想还没有"聚焦",围绕核心的问题进行深入的"聚敛性"思维还很不够。

"宽泛",往往还伴有初学者"思想方法"上的毛病:喜欢"贪大求全",难以"忍痛割爱"。凡读了的资料总想用上;凡调查来的材料总想写上;凡自己掌握的知识总想让读者也都了解、占有。这样,势必面面俱到、拖泥带水。

其实,论题绝不能太宽泛、大而不实。

最好的办法,是对每一"宽泛"的论题都来一个"三级收缩"。如表6-1所示。

表6-1 选择论题的"三级收缩"

一级	二级	三级
我国人口问题研究	我国农村人口问题研究	我国农村人口生育率及死亡率研究
王蒙小说研究	王蒙新时期创新小说研究	王蒙新时期创新小说艺术手法研究
青少年犯罪问题研究	某市(县)青少年犯罪问题研究	近三年某市青少年犯罪动因及特点研究
试论住宅的商品化问题	试论××农场的住宅商品化问题	试论××农场住宅商品化存在的若干问题
论厂长负责制	论厂长负责制在×厂的具体实施	论厂长负责制在×厂实行后的经验及问题

由上表可见:一级论题较宽,二级论题有所收缩,三级论题比较具体、实在。这种论题的"伸缩性"是普遍存在的,由大而小,由宽而窄,愈来愈实。一级论题适于写"专著",就像博士论文一般;二级论题宜于写长篇论文,硕士研究生学位论文可以采用;三级论题较适合一般论文的写作。

(二)搜集资料

按照确定的选题和内容,通过各种方法搜集大量的资料,能为科学研究打下坚实的基础。撰写论文需要占有尽可能丰富与全面的参考资料。占有资料稀疏贫乏,必然导致整个研究工作的失败;占有资料不典型、不完备,也势必影响整个研究工作的可信性和与周密性。

论文的资料主要包括三类:数据资料、事实资料和理论文献资料。

搜集资料的要求具体是:①搜集的资料要全面,要有针对性;②搜集的资料要真实,要有客观性;③搜集资料的方法要广泛,可采用资料法、观察法、调查法和实验法等。

写作示例

参考资料的类型

(三)编写提纲

论文提纲是作者谋篇布局、组织设计论文篇章结构的具体体现。编写提纲的过程就是理顺思路、形成粗线条的论文逻辑联系、框架结构的过程。作者依据论文提纲,可以依纲逐段写作,相对集中于主旨、主题,保持清晰的写作思路,能更好地掌握论文结构的全局,保持论文前后的统一完整。拟定论文提纲要进行多次补充、取舍、增删和调整,不断完善。

一篇完整的论文提纲应包括以下内容:

(1)标题及(或)副标题。

(2)论文的写作意图,包括选题理由、题材价值、中心思想等。

(3)内容纲要。这是提纲的主要内容,也是论文结构的骨架。

  第一部分:引论(引言)

  第二部分:本论(提纲的主体)

  第三部分:结论

(4)主要参考资料。包括数据资料和理论文献资料。

(四)撰写初稿

撰写初稿就是按照拟好的提纲,把自己研究的初步成果和形成的观点完整、准确地表达出来。它是作者在认识不断深化的过程中,使论文基本成型。通常情况下依据论文提纲先后逻辑顺序进行,按照引言、本论、结论的顺序。

撰写初稿时要求做到:尽量提高撰写初稿的质量,切实做到以论为纲、观点与材料统一、逻辑思维严谨、论文层次清晰、文字表达精练。

资源链接

常用论文写作论证方法

1. 例证法。又叫举例法。运用归纳推理进行论证的一种方法,这可以是概括的事例,也可以是具体的事例。但所选择的事例必须是典型的或具有代表性的。要注意防止它的偶然性,避免可能引起不同的理解。

2. 引证法。又叫引用法。这种类型就是引用党和国家的方针政策、法律、法令以及国家领导人或革命导师的讲话或著作的某些论断作为论据来论证其论点的方法。

3. 因果法。又称分析法,即通过分析,揭示论点和论据之间的因果关系以证明论点正确的方法。一般要从五个方面来分析:①实质;②特点;③危害或好处;④观点;⑤办法或措施。

4. 归纳法。从许多事实论据中概括出事物的一般规律，即从个别到一般的推理方法。这实际上是一种定量分析的方法。

5. 演绎法。就是从一般到个别的推理方法。一般是用直言三段论和假言推理方法。

6. 类比法。用某些属性相同的事物进行比较，来证明论点。如果与乙有属性相同的两种事物，已知甲有某种属性，则可推知乙也有这种属性，这种推理方法称为类推比较法。

7. 对比法。把两种性质相反或有差别的事物进行比较，然后作出结论，这种方法叫作对比法。

8. 反证法。通过证明对方论点是错误的。从而证明自己的论点是正确的。这是驳论文中常用的一种方法。

9. 归谬法。先假设要反驳的论点是正确的，然后由它引出荒谬的结论，以推翻要反驳的论点，这种方法叫归谬法。

10. 比喻法。用比喻手法证明自己的论点，寓意深刻，举一反三。

（五）修改定稿

修改是论文的完善阶段，是提高论文质量的重要环节，需要一丝不苟地进行修改，最终形成合格的论文定稿。修改不仅是改正文中毛病的过程，也是认识不断深化、全面和周密的过程。

1. 推敲论文题目

论文的题目是否合适，能否概括核心内容与特征，体现文章主旨。一般说来，应新颖、醒目、明确、具体，文字具有相当的概括力。

2. 检验材料真伪

论文中的材料是作论据用的，是为说明论点服务的。修改论文，要看用的材料是否典型、确凿有力；是否都有出处、真实可信；是否都能相互配合，说明论点；是否鲜明，能发挥论证的力量；是否符合逻辑，具有说服力。对不真实、不典型、多余的材料要进行删减，对缺少的材料要适当增补。

3. 审视调整结构

论文的逻辑性强，这就需要验证推理的层次，审定文章的结构。要理顺思路，突出中心论点，检查各部分之间是否清晰、严密，衔接过度是否自然，前后部分是否照应，结论是否水到渠成，全文是否具有系统性。

4. 斟酌修饰语言

修改语言，要对字、词、句反复琢磨，精益求精。修改语言一是务求通顺；二是推敲表达的效果，删繁就简；三是要在合乎文体的基础上，变换表达手段，增强文章的感染力；四是检查行文格式、文字书写以及标点的使用。

🔗 相关链接

学年论文、毕业论文、学位论文之间的比较见表6-2。

表6-2　学年论文、毕业论文、学位论文比较

类型	写作对象	写作目的	字数要求	写作要求
学年论文	大学三年级学生	锻炼运用已有知识去分析和解决一个学术问题的能力	三千到五千	要求自己运用前人的知识去解决一些前人没有解决的问题
毕业论文	本科和专科毕业生	运用所学的基础课和专业课知识，独立地探讨或解决本学科某一问题	专科：五千 本科：六千	要求有一定的创见性，能够较好地分析和解决学科领域中不太复杂的问题
硕士论文	硕士研究生	掌握坚实的基础理论和比较系统的专门知识，具有从事科研工作和专门技术工作的独立能力	三万到五万	在学术问题上有自己的较新见解和独创性，篇幅一般要长一些，撰写前应阅读较多的有关重要文献
博士论文	博士研究生	必须在某一学科领域中具有坚实而深广的知识基础，必须有独创性的成果	五万字以上	有较高的学术水平和学术价值，对别人进行同类性质问题的研究和其他问题的探讨有明显的启发性、引导性，在某一学科领域中起先导、开拓的作用

三、学术论文的写作格式

一篇完整、规范的学术论文通常由以下几个部分构成。

（一）标题

论文标题是文章的总纲，是文章中心内容的反映。学术论文的标题力求简明、醒目。标题字数不宜超过20个，若表达不完整，可用副标题对论文研究内容加以具体补充或界定。

（二）作者署名和隶属单位

作者姓名在题名正下方，隶属单位、省份（城市）、邮编在作者正下方，并用圆括号括住。

（三）摘要

摘要是对论文的内容不加注释和评论的简短陈述。要求语言准确、精练，一般以200～300字为宜，尤其是要说明结果或结论。摘要中不应使用公式、图表，不标注引用文献编号，并应避免将摘要撰写成目录式的内容介绍。

（四）关键词

关键词位于摘要之后，是从题名和论文之中精选出来的、用以表达全文主题内容的单词或术语。每篇论文可以选取3～8个关键词。

（五）正文

正文一般包括"引言""本论"和"结论"三个部分。

1. 引言

引言又称前言、绪论、导言，主要是作用是破题，并引出下文。引言中简要说明研究工作的目的、范围、相关领域的前人工作和知识空白、理论基础和分析、研究设想、研究方法和实验设计、预期结果和意义等。

2. 本论

本论是论文的主体部分，是对研究问题的全面、详尽的阐述和论证。包括研究内容与方法、实验材料、实验结果与分析（讨论）等。在本部分要运用各方面的研究方法和实验结果，要把论点、论据、论证有机地结合起来。或以纵向的发展过程，或以横向类别分析提出论点，分析论据，论证观点，要处理好详略与条理性，可以用小标题的形式把每个小分论点清晰地标出。

3. 结论

结论是对前文的高度概括和总结。结论观点要鲜明，要与前文相呼应。一般要求总结全文，突出主题；照应开头，首尾呼应；言简意赅，恰当有力。也可以展望未来，增强信心或抒发感情，增强感染力。

（六）参考文献

参考文献是指研究过程中参考过的文章或作品，主要是公开出版的书籍、报刊等。列出参考文献一方面是对他人劳动成果的尊重，另一方面也为读者核实和深入研究提供线索。

（七）致谢

致谢是对在课题研究和论文写作中给予自己很大帮助的导师或其他有关师友公开表示谢意的文字，在此部分也可以包括论文写作过程中的一些感悟。

（八）附录

附录是作为报告、论文主体的补充项目，并不是必需的。附录是论文中有些内容与正文关系密切的资料。这些内容上有相对的独立性，列入正文往往会影响正文叙述的条理性和连续性，因而将其附加在正文之后作为附录，以帮助读者阅读、掌握正文中的有关内容。

资源链接

毕业论文答辩注意事项

一、答辩过程全体验

1. 学生在论文答辩会举行之前半个月，将经过指导老师审定并签署过意见的毕业论文一式三份交给答辩委员会。

2. 答辩会上，学生需用15分钟左右的时间概述论文的标题以及选择该论题的原因，较详细地介绍论文的主要论点、论据和写作体会。

3. 主答辩老师提问。主答辩老师一般提三个问题。可以是对话式的，随问随答。也可以是主答辩老师一次性提出三个问题，学生在听清楚记下来后，按顺序逐一作出回答。

4. 学生退场，答辩委员会集体根据论文质量和答辩情况，商定通过还是不通过，并拟定成绩和评语。

5. 召回学生，由主答辩老师当面向学生就论文和答辩过程中的情况加以小结，同时当面向学生宣布通过或不通过。对答辩不能通过的学生，提出修改意见，允许学生待半年后另行答辩。

二、答辩过关小技巧

要顺利通过答辩，并在答辩时真正发挥出自己的水平，除了在答辩前充分做好准备外，还需要了解和掌握答辩的要领和答辩的艺术。

1. 携带必要的资料和用品

首先，要携带论文的底稿和主要参考资料。在答辩过程中，是允许翻看的。答辩时虽然不能依赖这些资料，但带上这些资料，当遇到问题一时记不起来时，稍微翻阅一下有关资料，就可以避免出现答不上来的尴尬和慌乱。其次，还应带上笔和笔记本，以便把主答辩老师所提出的问题和有价值的意见、见解记录下来。通过记录，可以减缓紧张心理，也可以更好地吃透老师所提问的要害和实质是什么，同时还可以边记边思考，使思考的过程变得很自然。

2. 要有自信心，不要紧张

在做了充分准备的基础上，大可不必紧张，要有自信心。只有充满自信，沉着冷静，才会在答辩时有良好的表现。

3. 听清问题后经过思考再作回答

主答辩老师在提问题时，要集中注意力认真聆听，并将问题回答略记在本子上，仔细推敲主答辩老师所提问题的要害和本质是什么？切忌未弄清题意就匆忙作答。如果对问题中的概念不理解，可以请老师做解释，或者把自己对问题的理解说出来，并问清是不是这个意思，等得到肯定的答复后再作回答。

4. 回答问题要简明扼要，层次分明

在弄清了主答辩老师所提问题的确切含义后，要在较短的时间内作出反应，要充满自信地以流畅的语言和肯定的语气把自己的想法讲述出来。回答问题，一要抓住要害，简明扼要，不要东拉西扯，使人听后不得要领；二要力求客观、全面、辩证，留有余地，切忌把话说"死"；三要条分缕析，层次分明。此外还要注意吐词清晰，声音适中等。

5. 对回答不出的问题，不可强辩

有时主答辩老师对答辩人所作的回答不太满意，还会进一步提出问题。遇到这种情况，答辩人如果有把握讲清，就可以申明理由进行答辩；如果不太有把握，可以审慎地试着回答，能回答多少就回答多少，即使讲得不很确切也不要紧，只要是同问题有所关联，老师会引导和启发你切入正题；如果的确是自己没有搞清的问题，就应该实事求是地讲明自己对这个问题还没有搞清楚，表示今后一定认真研究这个问题，切不可强词夺理，进行狡辩。

▌写作示例

浅议电子商务中的信息安全问题

综合训练

一、填空题

1. 论文的特点是 _____、_____、_____。
2. 学术论文选题的原则包括 _____、_____、_____、_____ 和 _____。
3. _____ 是对论文的内容不加注释和评论的简短陈述。

二、单项选择题

1. 为了检索的需要，要从论文中选出最能代表论文中心内容特征的名词和术语称为（　　）。
   A. 题名　　　　B. 摘要　　　　C. 关键词　　　　D. 谢词
2. 学术论文的内容摘要一般在（　　）字。
   A. 100～200　　B. 200～300　　C. 300～400　　D. 400～500
3. 学术论文的关键词一般以（　　）个为宜。
   A. 3～6　　　　B. 3～7　　　　C. 3～8　　　　D. 3～9

三、简答题

1. 项目申报书的写作要求是什么？

2. 学术论文的选题原则是什么？

3. 学术论文的写作环节有哪些？

四、写作题

1. 项目申报书写作

假设你所在的公司为扩大宣传，即将邀请部分客户考察公司，请你据此写一份项目申报书。

2. 产品说明书写作

选择一种日常用品，写一篇产品说明书。

第七章
经济合同文书

知识目标

- 了解招标书、投标书、意向书、经济合同等财经文书的使用场合、特点、写作要求；
- 掌握招标书、投标书、意向书、经济合同等财经文书的结构和内容。

能力目标

- 能够阅读分析财经文书；
- 借助工具书和网络资料，在老师的指导下评价复杂的财经合同文书的写作要素；
- 能够撰写招标书、投标书、意向书、经济合同等财经文书。

情景导入

5000元的"苹果",只赔500元

刘女士去年给儿子快递了一台价值5000元的苹果手机,然而事隔一个半月还没收到。后找到这家快递公司查询发现,是在往她儿子居住地送件这个环节丢失的。刘女士当即要求该快递公司按原价赔偿。但是快递公司以快递没有保价为由拒绝,只答应以运费的三倍价格赔偿。

刘女士告到消费者保护协会。消保委认为,快递公司尽到了告知义务,而王女士没有选择保价,应视为其自愿承担合同中标明的"物品在运输过程中出现的毁损、丢失风险",该条款不存在违反公平的原则,因此对王女士的赔偿要求无法支持。最终在消保人员的反复协调下,快递公司才答应以内部规定的最高价500元赔偿。

这是一个通过案例,探讨快递保价存在的困惑。如果不在法律层面上借鉴《民用航空法》有关赔偿的规范,那么快递遗失赔偿方面的争议、投诉还会持续下去。

为什么消费者都不愿意主动为快递保价?据了解,消费者不愿为寄送的快递物品保价的原因是嫌费用太贵、成本高,以及对快件遭遇"意外"的概率存在侥幸心理。但是,实际情况产生了变化。据一位业内人士介绍,近年来电子商务日益兴旺,社会快递业务量骤增。以S2快递为例,过去每年的进出港总量50000件左右,去年接近70000件。由此带来的"专利",在国内各家知名快递企业都出现过。

其实,《邮政法》有关三倍的赔偿规定对快递来说不适用。它适用于邮政普通服务的邮件,即保价邮件,丢失或者全部损毁的,按照保价额赔偿;内件短少或者部分损毁的,按保价额与邮件全部价值的比例对邮件实际损失予以赔偿。非保价快件,按照快件实际损失价值赔偿,但是最高不超过国务院邮政主管部门规定的限额,即运费的三倍。快递则适用《合同法》的相关条款。

第一节 招标书、投标书

在日常生活中,我们在购买同一物品时,总会货比三家,以便尽可能买到物美价廉的商品,因为这符合我们个人或家庭生活的一个重要准则:节约,以尽可能少的支出来获取所需物品,但对商家或厂家来说这不是一件好事,它要通过多种途径和方法尽可能使自己的服务或提供的商品赚到更多的钱,这是生产和消费不可回避的矛盾。我们现在处于努力建立社会主义市场经济体制的时代,市场经济、市场竞争也成为人们生活中难以回避的问题,生产同一产品、提供同一种服务的厂家、商家林林总总,不可胜数,不仅有国内的厂家、商家,也有国外的厂家、商家。对于个人来说,到各个商场、商店走一走,看一看,以尽量少的钱买到中意的物品并不难,但对公共组织如政府机关、企事业单位等来说这样做是不现实的,而且它们所购买的

或需要的往往是大宗商品或服务，在这种情况下，它们最常用的方式就是通过招标投标活动来进行，通过商家或厂家之间的竞争来达到优选商家或厂家以为自己提供最佳服务或产品的目的。

一、招标书

（一）招标书的性质和类型

招标书又称招标说明书、招标通告、招标启事等，是招标人为了征召承包者或合作者而对招标的有关事项和要求做出的解释和说明，利用投标者之间的竞争而达到优选投标人的一种告知性文书。

招标书有各种不同的分类方法：按时间分类，有长期招标书和短期招标书；按范围分类，有面向企业内部、系统内部的招标书和面向全社会的公开招标书，或本地区招标书和外地招标书、非竞争性招标书和排他性招标书等；按计价方式分类，有固定总价项目招标书、单价不变项目招标书、成本加酬金项目招标书、选聘企业经营者招标书、企业承包招标书、企业租赁招标书、劳务招标书、科研课题招标书、技术引进和转让招标书等。

（二）招标书的结构和写作要求

写作招标书的目的是邀请投标人参加投标。招标书的写作比较概括，不必写得很详尽，具体条件另用招标文件说明，发送或出售给投标人。招标书的内容主要包括：招标单位和招标项目名称，招标项目的具体要求，投标资格与方法以及技术、质量、时间等要求，投标开标的日期、地点和应缴费用等。

招标书的结构一般由标题、正文和结尾三个部分组成。

1. 标题

通常由招标单位名称、招标项目名称和文种三个部分构成，如《山东高速集团招标通告》《××大学修建教学楼的招标通告》等，也有的省略招标项目或只写文种。

2. 正文

一般用条文式，有的也用表格式。对于报标的条件和要求、招标开标的日期等投标人应知事项，应简要概括，分条列出。商品招标书要求标明商品的名称、数量、规格、价格等。科技项目招标书则要求写清招标原则，项目名称，任务由来，研究开发目标，研究开发内容，经济技术指标，研究开发的进度要求、成果要求、经费要求，承包单位的条件及要求等。

3. 结尾

结尾要写清招标单位名称、法人代表、签署日期并加盖印章、联系人姓名、招标单位的地址、邮政编码、电话号码、传真号码、电子邮箱等，必要时还需写上开户银行及账号。

（三）招标书写作的注意事项

（1）内容合法合理，切实可行。招标书的要求和应知事项，要符合国家有关法律法规、政策规定；技术质量标准要注明国际标准、国家标准、部颁标准或是企业标准；招标方案既要科学、先进，又要适度、可行。

（2）重点明确，内容周密。招标项目（即标的）是招标书的核心内容，对其有关情况、招标范围、具体要求，都要写清楚。如建设项目，应写明工程名称、数量、技术质量要求、进度要求，甚至建筑材料的要求等。该写的一定要写全，尽可能周到，没有空子可钻。

（3）语言表述应简明、准确。无论是定性还是定量说明，都应准确无误，没有歧义，尽可能使用精确语言而少用模糊语言。

资源链接

招标的基本程序

1. 招标方式

招标的范围很广，目前国际上广为流行，在我国招标的范围也不断扩大。在《招标投标法》中规定：凡大型基础设施、公用事业等关系社会公共利益、公众安全的项目；全部或部分使用国有资金或者国家融资的项目；使用国际组织或者外国政府贷款、援助资金的项目都必须进行招标。因此，政府采购项目普遍实行了招标。此外，各企事业单位的大型工程项目、大宗采购也采用了招标方式。

目前，我国通行的招标方式，有公开招标、邀请招标两种。

公开招标，也叫竞争性招标，是招标方以公告的方式邀请投标单位前来竞标，招标方从中选择中标人的方式。公开招标，必须发布招标公告，借助于报纸、杂志、广播、电视等大众媒体及专业报刊或公开张贴的方式，将招标单位、招标事项、招标时间及地点、招标步骤及联系方法，诉诸于众。投标人经确认具有投标资格后，按一定程序均可参加投标、竞标。

邀请招标，也叫有限竞争性招标，是招标方采用选择投标人的方式，向有关单位发出招标邀请通知书，邀请其参加投标。一般情况下，是招标人根据经验和有关资料在发出招标公告后，邀请三五家有实力、讲信誉、经验丰富的单位，向其发出投标邀请书，邀请它们参加竞标。

2. 招投标的基本程序

按《招标投标法》的规定，招标投标的基本程序包括招标、投标、开标、评标、中标和订立合同六道程序，每一道程序中又包括若干环节。

（1）招标，是招标人及其政府采购管理部门或招标中介机构编制、申报招标文件，传递招标信息的过程。在招标过程中招标人须编制采购计划或预算，提交采购或招标申请书、发布招标公告或招标邀请书、提交投标须知、编制招标书及招标章程等若干文件。

（2）投标，是投标人投标报价阶段。投标人应按招标文件的规定编制投标文件。在投标过程中应首先递交投标申请书及投标人资格证明、投标书。投标文件应在规定的截止日期前密封送达招标地点。

（3）开标，是指招标人按照招标文件规定的时间、地点和程序开启标书的公开行为。开标由招标的中介机构或招标人自行主持。应由公证人员检查投标文件密封无误后，当众拆封，并宣布投票人名称，公开标底和标价以及其他主要内容。

（4）评标，是由专门人员组成的评定小组对所有的标书，根据招标文件规定的评定标准，以标底为依据，进行技术、价格以及其他交易条件的比较、评审，确定中标人选，并向招标人介绍中标人。

（5）中标，是招标单位经过综合评定预选者的标价、质量、交货或工程期，以及其他条件后从中确定中标人的过程。中标人或招标中介机构，应向中标人发出中标通知，并向社会发出公示通告，最后定标。

（6）签订合同，定标以后，招标人与投标人必须依据中标结果签订合同书，双方按合同规定履行权利义务。

写作示例

××职业学院三校区规划设计招标公告

项目编号：ZBGC2017200

1. 招标条件

本招标项目××职业学院三校区规划设计招标已由上级主管部门批准建设，招标人为××职业学院，建设资金来自财政资金，项目出资比例100%。项目已具备招标条件，现对该项目的规划设计进行公开招标。

2. 项目概况与招标范围

2.1 工程名称：××职业学院三校区规划设计招标。

2.2 建设地点：××经济开发区联通路西首。

2.3 建设规模：××职业学院三校区规划设计招标。北区计划设计北区智能制造技术应用中心、体育场综合看台，拟设计园林景观用地、继续教育学院综合培训中心等。南区拟设计文化景观广场、文科类综合实训中心、建筑工人安全体验教育中心、青年专家公寓、第二生活区等。西区拟设计学院附属医院、养老康复中心、医学类综合实训中心。本项目招标控制价为人民币333万元，其中规划设计费招标控制价为310万元，另23万元为方案奖金费用。

2.4 计划设计周期：中标后45天提报规划方案，规划方案审核确定后35天，按招标人要求开始设计相关工作内容，110天递交最终完成审查后的设计成果。

2.5 标段划分：一个标段。

2.6 招标范围。

（1）智能制造技术应用中心及体育看台的方案设计、初步设计、施工图设计、功能室精装修设计、编制设计概算、编制施工图预算、编制竣工图，以及设计方案基础上的深化、优化以及可能发生的方案变更等，直至达到相关部门的批准条件，建筑面积约为50000平方米。

（2）学院南、北、西三个校区所有预留地块的总体规划设计，占地面积约53.38公顷。

3. 投标人资格要求

3.1 本次招标要求：投标人须具有《工程设计建筑行业甲级资质》或《工程设计综合甲级资质》或《工程设计建筑行业（建筑工程）专业甲级资质》和《城市（乡）规划编制甲级及以上资质》；并具有完成本项目的技术能力、设备能力及相应人员配备，其中，投标人拟派项目负责人具有国家一级注册建筑师执业资格，且未担任其他项目的设计工作。

3.2 本次招标接受联合体投标。联合体投标的，除应符合3.1项要求外还应遵守以下规定：

（1）联合体各方应按招标文件提供的格式签订联合体协议书，明确联合体牵头人和各方权利义务；

（2）联合体各方不得再以自己名义单独或参加其他联合体在同一标段中投标；

（3）联合体牵头人必须为设计单位，且联合体成员不超过两家。

4. 投标报名

4.1 报名时间：凡有意参加的投标单位，请于2017年11月22日至2017年11月29日（法定公休日、法定节假日除外）（北京时间8:30—11:30；13:30—17:00）进行网上报名。

4.2 报名方式：本项目实行网上报名。××市公共资源交易网信息库的成员可直接点击××市公共资源交易网（http://www.zbggzyjy.gov.cn/）报名。未进入信息库的企业登陆网站后点击"企业会员系统"，免费注册（注册类型：设计单位）填写企业相关信息并上传有关资料的原件扫描件后提交验证，待验证通过后即可进行网上报名。网上验证电话：0533-2270010，验证时间：北京时间上午8：30—11：30；13：30—17：00（法定公休日、法定节假日除外），技术咨询电话：0533-2270010，0533-2270096。

5. 招标文件的获取

5.1 已报名供应商请于2017年11月29日17：00前登录××市公共资源交易网购买本项目的电子招标文件，逾期将无法购买。逾期未购买电子招标文件视为放弃报名，如参与投标/报价，将被拒绝。

5.2 采购文件售价：300元/份，请供应商通过交易平台网上支付，售后不退。技术咨询电话：0533-2270010，0533-2270096。

6. 投标文件的递交

6.1 投标文件递交的截止时间（投标截止时间）为2017年12月27日9时00分，地点为××市公共资源交易中心第一开标室（××市高新区柳泉路125号先进陶瓷创新园B座）（柳泉路北首××市十一中北邻）

6.2 逾期送达的或者未送达指定地点的投标文件，招标人不予受理。

7. 监督机构

监督机构：××经济开发区建设局，联系电话：0533-7870182。

8. 发布公告的媒介

本次招标公告同时在××市公共资源交易网、中国采购与招标网上发布。

9. 联系方式

招标人：××职业学院	招标代理机构：山东瀚广建设项目管理有限公司
法定代表人：杨×梅	法定代表人：杨×生
地址：××经济开发区联通路西首	地址：××高新区万杰路93号
邮编：255000	邮编：255000
联系人：李科长	联系人：李×× 刘×
电话：053×-5206547	电话：053×-3579566 1761565×××

二、投标书

（一）投标书的性质和类型

投标书又称投标说明书，简称标书。它是指投标人应招标者之邀，为了中标而按照招标人的要求，具体地向招标人提出订立合同的建议，是提供给招标人的备选方案。投标和招标是相对应的，先有招标，后有投标。招标书是投标书的引导，议标、评标、定标等环节的活动，无不是围绕招标书而进行的；中标和签订合同，也要以投标书为凭据。

投标是一个比实力、比技术、比信誉、比价格、比能力、比策略的竞争过程，也是一个限制与反限制的过程。投标是否成功，因素很多，但与投标书撰写得好坏有着直接的关系。投标书有各种不同的分类：按投标方人员组成情况，可分为个人投标书、合伙投标书、集体投标书、全员投标书和企业（或企业联合体）投标书等；按性质和内容，可分为工程建设项目投标书、大宗商品交易投标书、选聘企业经营者投标书、企业承包投标书、企业租赁投标书、劳务投标书、科研课题投标书、技术引进或转让投标书等。

（二）投标书的结构和写作要求

投标书的内容与招标书相对应，要对招标的条件和要求做出明确的回答和说明。投标书的结构一般由标题、正文、附件、落款几个部分组成。

1. 标题

标题，一般由投标项目名称和文种构成，如《××高速公路工程投标书》《××承包经营投标书》《××采购投标书》《××科研课题投标书》等；也可只写"投标书"或"标函"。称谓，顶格写明招标单位名称或招投标管理部门名称，后加冒号。

2. 正文

正文包括引言和主体两个部分。

引言，用简练语言说明投标目的、依据，交代投标的缘起，表明态度。有的在这一部分还写入投标方的名称、法人代表、企业基本情况以及投标的总体目标和投标后承诺。

主体，是投标书的核心。要具体写明投标项目的内容和指标，实现指标的具体措施以及其他要说明的应标条件和事项。投标项目的内容和指标要写明标的内容即招标项目的名称、地点、包干形式、数量等；标价，包括完成招标项目的总金额、单位金额（如每建筑平方的造价）以及完成项目的分解金额；保证完成的工期或交货期、具体时间和总计天数；质量保证即可达到的等级和保证质量的有效措施。实现指标的措施包括技术、管理、组织等方面的措施，另外，投标单位对招标方的建议如希望对方给予配合、创造条件等也可一并表达。这部分可用条款式、表格式或条款表格结合式，但无论采用什么形式，都必须做好报价，尽量减少投标风险。

商品采购投标书的主体内容包括：商品报价，商品规格型号、质量，交货方式、时间地点，投标方的生产组织方式及对招标方的要求等。

建筑工程投标书的主体内容包括：工程报价，工程质量达到的等级和质量保证，安全措施，开竣工时间，施工组织和工程进度，主要工程的施工方法，选用的施工机械等。

经营租赁投标书的主体内容包括：投标人情况的概括介绍，对招标对象的现状分析，拟实施的经营管理方案，技术经济指标实现的依据，实施的步骤、措施，以及个人简历、学历证明、职称证书、实践业绩及经验资料和对招标人的要求等。

3. 附件

投标书一般都有附件，如担保单位的担保书，正文主体的必要表格等。

4. 落款

落款要写明投标单位名称、法人代表姓名并盖章，还要注明投标时间。另外还要写明联系电话、传真电话号码。有的投标书还要由上级业务主管部门和公证监督机关签名盖章。如有必要，还应附上担保单位的担保书，有关图纸、表格等。

现在一般的投标书还要制作封面，封面上要写明标题，如单位工程投标书，然后按顺序写明投标工程名称、投标单位名称、投标单位负责人姓名，下写投标日期。表格式投标书，一般由招标单位制发，投标单位只需按要求填写即可。

（三）投标书写作的注意事项

1. 要实事求是

招标方必须在认真研究招标书的基础上，客观估计自己技术、经济实力和相应的赔偿能力，经过专家的充分论证后，再决定是否投标，并实事求是地填写标单和撰写投标书，切不可妄加许诺，不可徇私舞弊，弄虚作假，害人害己。因为一旦中标，就要在规定期限内与招标方签订合同，按合同办事。如不实事求是，将给国家、招标单位和本单位造成严重的经济损失，如违约或毁约将承担法律责任。

2. 内容要明确具体

对于投标书的具体内容，如目标、造价、技术、设备、质量等级、安全措施、进度等，都要详细写明，力求具体、明确，一目了然。如果交代不清，笼统含糊，无法使招标单位认可，那是难以中标的。

3. 要讲究时效性

招标单位之所以招标，旨在利用投标人之间的竞争来达到优选买主或承包、租赁、合作的目的。招标都规定了明确的时限，过期不候。所以，投标一定要讲究时效性，要在规定的时限内写好并送出投标书，才有中标的可能。

写作示例

投标申请书

××省交通厅招投标办：

我公司根据现有施工能力及人力资源情况，决定参加长虹高速公路工程投标。我公司是AAA级企业，有条件、有能力、更有决心按招标文件的要求和提出的标准创优质工程，并在施工过程中遵守各项规定，如期完成工程任务。

特此申请，请批准为盼。

附件：1.《企业简介表》一份
　　　2. 投标资格审查文件一份
　　　3.《AAA级企业证书》一份

××省×××市第二公路工程总公司（印章）
负责人：×××（签字）

第二节　意向书、协议书

一、意向书

（一）概念与特点

意向书是双方当事人通过初步洽商，就各自的意愿达成一致认识而签订的书面文件，是双方进行实质性谈判的依据，是签订协议（合同）的前奏。

意向书具有以下特点：

（1）协商性。意向书多用商量的语气，不带任何强制性，有时还用假设、询问的语气。

（2）灵活性。意向书的灵活性主要体现在两个方面：一是可以随时改变自己的主张。意向书发出后，对方如有更好的意见，可以直接采纳，部分改变或全盘改变都是可能的；二是在同一份意向书里可以提出多种方案供对方选择。或者对其中的某项某款同时提出几种意见或方案，供对方比较和选择。

（3）临时性。意向书是协商过程中各方基本观点的记录，一旦达成正式协议，便完成了意向性的使命。意向书不像协议、合同那样具有法律效力。

意向书的主要作用是传达"意向"，提请对方注意或供参考，可以约束双方的行动，保证双方的利益；意向书能反映业务与工作的关系，能保证业务朝着健康有利的方向发展；意向书可为正式签订协议或合同打下基础。

（二）结构与写法

意向书通常由标题、正文和签署三个部分组成。

1. 标题

标题有以下几种写法：

（1）双方单位名称＋事由＋意向书，如《中华人民共和国国家计划委员会和美利坚合众国能源部关于和平利用核技术合作的意向书》。

（2）事由＋意向书，如《开展多方面技术经济合作意向书》。

（3）双方单位名称＋意向书，如《××厂与××公司意向书》。

（4）直接写意向书，如《意向书》。

签订意向书双方的名称，一般要写明全称。为叙述的方便，可分别确定为"甲方、乙方"或"丙方"；也可简称为"双方"。

2. 正文

这是意向书的主体和核心部分。一般是写明双方或多方达成协议的各个事项，如合作的项目、方式、程序，双方的义务等。一般包括开头与主体两个部分。

（1）开头。这主要写合作双方的单位名称、合作事项。它简要阐述了订立意向书的依据、原因和意义，并常用"兹宣告如下意向"或"初步意向如下"等句引出主体内容。

（2）主体。这是意向书的重点内容。一般写合作双方的意图及初步协商一致所认识的内容，多数用条文形式表述。

3. 签署

签署包括双方单位的名称、双方代表的名称及成文日期。

问题诊断

找出下面意向书的不妥之处。

意向书

一、甲、乙两方愿以合资或合作的形式建立合资企业，定名为××有限公司。建设期为×年，即从×年—×年全部建成。

双方意向书签订后，即向各方有关上级申请批准，批准的时限为×个月，即×年×月×日—×年×月×日完成。然后由×××厂办理合资企业开业申请。

二、总投资×万元。××部分投资×万；××部分投资×万。甲方投资×万（以工厂现有厂房、水电设施现有设备等折款投入）；乙方投资×万（以现金投入，购买设备）。

三、利润分配：各方按投资比例或协商比例分配。

四、合资企业生产能力：……

五、合资企业自营出口或委托有关进出口公司代理出口，价格由合资企业定。

六、合资年限为×年，即×年×月—×年×月。

七、合资企业其他事宜按《中外合资法》有关规定执行。

八、本意向书生效后，双方必须严格遵守意向书的规定，任何一方在未经协商的前提下不得违约。否则，违约方将承担全部责任。

本意向书一式两份。作为备忘录，各执一份备查。

甲方	乙方
××××厂	××××公司
代表：×××	代表：×××
××××年×月×日	××××年×月×日

（三）写作要求

（1）结构要完整。一般而言，标题、正文、签署三个部分缺一不可。

（2）内容要留有余地。因为只是初步的合作意向，是双方进行实质性谈判的依据，是签订协议（合同）的前奏。因此，内容不能过于具体，不能把协议（合同）的内容写进去。

写作示例

合作培训意向书

甲方：××市现代科技培训中心
乙方：××出版社

经双方商讨，拟合作举办一期编辑、校对技术短期培训班。初步意向如下：

一、培训期3个月。20××年9月1日开班，11月30日结业。
二、培训学员10名。由乙方选送25岁以下、具有高中文化程度的人员。
三、培训费2万元，由乙方在开班前支付给甲方。
四、甲方提供培训场地、师资、教材，并负责教学管理，发放结业证书。

××市现代科学技术培训中心　　　　　　代表：×××（签字）
××出版社　　　　　　　　　　　　　　代表：×××（签字）

××××年×月×日

评析：

这份意向书篇幅不长，但符合意向书结构与写法的要求。标题采用的是"事由＋意向书"的写法。而正文开头先写合作双方的单位名称、合作事项；主体部分再写出合作的初步协商一致内容，用四个条文形式表述。签署则写明双方单位的名称、双方代表的名称及成文日期。

二、协议书

协议书又称协议，它是国家机关、社会团体、企事业单位之间，为了统一计划、分工负责、协同一致地完成某一共同议定的事项而签订的一种契约性文书。

协议作为契约的一种，将双方经过洽谈商定的有关事项记载下来，作为检查信用的凭证，一经订立，对签订各方具有约束作用。

它确定了各自的权利与义务，双方各执一张，作为凭据，互相监督、互相牵制，以保证合作的正常进行。

（一）结构和写法

协议书通常由标题、正文和签署三个部分组成。

1. 标题

标题有以下几种写法：

(1)双方单位名称＋事由＋协议书,如《××服装公司批发部与××商场零售服务展销协议书》;

(2)事由＋协议书,如《出国留学协议书》;

(3)双方单位名称＋协议书,如《××厂与××公司协议书》;

(4)直接写协议书,如《协议书》。

签订协议书双方的名称,一般要写明全称。为叙述的方便,可分别确定为"甲方、乙方"或"丙方";也可简称为"双方"。

2. 正文

这是协议书的主体和核心部分。一般是写明双方或多方达成协议的各个事项,如合作的项目、方式、程序,双方的义务,等等。一般包括开头与主体两个部分。

(1)开头。通常是写协议的目的、根据和意义,如开头用一句话写明订立协议的根据,然后用"就合作投资创办出租汽车公司事宜,达成如下协议:"引入主体部分。在开头与主体之间,常用的承上启下习惯用语有"就……达成如下协议""经充分协商,达成如下协议""经充分协商,协议如下"等。

(2)主体。这是协议的重点,一般采用分条列项的方法,有的协议每个条项还列出小标题,一目了然。这部分主要是要明确协议的内容、双方的权益与义务以及文本的形式和法律效力等。这些条款是双方合作的基本依据。这部分的条款要完备,避免疏漏;文字要准确无误,不允许有歧义。

3. 签署

签署包括双方的签名和签订日期两项。签名要写出合作各方的单位全称并标明甲、乙方,并由订立协议双方单位代表签名,此外还要加盖公章或按上指纹。写明订立协议的具体时间,签订日期要写全年、月、日。

写作示例

零售服务展销协议书

××市服装公司批发部(以下简称甲方)与××商场(以下简称乙方),经充分协商,决定由乙方负责展销甲方服装,并提供市场信息,甲方负责提供展销货源。本着互惠互利,面向市场,共同搞好服装展销的原则,特订立本协议。

一、乙方负责展销甲方的男装、女装、童装,设立专柜,陈列样品,组织展销(也可兼搞批发),提供市场信息。

二、展销日期:20××年×月×日,为期××天。

三、乙方负责挑选花色品种,与甲方签订展销货源要货合同,甲方负责提供货源,做到优先安排、优先供应、及时发运。根据调拨凭证,双方建立商品转移账务记录。

四、甲方供应乙方的品种,除沪制呢制服装按批发牌价供应外,其余服装实行优惠,以批发价96折供应,零售价由乙方自定。

五、货款结算原则是约期结算,展销结束后,根据销售数量由乙方主动托付给甲方,所剩商品的货款,在展销结束后一个月,由乙方付清。

六、商品开箱后，发现短缺、串号、污损等情况，均按国内贸易部纺织品内部调拨有关规定处理。

本协议正本一式两份，副本一式四份，双方各执一份正本，二份副本。

甲方	乙方
××市服装公司批发部（章）	××商场（章）
开户银行：××工商银行	开户银行：××工商银行
××办事处	××分行营业部
账号：××××	账号：××××

2017年7月26日

分析：

本协议是协议双方就零售服务这一问题交换意见，经过协商、谈判达成共识后，共同签署的具有法律效力的文书。它被广泛使用，具有与合同同样的法律效力。本文分条列写，结构完整，语言简明，在结构与写法上与合同相近，而内容上又比合同简单和概括。

互动活动

请指出下面这则协议书的不妥之处。

合作协议书

甲方：_____

乙方：_____

甲方与乙方共同合作，经友好协商，对共同成立××人才服务站进行了初步协商，达成意向如下：

一、双方共同组建成立×××工作站（以下简称"工作站"）。办公地点设在广州市××路×号，由乙方派出人员负责工作站的日常工作。

二、协议期间，乙方不得在××地区与其他机构合作开展同类业务。

三、工作站的主要服务对象是乙方会员或与其关联的非会员××企业，以及其他个人。

四、工作站主要提供如下服务：

1. 人事代理——单项或全权代理；

2. 人才培训——可与众多国内外著名培训机构合作开发培训项目，为企业及个人进行各类专业培训；

3. 为企业或个人进行测评、推荐、招（应）聘；

4. 提供人事信息、咨询。

五、在工作站的业务中，乙方负责与××企业联系，接受企业及个人有关人事、人才方面的各项咨询、代理委托服务；甲方不定期地向乙方提供国家、省、市人事政策、法规文件及有关精神和通知等信息性、指导性、实施性方面资料，解答有关人事方面的问题。对工作站业务进行指导、监督，并承担站内有关人事、人才等方面服务合同的具体工作。

六、甲乙双方按本协议附件《工作站工作细则》进行业务运作。

七、工作站以有偿服务的方式提供服务。业务收入在扣除运作成本并完税后，甲乙双方按8∶2分成分配，当服务人数达到500人后，甲乙分成比例调整为7∶3分成。

本协议书一式两份，各执一份。

附件：（略）

_____

_____

_____

_____

（三）写作注意事项

（1）平等互利、协商一致、等价有偿是签订协议的原则。协议必须是出于当事人的真正自愿，在双方自由表达意志的基础上，经过充分协商而达成协议。同时要体现协作的精神，遵循等价有偿的原则，符合价值规律的要求。

（2）由于协议是一种契约活动，一旦签订，就具有法律效力，因此内容必须遵守国家法律法规，符合国家政策要求，协议签订后，未经协议各方协商，任何单位和个人都不能随意改动。

第三节　经济合同

在风起云涌的经济大潮中，各类企业如恒河沙数。近年来，对簿公堂、两败俱伤的案例中，绝大部分是合同引起的经济纠纷，可见商海风高浪急，涉足或投身于此，随时有被巨浪冲击或吞没的危险。一份好的经济合同如橡皮艇、救生圈，能有效保护自己，合理躲避风险。

一、经济合同总说

（一）含义

《合同法》规定，合同是平等主体的自然人、法人，其他组织之间设立、变更、终止民事权利义务关系的协议。

经济合同牵扯到许多相关问题，事无巨细。随着市场经济的深入，这一类纠纷案呈上升趋势。为了维护正常的经济秩序，保障自身经济权益，避免经济纠纷，我们应该熟悉合同的基本知识。

合同的签订方可以是单位与单位、单位与个人或个人与个人，合同关系是一种法律关系，具有强制性质，一经签订，各方当事人都要严格遵守，认真执行，不能单方面修改或废止。

（二）经济合同的种类

（1）按合同的内容性质划分，如图7-1所示。

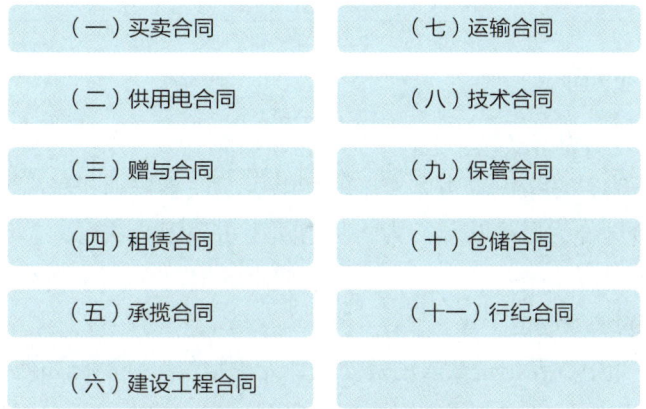

图7-1　经济合同的种类（按合同的内容性质划分）

（2）按表达形式划分，有条款式合同、表格式合同和条款表格结合式合同。

（3）按时间划分，有短期合同、中期合同和长期合同。

（4）按责任人划分，有单位合同和个人合同。

互动活动

阅读材料，回答问题。

某矿山机械厂（甲方）与某钢铁公司（乙方）签订了合同。合同规定：由乙方提供原料，甲方为其加工烧成车50台，总价款250万元。乙方提供图纸（要求保密），并先付定金5万元。

合同规定，由乙方2002年7月底自提货物，验收合格后就价款转账结算。

2002年7月，乙方去甲方提货。检验后以20台烧成车与图纸不符，另30台质量低劣为由拒收货并要求甲方承担违约责任。甲方认为，与加工图纸不合是合理的技术误差，另30台质量低是因为乙方供料不合格。双方为此发生了纠纷。

1. 甲乙双方签订的是什么类型的合同？
_____。

2. 双方争执的焦点是什么？
_____
_____

3. 事前可以采取哪些防范措施？
_____
_____

4. 结合自己的理解与社会经验,你觉得有哪些解决途径?

___

___

___

(三)合同的基本特征

1. 订立合同是一种民事法律行为

所谓民事法律行为,是指民事主体实施的能够引起民事权利和民事义务的产生、变更或终止的合法行为。合同作为民事法律行为,从本质上讲属于合法行为,也就是说,只有在合同当事人所做出的意思表示是合法的,符合法律要求的情况下,合同才具有法律约束力。

2. 合同当事人的法律地位平等

在合同关系中,当事人无论是法人还是公民,无论地位级别高低如何,其法律地位是平等的,都平等地享有决定是否订立合同,同谁订立合同,合同的内容及合同的形式的自由。

3. 合同用语必须准确

合同是当事人权利和义务的约定,它与当事人的权利紧密相连。在语言运用上要准确无误,不能有任何疏忽和遗漏。

资源链接

合同与协议书、意向书的区别

1. 意向书与合同的关系

意向书和合同的区别。意向书是地区之间、部门之间、单位之间,就某些方面进行协作,经过商议而形成的意向性意见的纪要。它是双方表达各自意图和希望达到某种目的文件,它的内容比合同、协议书更原则些。

合同和协议书的内容比意向书更具体、更实际些。合同是法律文件,具有法律效力;意向书不是法律文件,只是便于双方领导层掌握情况,作为进一步签订合同、递交确认书或协议书的依据和准备,因此它只具有信用性,不具有法律效力,和备忘录有些近似。

2. 协议书与合同的联系与区别

联系:协议书与合同在性质、格式、写作的要求、签订的原则等方面具有共同性,除这些方面的联系以外,它们在签订的时间上还有先后联系:协议书有时用于合同前,先原则地把当事人各方初步协商取得一致的意见签订成协议书,以作为进一步协商细节的基础,在此基础上签订详细的合同,因此,这种协议是签订合同的基础。协议书有时用于合同之后,对合同的未尽事宜做出详尽约定而写成协议书,作为对合同的补充或将修改内容用文字确定下来。这种协议书是合同的配件,是合同的组成部分。

区别:首先从内容的详略上看,协议书比较原则,较少写履行协议的具体细节;合同的内容必须详细、明确、具体。但若以协议书代替合同或只签订协议书而不就同一事项签订合同,则此协议书的内容也应详细、明确、具体。

其次从内容的侧重点上看，协议书主要是表达当事人各方就某些要点和原则达成的一致意见；合同主要是表达当事人就相互权利和义务达成的一致意见。也就是，只要双方看法一致就能签订协议书；而合同却要在看法一致的基础上具体剖分各自的权利和义务，只有双方对自己的权利和义务以及对对方的权利和义务都无异议了才能签订。

第三、从使用范围上看，合同主要在经济领域内使用，协议书的使用范围却比合同要广泛，经济领域、科技领域、文化教育领域等都可使用。有些方面，只能签订协议书而不能签订合同，如人民法院的调解协议书不能签订成调解合同，双方同意以仲裁而不以诉讼来解决合同纠纷的仲裁协议书不能签订成仲裁合同，学生之间的自律协议书不能签订成自律合同。

第四、从法律效力看，虽然两者都有法律效力，但根据国务院发布的《中外合资经营企业法实施细则》规定："合营企业协议与合营企业合同有抵触时，以合营企业合同为准。"由此可见，当协议书和合同在一个合营项目同时使用时，协议书的法律效力不及合同的法律效力。当然，不在同一个项目中就另当别论了。

二、合同订立的形式与格式

（一）订立合同的形式

经济合同一般采用书面形式，我国《合同法》第10条规定"法律、行政法规规定采用书面形式的，应当采用书面形式。当事人约定采用书面形式的，应当采用书面形式。"书面形式中，随着现代通信方式的改变，当事人协商同意的有关修改的信函、电报、电传和图表，也是合同的组成部分。

（二）合同的格式

合同的格式有条款式、固定式和条款表格结合式。

（1）条款式合同。用文字记叙的方式，把当事人双方协商一致的内容逐条记载下来。根据交易的实际需要，按合同习惯顺序将双方协商的权利义务表述清楚，因没有固定格式，可以随合同的内容及双方当事人的要求随意增减。所以这种格式常用于非常规性的业务活动合同的订立。

（2）固定式合同。是把某项合同必不可少的相关内容分项设计，即制成一种固定格式，在双方当事人签订合同时，只需把达成的该项协议逐项填写到表格或文字空当上即可。这种格式是依据业务需要并在长期的实践中形成的，比较规范，详尽，一般无须增减，也可以避免在签订合同时由于考虑不周全而遗漏相关内容。所以常规性的业务活动一般均采用固定式合同，我国现在实行的合同示范文本制度，就是这种情况的反映。

（3）条款表格结合式。这种格式是将某项合同具有共同性的内容用表格形式规定下来，对于某些非常规性的内容则根据双方当事人的协商意见，用条款式表述。这种形式，比条款式、固定式更具有灵活性，可以让合同签订人有更多的选择余地。

互动活动

找出下面合同的不妥之处。

交换写字楼合同

甲方：××贸易总公司

乙方：××市广告集团公司

甲乙双方为了便于在穗深两地联系业务，需交换写字楼作为各自的办事处。现本着友好合作的精神制定如下协议：

一、甲方在广州市隆兴路168号大楼中为乙方提供一单元住宅（三房一厅，实用面积不得小于80平方米）作为乙方驻穗的办事处用房。

二、乙方在深圳市为甲方提供同样的一单元住宅，规格同上，作为甲方驻深办事处用房。

三、双方分别负责为对方上述办事处供水、供电及安装电话，以确保日常业务活动的正常开展。

四、本合同有效期为五年，是否延期届时根据需要商定。

五、本合同自双方同时履约之日起生效。

六、未尽事宜，由双方另行商定。

甲方代表签字	乙方代表签字
甲方公章	乙方公章
年　月　日	年　月　日

_____

_____

_____

（三）经济合同的写法

合同的写法是依据《合同法》规定的主要内容确定的。合同的内容也可以称之为合同应具备的基本条款或合同的文体结构。《合同法》第12条规定：合同的内容由当事人约定，一般应包括以下条款：当事人的名称或者姓名和住所；标的；数量；质量；价款或者报酬；履行期限、地点和方式；违约责任；解决争议的方法，当事人可参照合同的示范文本订立合同。

一般合同有固定的格式，一般包括标题、约首（首部）、正文、约尾（尾部）四个部分。

1. 标题

合同标题即合同的名称。合同标题的写法有以下几种情况：

（1）直接以合同种类为标题。如《加工承揽合同》《借款合同》《租赁合同》等。

（2）由事由和文种构成合同标题，揭示合同的内容和性质。如《汽车修理合同》《国有土地使用权出让合同》《建筑安全合同》《联合办学合同》等。

（3）将合同执行时间、合同执行内容及合同种类结合起来作为合同标题。如《2000年冬季服装购销合同》《2001年6月可口可乐购销合同》等。

（4）可以将签订单位的名称加入合同的题目中作为合同名称。如《中国投资银行××分行借款合同》。

标题在合同文本中应写在合同首页上方居中的位置。要求简明、准确、醒目。

2. 约首（首部）

约首（首部）包括合同编号、合同当事人名称、签订时间、地点。

合同当事人名称：当事人是指具有法人资格的法人单位和具有公民资格的自然人。合同当事人名称要写明法人名称或代表姓名或自然人姓名。法人名称要用全称，不得用简称，只有在约首的全称后用括号注明"甲方""乙方"，或"供方、需方""出租方、承租方"，才可在正文用简称，合同当事人名称的简称也有放在当事人名称前面的，并在相应简称后加冒号，如供方、需方，出租方、承租方，还有的除写双方法人名称外，在单位名称后写上法人代表的姓名，而有的合同则更为复杂，除了当事人名称外，还注明相关信息，如地址、联系电话、委托代理人等。当事人双方或多方的位置在标题的左下方空一行，分行并列书写。

合同编号位于标题右下方书写，一般情况下签约日期是合同生效期，因此必须写明签约日期。签约地点关系到合同发生纠纷时在何地进行仲裁或向何地法院起诉。

签约时间、地点位于标题右下方，合同编号下一行，与合同编号分行并列书写。

3. 正文

正文是合同的主干和核心部分，一般包括以下内容。

（1）引言（缘由）：在约首部分内容写完后的第一段用简明的语言文字说明签订合同的目的、根据、过程、范围。引言要体现合同的合法性，说明合同是依照法定程序签订的，并符合有关规定，具有法律效力。一般的语言表达式是："为了……，根据……的规定，经双方充分协商（协商一致），特订立本合同，以便共同遵守。"

（2）主体（合同的基本条款），这是合同的重要内容，一般以条款的形式分条写明。这部分要详细、准确地写明双方经协商一致达成的有关权利和义务的主要条款。根据《合同法》的规定，一般应具备以下条款：

标的。标的是双方当事人权利和义务共同指向的对象，它可以是货物、劳务、工程项目、智力成果等。如购销合同的标的是货物，建筑工程承包合同的标的是劳务。具体的某一种合同，合同的标可以分为有形物、无形财产和经济行为（实物与非实物类），如购销合同的标的是某种产品，是有形的；专利技术转让合同是专利技术，它所转让的是一种权利，是无形的；货物运输合同的标的是劳务，是一种经济行为。所有的合同都必须有确切的标的，没有标的或标的不明确的合同，双方的权利和义务也就没有确指对象，合同也就不能正常履行，这样的合同自然是无效合同。在签订合同时，应将标的明确加以说明，如商品货物的标的就应包括商品名称、规格、型号、牌号及商标等。

数量和质量。这是衡量标的的尺度，是标的的具体量化指标。数量是标的在量的方面的限定，必须按国家法定的计量标准和计量单位，要明确、具体；质量是标的内在品质和外观形态的综合反映，它可以体现出商品、产品或劳务的优劣程度。质量条款也必须符合我国标准化法和产品质量法的规定。数量和质量一般以国家标准为准，无国家标准的，以部委或行业标准为准，无法定标准的，可由双方协商确定。

价款和酬金。价款和酬金是合同一方用货币数量形式付给另一方标的的代价。价款指为获取标的物交付的货币数量。以货物和工程为标的经济合同，其代价即为价款，如购销产品中支付的货款、借款合同中支付的利息、财产租赁合同中支付的租金、运输合同中支付的运费、保管合同中支付的保管费等，都属于价款。为获取标的物而支付的佣金称为酬金。如以劳务为标的的经济合同，其代价即为酬金。价款和酬金无特别说明的，一般以人民币结算，凡有国家规定标准的，按国家规定执行，无国家统一标准的，双方当事人可以自行协商。

履行的期限、地点和方式。履行期限是指合同当事人完成合同义务的时间范围，它是确定经济合同当事人是否按时履行的客观标准，它可以按季，按月，也可按旬，按日，有连续供应关系的可按生产周期。根据不同内容的合同，履行期限有具体所指内容。如购销合同，履行期限指供货时间和因质量而引发的退换时间；劳务合同，履行期限指劳务起止的期限。经济合同必须有时限要求。如购销季节性产品，其合同就必须有时限要求。违背了供货时限，必然会给对方造成经济损失。交货日期的计算：送货制以需方收货戳记为准，提货制以供方通知提货日期为准，代运制以发运产品时承运部门的戳记为准。

履行地点，是指交付或提取标的物的具体地理位置，是分清双方责任的依据之一，合同中必须写明交（提）货、付款、验收或劳务的具体地点。

履行方式是指当事人履行合同采取的方式、方法，即当事人采用什么方法来完成合同规定的义务，主要包括完成方式（一次性完成或分期完成）、交付方式（自提、送货、代运）、验收方式（验收规范、验收标准、检验方式）、价款结算方式（是现金结算还是支票支付或银行转账支付）。

违约责任及争议解决的办法。违约责任是指经济合同成立后，由于合同当事人一方或双方的过错导致合同不能履行或不能适当履行，按照法律规定和合同约定而应承担的经济责任和法律责任。对违约责任的追究，可以支付违约金、支付赔偿金、继续履行合同等方式解决。如因违约产生争议，可根据《合同法》第128条规定解决。"当事人可以通过和解或者调解解决合同争议。当事人不愿和解、调解或和解、调解不成的，可以根据仲裁协议向仲裁机构申请仲裁。当事人没有订立仲裁协议或者仲裁协议无效的，可以向人民法院起诉。当事人应当履行发生法律效力的判决、仲裁裁决、调解书；拒不履行的，对方可以请求人民法院执行。"

资源链接

一字之差，酿成大错

某装修公司张经理与外地某家具厂赵总经理签订了一份金额达500万元的购销合同。合同规定：二个月内交货，由装修公司交付10万元作为保证合同履行的定金。期间赵总接到了一笔更大的生意，无法按期履行合同，便电话告知张经理，经多次协商未果，张经理只好要求赵总退还定金，另找合作伙伴。

张经理要求赵总双倍返还定金，不料对方却只退还10万元，张经理拿出合同一看，自己错把"定金"写成了"订金"，追悔莫及。

订立经济合同是一项严肃的法律行为，对合同数字、文字的书写切不可粗心大意。张经理一字之差，损失了10万元，所幸还只是经济上的损失。有些人签订合同或麻痹大意，或考虑不周全，以致引起经济纠纷，造成的就不仅仅是经济损失了。各类经济合同格式上都有可依照的范本，但具体签订与写作时还须掌握一些技巧。

以上讲的五个方面的条款是经济合同必须具备的，但在实际操作过程中，根据法律规定或按经济合同的性质必须具备的条款，以及当事人的一方必须规定的条款，也要做出明确规定。

4. 约尾（尾部）

约尾包括合同附则及生效标志。合同附则包括合同的生效时间、有效期限、合同份数及保存方式等。这部分内容多在正文中写明，因此，约尾的内容实际上主要是生效标志。包括双方当事人的署名及日期。一般分栏对应书写，或分行按先后顺序书写。主要包括：双方当事人签名、盖章。单位合同要写明双方单位全称、法人代表姓名并加盖公章、专用章，双方单位住址、电话号码、电报挂号、传真号码、邮政编码、开户银行及账号、签证单位或公证单位签证意见及盖章。如图7-2所示。

```
贷款方：_____（公章）         借款方：_____（公章）
代表人：_____（盖章）         代表人：_____（盖章）
地址：_____                   地址：_____
电话号码：_____               银行账户：_____
                                 电话号码：_____

保证方：_____（公章）
代表人：_____（盖章）
地址：_____
银行账户：_____
电话号码：_____

                                 签约日期：___年__月__日
```

图7-2　合同的约尾

（四）经济合同写作应注意的事项

1. 要符合国家的法律、政策要求

首先，签订者的资格必须符合法律规定，合同的签订者是法人和一部分公民；其次，合同的内容，订立的程序，合同的形式，直至合同的履行都必须符合法律的规定。

2. 合同双方要坚持诚实守信的原则

诚实守信的原则是指当事人在订立合同的同时，要向对方当事人告知与合同有关的真实情况。当事人都有下述义务：一是忠实的义务；二是相互照顾和协力的义务。

3. 合同的条款要完备、明确

合同条款是对合同当事人权利和义务的规定，直接关系到双方的经济利益和经济责任，内容必须完备、明确，避免遗漏、残缺和含糊不清。

4. 书写合同时用词准确、严谨

合同的语言表达要确切、规范、严谨。如果语言含糊不清，不仅会使双方的责任不清，而且可能使合同的标的、质量或数量不明，容易引起纠纷。

5. 合同不得任意涂改或终止

合同一经签订，任何一方都不得随意涂改或终止。如果发现问题需要修改或终止，应经当事人协商同意，签订修改或撤销合同的协议书，加盖公章报公证机关备案方才有效。

综合训练

一、单项选择题

1. 意向书具有（　　）的特点。
   A. 协商性　　　B. 灵活性　　　C. 契约性　　　D. 临时性
2. 合同按照格式和写法分，可分为（　　）。
   A. 条款式合同　　　　　　B. 文字记叙式合同
   C. 表格式合同　　　　　　D. 条款和表格结合式合同
3. 假如有人暂时把一些物品放在朋友的厂房里，按规定支付少量的费用，应该签订什么合同？（　　）
   A. 保管合同　　B. 仓储合同　　C. 委托合同　　D. 租赁合同
4. 下面哪一种不属于解决争议的方法（　　）。
   A. 友好协商　　B. 找新闻媒介　　C. 申请仲裁　　D. 诉诸法律

二、判断题

1. 意向书、协议是签订合同的基础和依据，它们都具有法律效力。（　　）
2. 凡不再签订合同的协议，应按合同的要求，全面、具体地规定各当事人的权利和义务关系，但不一定具备与合同相当的内容要素。（　　）
3. 合同跟协议书都是一类文书，因此签了协议书就不必再签合同了。（　　）
4. 商务谈判文书不等于经济合同，谈判结束必须正式签署经济合同。（　　）

三、案例分析题

1. 合同语言须准确、周密，以防止产生歧义，造成纠纷。请指出下列合同语言中不确切的地方，并加以修改。

（1）某公司从国外进口原木，合同中规定的质量标准为"直径50厘米以上"。

（2）某合同中规定："交货地点：北京。"

（3）某合同中的"违约责任"中写道："乙方不能按期交货，每延期一天，应偿付甲方5%的违约金。"

（4）某技术合同的"成交金额与付款时间、付款方式"写道"项目开发经费十万元。甲方在合同签订后向乙方汇出三万元；乙方交付开发成果鉴定证书后，甲方付清全部余款并汇入乙方开户银行账号。逾期不付，将按加息20%收取滞纳金。"

2. 结合下面案例回答问题。

案例一：

某小型企业在激烈的市场竞争中惨淡经营，想尝试转产，又囊中羞涩，万般无奈中，企业决定从本单位的职工中筹集资金。遭到一部分职工反对后，企业决定停止现行的劳动合同，重新签订新的劳动合同并把必须交纳5000元现金作为劳动合同的一部分。

案例二：

赵某，男，35岁，是北京市某出租汽车公司的司机。2012年该公司与其签订承包合同。合同规定，赵某每年向单位上缴承包年利润后，本人的病、伤、残、亡等企业均不负责。赵某开的是"面的"车，一次发生交通事故，赵某负伤致残，根据双方签订的合同，该出租汽车公司不负担赵某任何伤残待遇费用，赵某和该公司发生了争议并起诉到劳动行政部门，要求解决其伤残待遇问题。

问题：

（1）某小型企业的做法对不对？为什么？

（2）如果摆在你面前的是一份像司机赵某那样的劳动合同，你会签订吗？为什么？

四、改错题

运用协议的写作知识，修改下列协议的内容和结构。

广告发布业务协议书

广告客户或代理单位名称（以下称甲方）：＿＿＿＿＿＿＿＿＿＿＿＿＿＿＿＿

广告发布单位名称（以下称乙方）：＿＿＿＿＿＿＿＿＿＿＿＿＿＿＿＿＿＿

甲乙双方根据国务院《广告管理条例》及有关规定，签订本合同，并共同遵守。

一、甲方委托乙方于××年××月××日至××年××月××日期间发布××广告。

二、广告发布媒介为××。

三、单位广告规格为××。

四、广告采用××样稿（样带），未经甲方同意，乙方不得改动广告样稿（样带）。

五、乙方有权审查广告内容和表现形式，对不符合法律、法规的广告内容和表现形式，乙方应要求甲方作出修改，甲方作出修改前，乙方有权拒绝发布。

六、广告样稿（样带）为协议件，与本合同一并保存。

七、广告单价××元，加急费××元，其他费用××元，扣除代理费××元，播出次数××，总计××元。

八、违约责任（略）。

九、协议纠纷解决方式：（略）

十、其他。

五、阅读写作题

1. 根据下列材料，以××市火炬大厦筹备处的名义，写一份工程设计招标书。有关内容可以虚拟、补充。

经上级批准，准备新建万达大厦。建筑面积30000平方米，楼高20层，建筑地点在张店区南京路中段。要求有甲级设计单位并具有必要的设计条件和成功地设计过类似项目的设计单位投标设计。有欲设计者请于2017年5月20日前到××市万达大厦筹备处面洽。

联系人：李××

联系地点：××市××区齐盛宾馆1104房间

联系电话：××××××××

2. 根据下面的材料写一份买卖合同，要符合合同的写作格式。

××水果批发公司（以下简称甲方）的代表周××与××鲜果种植公司（以下简称乙方）的代表李××在2017年4月9日签订了一份买卖合同。合同中提到甲方2017年购买乙方种植的桃2万公斤（单个50克以上），莱阳梨3万公斤（单个100克以上），苹果4万公斤（单个100克以上）。各分四批交货，由乙方用国家统一的水果纸箱包装，包装费用由甲方负担。乙方要按时将货运到甲方指定的水果仓库（太平路水果批发市场），运输费由甲方负担。各类水果按质论价，以当地的平均收购价为准，货款在甲方验收货物后立即付款。本合同一式四份，双方各执一份，各自的主管部门各一份。

第八章
信息传播文书

知识目标

- 了解消息、通讯、评论等信息传播文书写作的功能和基本特点;
- 掌握消息、通讯、评论等信息传播文书的写作格式和写作要求。

能力目标

- 借助工具书和网络资料,撰写消息、通讯、评论等信息传播文书;
- 掌握消息和评论的异同。

情景导入

虚假新闻案例——视觉形象遭误读

案例：上海地铁老外晕倒　乘客无一相助

【刊播时间】2014年8月20日

【"新闻"】8月20日，上海一家报纸刊发报道《上海地铁披露2起乘客盲目惊慌典型案例：老外晕倒，全车厢人跑光》称，8月9日晚9点34分，一男性外籍乘客在列车将进入金科路站时突然缓缓倒向右侧，头几乎贴到身旁中年女乘客的肩膀。随后几秒内，他先是躺倒在座位上，又因列车刹车减速而翻落在地，似乎没了知觉。见状，对面座位上的5位乘客猛地起身逃离。不到10秒，该车厢已空荡荡的，只剩晕倒在地的老外。

【真相】8月20日，微博账号"新民晚报新民网"发布：【上海地铁澄清：无人相助并不属实】上海地铁方证实，乘客当时慌乱是因情况突然，反应不及，但当列车进站后，跑出车厢的乘客立即寻求站务员帮助，站务员也及时上车救助外籍乘客。

8月21日《人民日报》15版也刊发《上海地铁一外籍乘客晕倒 "无人相助"说法不实》，报道称，根据上海地铁运营方提供的监控视频显示，由于事发突然，周围乘客第一反应是立即躲开，跑到后续车厢里。由于不明白具体情况，看到有乘客奔跑而来，后续车厢乘客也受到这种惊慌气氛的影响，待该列车停站后纷纷冲出车厢。不过在离开车厢后，有热心乘客立即找到了站台上的值班站务员，描述了车厢里的突发情况并进行求助。随后，站务员迅速到达事发车厢，准备展开救助。而这时，晕倒的外籍乘客已经苏醒，并自行起身离开。

【点评】这几年视频、图片引发的虚假新闻频频发生，一个很重要的因素就是人们对视频或图片可以有不同角度的解读。而记者在解读这些视频或图片时更侧重于它所具有的新闻价值。对这起发生在上海地铁车厢内的事件来说，外籍乘客晕倒众人相助也具有一定的新闻价值，但比起最初报道中呈现的角度而言，后者更有想象的空间。在纷纷扰扰的互联网信息环境下，社会各界对新闻真实的需求要远高于过去，对虚假新闻的容忍度也越来越低。客观事实，是新闻报道的第一要素，坚持新闻的真实性，是对新闻最基本，也是最重要的要求。

第一节　消息

一、新闻的概述

（一）新闻的含义

新闻有广义、狭义之分。广义的新闻，包括消息、通讯、新闻评论、特写等；狭义的新闻，专指消息。如果没有特别说明，通常所讲的新闻，是就狭义而言。

中外新闻界对新闻的定义五花八门，据不完全统计，有170多种。比较有代表性的观点有：

新闻是现在、活动的社会状况的写真（李大钊）；

新闻就是把最新的事实现象在最短的时间内连续地介绍给最广泛的公众（德国）；

新闻是报道或评述最新的重要事实及影响舆论的特殊手段（日本）；

新闻就是广大群众欲知、应知而未知的事实（范长江《记者工作随想》）。

中国新闻界的前辈陆定一在1943年发表的《我们对于新闻学的基本观点》一文中提出，新闻就是"新近发生的事实的报道"。这是目前我国新闻界比较认同的一种定义。

（二）新闻的特点

新闻文体是有自己的特色的，它作为信息的载体，其主要的职能是对新近发生的事实进行报道。从宏观上看，新闻文体应具有的最大特点是真实性、时效性和简明性。

1. 真实性

新闻是新近发生的事实的报道，真实是新闻的生命，是它的第一特性。新闻是客观事实的反映，事实永远是第一性的。"事实胜于雄辩"，新闻的永恒生命力和魅力，首先就在于它的真实性。所谓真实，就是新闻报道的人物、事情要确有其人，确有其事。

反过来说，新闻失实则是新闻传播中的一大"顽症"。例如某年新华社曾发了一篇关于昆明某部用养的猴子牧猪的新闻，全国十几家报纸，以及日本通讯社、美联社也转发了这则消息，一些人类学家及动物行为学家正准备前往考察。结果发现此事纯属虚构，猴子不过是跟着牧猪的战士上山玩耍而已。这条失真的假新闻，欺骗了大众，引起了读者的强烈不满。因此，我们在新闻写作中，首先要做到"真实"二字。不要道听途说，不要夸大渲染，更不能为迎合某些人的需要而歪曲事实真相。

写作示例

虚假新闻的类型及生态治理

---

2. 时效性

时效性，是新闻的基本特征，是新闻的优势。新闻之所以可贵，很重要的一点，就在于它能最迅速地把新的消息传递给读者。现代社会信息竞争愈发激烈，各种信息传播手段也不断更新，编发新闻时要尽可能地缩短新闻时间从发生到报道的距离。

有两种非常形象的说法，一是新闻是一种"易碎品"，二是"时效就是金钱"。

所谓新闻是"易碎品"，是指新闻的发布如果错过时机，事过境迁，新闻马上就会贬值，甚至变得毫无价值。"当天是金子，隔天是银子，后天是石子"。尤其是在现代社会中，生活的节奏在不断地加快，计算机网络技术的普及，使得新闻传播之快有时甚至难以想象。因此，对新闻机构来说，慢就会落后于人，就会失去竞争力，就会被淘汰。

所谓"时效就是金钱",是指必须首先把抢新闻视为是生死攸关的事情。早在1984年,在美国洛杉矶举行的第23届奥运会上,我国选手许海峰夺得第一块金牌,新华社播发这一消息,比美联社快了20分钟,比路透社快了15分钟,得到了本届奥运会新闻发布最快的"第一枚金牌"。

当然,在这里需要强调的是,新闻的及时性必须是在真实性的基础之上的。此外,还要注意报道时机的选择,使新闻报道更切合形势和任务的需要,发挥更大的作用。

3. 简明性

简要、概括地反映新闻事实,是消息区别于其他新闻体裁的本质特点。新闻传播一般都是一次性的完全传达,因而不能长。但是读者却要求提供足够的信息量,因而,新闻要求简明性。可以说,消息是用尽可能经济的文字,简明扼要地反映新闻事实,而不是娓娓道来。

(1)一事一报。即写作新闻时,尽量避免一个新闻里含有多件事实,而是聚焦于一事,不枝不蔓,集中凝练。

(2)提取精华。第二次世界大战时期,苏联曾经发布一条一句话新闻,列为经典:

强大的苏联红军已于×月×日饮马聂伯河。

虽然极其短小,但新闻要素俱在,精华尽显,一以当十。

(3)巧取一隅,以小见大。比如有些新闻着眼于一点写开,反映出整体的变化。

🔗 资源链接

了解新闻采访

学习新闻写作,要以扎实的新闻采访作为基础。有人曾经用"七分采,三分写"来形象说明新闻采访与新闻写作的关系。

新闻采访前做好一些必要的准备:

一要了解背景材料。即指这个新闻事件大概是在什么样的情况下发生的;新闻中的主要人物大体是什么样的人物;还牵涉哪些相关的事件等。了解背景材料的方法很多,可以找到重要的知情人问询,可以打电话到相关的单位了解,可以查询有关材料,也可以上网查询同类资料,等等。

二要制订采访计划。制订采访计划,主要是确定采访的时间、地点、主要人物、次要人物、收集资料、现场拍照、预测主题、预料变化等。必要的采访前准备是采访成功的前提。

怎样进行采访?

一要安排好采访顺序。应当先采访配角,后采访主角。因为配角不处于事物矛盾的核心位置,跟自身没有直接的利害关系,看问题比较客观,说话比较大胆,能够提供更多的情况。

二是要博得被采访者的好感。对采访对象表现出特殊的尊重、努力活跃采访气氛、美化采访语言都能博得被采访者的好感,使采访顺利进行下去。

三是要抓住要害问题来采访,不要偏离主旨去提一些枝节问题,结果东拉西扯,没有完成采访任务。

四要深挖生动的细节,要在能够表达主题的细节上进行细致、详尽的采访。请采访对象把新闻事件发生时的情境、人物的心情、人物的动作、人物的表情、人物的语言等都按当时的情况描述一遍,深挖具体的细节,写出来的报道就很逼真。

五要注意观察现场。因为现场感越强的报道，就越具有感染力，所以记者尽可能到现场去走一走，去观察，去感受，写出来的报道肯定现场感更强一些。

（三）新闻的种类

根据不同的分类标准，可以把新闻分成若干类别。例如：

按照新闻事实发生的地域和范围来分，有国际新闻和国内新闻；

按照新闻的性质来分，有政治新闻、经济新闻、科教新闻、军事新闻、社会新闻、文艺新闻、体育新闻和会议新闻；

按照新闻的特点来分，有事件性新闻与非事件性新闻，单一性新闻与复杂性新闻，动态性新闻与静态性新闻，本体新闻与反应新闻；

按照新闻的题材来分，有典型报道、综合报道、述评性报道、批评性报道；

按照新闻传播的手段来分，有口头新闻、文字新闻、广播新闻和电视新闻。

现在国内比较通行的是按写作特点来分。最常见的新闻一般可分为四类：动态新闻、综合新闻、典型新闻、新闻述评。

1. 动态新闻

这种消息迅速、及时地报道国内国际的重大事件，报道社会主义建设中的新人新事、新气象、新成就、新经验。动态消息中有不少是简讯（短讯、简明新闻），内容更加单一，只报道一个事实，一般不交代背景，也不写详细内容，文字更加精简，常常一事一讯，几行文字。

2. 综合新闻

综合新闻指的是综合反映带有全局性情况、动向、成就和问题的消息报道。它既不是对一个固定人物的描述，也不是对一个独立事件的报道，而是由许多不拘泥于时间、地点的事实，经过综合、归纳、概括、提炼而成，具有鲜明的主题和很强的指导性。往往是围绕一个主题，综合较大范围，在一个时期内发生的事情。它既有面的情况概括，又有典型材料作说明，做到点面结合，反映全局。

3. 典型新闻

这是对某一部门或某一单位的典型经验或成功做法的集中报道，用以带动全局，指导一般。它不是突发性的，事情的发生、发展有比较长的过程。它所选择的事实有典型意义，能在不同程度上反映某一个时期、某一项工作的全貌。它不是简单的现象罗列，而是通过纵和横的对比、分析、阐述，揭示事物的本质，对读者有启发性、指导性。

4. 新闻述评

它除具有动态消息的一般特征外，还往往在叙述新闻事实的同时，由作者直接发出一些必要的议论，简明地表示作者的观点。记者述评、时事述评就是其中的两种。

二、消息的含义和要素

消息是属于新闻的一种类型，消息是新近发生的事实的报道。消息本身具有较强的真实性、时效性和简明性等特点，因此它被称为新闻文体中的"轻骑兵"，是新闻媒介中运用数量最大、受众最多、影响最广泛的一种新闻体裁。

消息的要素，一般分为时间（When）、地点（Where）、人物（Who）、事件（What）、原因（Why）和如何发生（How）这六个要素，简称"六要素"，国外新闻界称这些要素为"五个W"加"一个H"。

以下面这则消息为例来分析其中的消息六要素。

例文评析

白俄罗斯女作家获2015年诺贝尔文学奖

人民网斯德哥尔摩2015年10月8日电（记者商璐）　　当地时间8日13点，瑞典文学院宣布将2015年诺贝尔文学奖授予白俄罗斯女作家斯维拉娜·亚历塞维奇，她是第14位获得诺贝尔文学奖的女性。瑞典文学院秘书长莎拉·代纽斯对本报记者说，在她的作品里，斯维拉娜以大量对不同人物的采访，将很多人物的陈述像音乐韵律般结合在一起，记录了灾难面前人们的遭遇和人性的勇气。

今年共有将近300名作家入围诺贝尔文学奖。瑞典文学院秘书长对本报记者称，斯维拉娜发明了一种新的写作体裁，她的写作风格以及故事都深深打动了评委。斯维拉娜·亚历塞维奇生于乌克兰伊万诺·弗兰科夫斯克小镇，在白俄罗斯长大，早年当过记者，擅长纪实性文学。她的代表作有基于上千次采访而成的记录性系列小说《乌托邦之声》《战争中没有女性》《切尔诺贝利的悲鸣》《我是女兵，也是女人》等。

评析：

这则消息的"六要素"体现在：

时间：当地时间8日13点。

地点：瑞典文学院。

人物：白俄罗斯女作家斯维拉娜·亚历塞维奇。

事件：2015年诺贝尔文学奖授予白俄罗斯女作家斯维拉娜·亚历塞维奇。

原因：在她的作品里，斯维拉娜以大量对不同人物的采访，将很多人物的陈述像音乐韵律般结合在一起，记录了灾难面前人们的遭遇和人性的勇气。

经过：今年共有将近300名作家入围诺贝尔文学奖。瑞典文学院秘书长对本报记者称，斯维拉娜发明了一种新的写作体裁，她的写作风格以及故事都深深打动了评委。

这里需要强调的是，通常情况下，一条清晰、完整的消息，必须具备这六要素。但是，在实际的消息写作中，何时、何地、何事这三个要素是必不可少的。而何人、何故等原因，在许多简明消息中，即使不出现也不会影响消息的完整性。

三、消息的结构

写作消息要设想并回答读者问的问题，这些问题就构成了新闻六要素，即：When（何时）、Where（何地）、Who（何人）、What（何事）、Why（何故）、How（如何）。在"五个W"和"一个H"中，最主要的是What（何事）、Who（何人）。写作时要认真写好这几个方面的内容。

明确了消息中"要说些什么",接下来就是"怎么说这些内容"。解决这个问题便涉及如何安排消息的结构。消息的结构比较固定、简单,最常见消息的结构是"倒金字塔式结构"。如图8-1所示。

"倒金字塔式结构"的特征是:最重要的材料放在开头,次要材料放在后面。即整条消息根据某一事实的各方面的内容,按重要性程度来安排叙述的层次和段落,将最重要或最精彩的部分置于最前面,于是就形成"头重脚轻"或"虎头蛇尾"的报道结构,如果用图形来表示,就像一座倒置的金字塔。

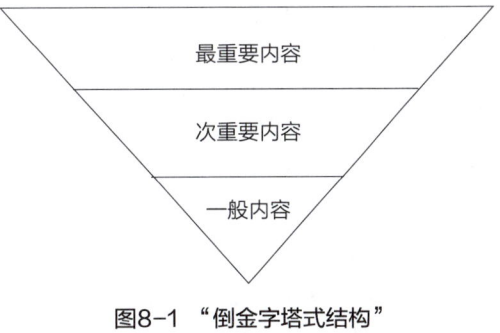

图8-1 "倒金字塔式结构"

例文评析

路透社达拉斯1963年11月22日急电　肯尼迪总统今天在这里遭到刺客枪击身死。

总统与夫人同乘一辆车中,刺客发3弹,命中总统头部。

总统被紧急送入医院,并经输血,但不久身死。

官方消息说,总统下午一时逝世。

副总统约翰逊将继任总统。

评析:

在这则消息中,第一段导语将最重要的新闻事实——肯尼迪总统遭枪击身亡报道出来,以下几段按事实的重要程度依次安排:总统头部遭枪击,送往医院后抢救无效死亡,官方宣布总统死亡时间,约翰逊继任总统。这便是个典型的"倒金字塔结构"。

例文评析

"中国梦·大国工匠篇"大型主题宣传活动再启
多家媒体聚焦国防邮电行业工匠

2018年4月9日上午,"中国梦·大国工匠篇"大型主题宣传活动第二批行动在京启动,来自多家中央网络媒体和重点商业网站的26名记者将分赴各地,采访报道国防科技、邮政、电信、电子信息等行业的24位工匠及其团队。这是自2016年活动启动以来第8次组织记者深入一线采访报道大国工匠。

"中国梦·大国工匠篇"大型主题宣传活动由全国总工会、国家网信办于2016年4月联合启动开展。活动启动至今,已成功开展7次集中采访活动,采访团足迹遍布山东、上海、辽宁、湖北、安徽、广东、重庆、四川等地的60多个城市、100多家企业,采访报道工匠典型100余人,推出原创报道600多篇,引起广大网民特别是职工网民的强烈反响,在网络空间持续掀起弘扬劳模精神和工匠精神的热潮。

党的十九大报告提出,建设知识型、技能型、创新型劳动者大军,弘扬劳模精神和工匠精神,营造劳动光荣的社会风尚和精益求精的敬业风气。"这为我们开展活动提出了新的明确要求,也指明了努力方向。"全总宣教部相关负责人表示,要创新活动报道方式,以点带面,更多地将笔墨向工匠团队倾斜,集中报道工匠带领的"大师工作室""劳模创新工作室"等团队,突出宣传工匠精神的传承和工匠人才的培育。(记者窦菲涛)

(摘自2018年4月10日《工人日报》)

评析:

本篇新闻采用倒金字塔结构,由重到轻,按事实重要程度依次写。首先将2018年"中国梦·大国工匠篇"大型主题宣传活动第二批行动在京启动放在开头,因为这是大家都关心的事情。之后依次介绍了本次采访报道的行业、历次采访报道的情况、组织采访报道活动的背景等信息,使读者阅读起来层次分明,条理清晰。使读者了解到本次活动的同时,也获取到关于"中国梦·大国工匠篇"大型主题宣传活动的相关信息。

四、消息的写作格式

消息的结构具体表现为:标题、导语、主体、背景、结尾,并在文中穿插背景材料。

(一)标题

标题是消息的眼睛,拟写得好,可以吸引读者;拟写得差,一篇好消息也会被埋没。可见标题有着向读者推荐的作用。如《中国首批维和直升机分队出征誓师》(2017年5月20日《人民日报》)、《新时代更要发挥好职工主力军作用》(2018年3月7日《工人日报》)、《千年梯田长出"新农业"》(2017年11月12日《人民日报》)等。

消息的标题必须简明、准确地概括消息内容,帮助读者理解报道的事实。

消息标题分类:

(1)从标题性质可分为正题、引题、副题三种。正题:又叫"主题""母题",是整个标题的中心,概括与说明主要事实和思想内容。引题:又叫"眉题""肩题",揭示消息的思想意义或交代背景,说明原因,烘托气氛。副题:又叫"辅题""子题",提示报道的事实结果,或作内容提要。

(2)从标题性质可分为:单行、双行、多行三种。

①单行标题。如《农家书屋全覆盖》。

②双行标题。由正题及引题或正题加副题组成。

如:

最新版职业技能标准落实"考培分离""鉴培分离"(引题)
工匠精神写入国家职业技能标准(正题)

又如:

2018年度全国"安康杯"竞赛活动启动(正题)
努力实现企业生产安全事故数和伤亡人数"双下降"(副题)

③多行标题。多行标题又叫三行标题，由引题、正题、副题组成。
如：

我国空间技术取得新成就（引题）

一枚火箭发射三颗卫星（正题）

这组空间物理探测卫星准确入轨工作正常（副题）

互动活动

给下面这则新闻拟一个标题（不超过15个字）。

新华社北京2005年3月23日电　文化部日前要求各地文化部门查处《臭作》等四款存在非法内容的电脑游戏。

记者了解到，文化部门在市场上发现的这几款违法游戏产品，存在大量的不健康内容，违反了我国的法律规定，危害了青少年的身心健康。

文化部办公厅日前下发紧急通知，要求各地文化部门立即会同公安、工商、电信等部门，组织执法人员对传播这些违法游戏的网站、场所进行检查，一经发现上述电脑游戏，立即查禁、收缴，并根据线索，追根溯源，严查彻究，依法予以处罚。

（二）导语

导语是指消息的第一自然段或第一句话。是一则消息中最重要事实的概括。它是以简要的文句，突出消息中最重要、最新鲜或最精彩的事实，揭示新闻要旨，吸引读者阅读全部消息。

导语的要求，一是要抓住事情的核心，二是要能吸引读者看下去。要做到第一条，必须具备训练有素的分析能力；要做到第二条，则要有写作技巧。

导语写作需要认真思考以下几个问题：

（1）什么事情是已经发生的事件中最重要的？

（2）什么人参与了事件？

（3）是用直接性导语，还是用延缓性导语？

（4）有没有什么吸引人的词汇或生动形象的短语要写进导语中？

（5）主题是什么？什么样的动词能最有效地吸引读者？

导语主要有两种类型：一类是直接性导语，直接写出事实的核心的导语，多是陈述性的像速记一样反映事实。另一类是延缓性导语，多用于"软"消息。即所报道的不是正在发展中的、变化中的或突发性的事件。它通常用来设置一种现场或创造某种气氛，多是解释性、说明性的。

导语的形式主要有以下几种。

1. 叙述式

把消息中最新鲜、最主要的事实简明扼要地写出来。叙述型导语包括直叙式、概括式、对比式等。标题为《石城返乡农民工喜获"年礼"》的稿件写道："近日（when），石城县琴江镇（where）的黄爱华（who）刚刚从东莞返乡就收到一份"新年大礼"——县里统一发出的返乡农民工优惠卡（what），优惠项目包括就医、就业、技术培训、法律维权等内容。"（《赣南日报》2009年1月6日头版）

2. 描写式

对消息的主要事实或某一有意义的侧面作简洁朴素而又有特色的描写，以酿成气氛。有特写式（细节描写式）、见闻式（场面描写式）。

1995年2月5日，《文汇报》报道了上海下雪的消息。导语是这样写的："昨天下午3点左右，正是立春时分，一场鹅毛大雪匆匆而来，匆匆而去，由此结束了上海市去年入冬以来没有降雪的记录。"

3. 提问式

先揭露矛盾，鲜明地、尖锐地提出问题，再作简要的回答，引起读者的关注和思考。标题为《一些中央国家机关的情况表明需要加强劳动纪律》的新闻稿这样开头："8点上班的钟声响过之后，中央国家机关多少人迟到？"

4. 结论式

把结论写在开头，提示报道某一事物的意义或目的或总结。如：今天，新中国颁布的第一部专利法正式生效了。从此，脑力劳动成果被无偿占用的历史在我国宣告结束。（新华社北京1985年4月1日电）

（三）主体

这是消息的主干部分。它紧接导语之后，或阐述导语所揭示的主题，或回答导语中提出的问题，对导语作具体全面的阐述，具体展开事实或进一步突出中心，从而写出导语所概括的内容，表现全篇消息的主题思想。应按"时间顺序"或"逻辑顺序"写作，但仍然要先写主要的，再写次要的。

主体的结构形式：

（1）按时间顺序：根据事情发生的先后顺序安排层次。

（2）按逻辑顺序：根据事物的内在联系，问题的发展逻辑来安排层次。

（3）时间和逻辑顺序相结合：把时间顺序和逻辑顺序糅合在一起写。

（四）背景

新闻背景，指事件的历史背景、周围环境及与其他方面的联系等。写新闻有时要交代背景，目的在于帮助读者深刻理解新闻的内容和价值，起到衬托、深化主题的作用，也就是回答五个"W"中的Why（为什么）。背景既可在主体部分出现，也可在导语或结尾部分出现，位置不固定。

西方新闻学认为背景就是对新闻事件作出的解释。美国新闻学家赖斯特说得很清楚："我看不出新闻背景与解释有什么区别。""解释，在我看来，就是新闻报道的深入化。就是把单一的新闻事件放到一系列的事件中去写""就是提供新闻的背景知识，从而使读者能够对新闻事件作出客观的判断。"但是"解释"不是议论，解释本身就是事实，也就是说用事实去解释。

所以新闻背景又称之为"事实背景"。

1. 背景的作用

一是说明新闻事件的起因。

二是显示或帮助读者理解新闻事件的重要性。

三是突出新闻稿件的新闻价值。

四是表明记者的观点。记者是不准在新闻中发表议论的，但是，谁也无法禁止记者通过自己写的新闻表达自己的立场和看法。纯客观的报道是不存在的。

2. 背景的类型

常见的背景材料有三种：对比性材料，说明性材料，诠释性材料。

对比性材料，即对事物进行前后、正反的比较对照，以突出事件的重要性；

说明性材料，即介绍政治背景、地理位置、历史演变、生产面貌、物质条件等；

诠释性材料，即人物生平的说明，专业术语的介绍，历史典故的解释等，以帮助读者理解消息的内容。

有的新闻学则将背景分为四种：人物背景、地理背景、历史背景和事物背景。

（五）结尾

新闻的结尾有小结式、启发式、号召式、分析式、展望式等。这些结尾写作与一般记叙文结尾的写作并无大的不同。

例文评析

日本内阁对冲绳民意置若罔闻
普天间机场搬迁工程引抗议

本报东京2017年2月7日电　2月6日，日本政府启动驻日美军普天间机场搬迁目的地——冲绳县名护市边野古沿岸地区的海上主体工程。日本政府计划利用5年时间完成海上主体工程建设，依次进行防污膜设置、护岸建设、填海造陆、铺装等作业。这一举动不仅遭到冲绳县民众的强烈反对，而且也引起多家日本主流媒体的批判。

在工程启动当天，大批冲绳民众聚集在名护市施瓦布军营前示威。为了阻止施工车辆进出，前来抗议的民众手挽手坐在营地大门前，营地大门因抗议示威活动被封锁了近2小时。还有部分抗议民众乘坐小船，高举"反对新基地""阻止边野古工程"等标语，试图突破海上保安厅的防线来阻止施工，双方一度激烈对峙。

抗议活动不仅仅发生在冲绳。6日晚，位于东京的防卫省前也聚集了近200名抗议民众，他们高呼"不要把基地强加给冲绳"等口号。7日，约50名民众继续坐在营地门口抗议，高呼"不要建造基地"。

日本多家主流媒体7日刊发社论，批评日本政府这一藐视民意的做法。《朝日新闻》社论指出，安倍政权对冲绳民意置若罔闻，优先考虑对美关系，其强硬手法愈发露骨。《每日新闻》刊发社论称，日本政府不应轻视民意，启动边野古工程。《东京新闻》社论表示，日本政府不顾冲绳县、名护市等地方政府的反对，强行开启搬迁工程，对于这种行径，我们坚决无法容忍。

驻日美军普天间机场位于宜野湾市住宅区中，四周遍布小学、医院等公共设施，被称为世界上最危险的基地之一。日本一直存在要求美国归还基地的声音，冲绳民众希望美军基地彻底迁出冲绳或者彻底关闭。日本政府1999年决定将美军基地搬迁至名护市边野古，因遭到冲绳县多次强烈反对，新基地的施工一直未能如愿进行。2013年时任知事仲井真弘多批准边野古沿岸填海造陆，搬迁工作开始启动。

日本政府于2015年10月启动了搬迁主体工程，因与冲绳县政府对簿公堂、施工一度停止。2016年年底冲绳县在搬迁诉讼中败诉、边野古工程得以重启。

此前舆论调查显示，半数以上冲绳受访民众反对美军普天间基地搬迁计划，大多数受访者对驻冲绳美军"印象不佳"。去年6月，6万多名日本民众在冲绳县那霸市举行县民大会，要求将美军普天间机场迁至县外。冲绳县媒体《琉球新报》分析称，冲绳居民反对边野古新基地建设主要有两大理由：一是加重县民的基地负担，二是当地自然生态将遭遇大规模破坏。

去年年底，冲绳县知事翁长雄志表示，将不惜动用知事的一切权限来阻止县内搬迁。翁长原本打算用不批准将于3月底到期的"岩礁粉碎许可"的方法来阻止施工，但中央政府并不打算向冲绳县申请许可，因地方渔协从中央政府处获得了补偿，放弃了渔业权。冲绳县反驳称"渔业权仍然存在，因此需要更新"。

此间分析人士指出，围绕驻日美军普天间机场搬迁问题，日本中央政府与冲绳县政府、冲绳县民众之间的矛盾难以弥合，将会愈发激化。

（摘自2017年2月8日《人民日报》）

评析：

这是一条典型的"倒金字塔结构"的消息。

第一段为导语。导语用一句话就将这则新闻报道中最重要的事实先概括性地告诉读者。包括电头在内，把有关的时间、地点、事件本身都做了明确简练的交代。

第二段和第四段是进一步说明或解释导语中谈到的事实材料。这些事实材料需要严格按照问题的轻重缓急安排，可以分为若干段。本文中就用了三段对导语中的事实做进一步的详细交代。至此，消息本身已经相当完整。

第五段和第八段属于必要的背景材料。这四段是按照时间进程编排，它们都属于由这件事实本身直接引发的背景材料。

第九段是结语，借用分析人士的话总结一下事件的发展趋势。

资源链接

新闻语言的基本要求

一、具体

1. 少用高度概括的抽象语言。

2. 少用模糊语言。如时间模糊语：最近、日前；数量模糊语：大约、许多、大概；程度模糊语：比较、基本、明显。

3. 慎用高级形容词、副词。如"很""最""普遍""一致""纷纷""非常""最……之一"等。

二、通俗

1. 少用生僻的术语和行话。如"浮动汇率""广义货币供应量""狭义货币供应量"等。

2. 注意时代和地区差异，慎用方言、网络用语、外来语。

3. 多用大白话，即多使用百姓语言，大众口语。使用常用的字，使用短词语。这些字词人们都能认识和理解。

三、简洁

英国作家乔治·奥维尔指出新闻语言写作的六要素：不要使用那些你常在报纸上看到的隐喻、明喻或其他比喻；字用得越少越好，能用一个字表达，不用两个字；能删除的字，一定要删除；能使用主动语态，绝对不使用被动语态；如果能使用日常词语，绝不使用外来语、科学名词或专业行话；不要写任何粗野语言。

第二节　通讯

一、通讯的含义

通讯是运用叙述、描写、抒情、议论等多种表现方法比较深入而详细地报道真实的客观事物的一种新闻报道体裁。它是新闻的一个品种，同消息一样都是向广大读者报道事实。

二、通讯的种类

按内容划分，通讯分为人物通讯、事件通讯、概貌通讯、工作通讯。

按形式划分，通讯分为一般记事通讯、访问记（专访、人物专访）、小故事、巡礼、纪实、见闻、特写、速写、侧记、散记、采访札记。

三、通讯的特点

通讯具有以下特点：

（1）通讯是一种详细、深入的报道。通讯报道新闻人物、新闻事件和情况时，一般要交代事情的来龙去脉、发展过程，对一些重要的环节和情景，要作一些具体的描写，比起消息报道来，通讯报道比较详细、深入、具体。

（2）通讯是一种具有多种表现方法的新闻文体。通讯常用的表现方法有叙述、描写、议论和抒情几种。这几种表现方法可根据通讯的具体内容，灵活运用。形象化地写人记事，以情动人，是通讯表达方式的一个特点。

（3）通讯报道生动形象、具有感染力。通讯在报道信息的同时往往根据具体内容，灵活运用叙述、描写、议论、抒情等多种表达方式，使通讯显得灵活、生动、形象，具有一定的感染力。

另外，通讯和消息一样，必须具备各种基本要素。然而，通讯又不同于消息。在传播时间上，它有着比消息宽松的要求；在内容上，具有消息所难以达到的深度和广度，具有那种简单新闻消息中所没有的背景材料。

四、常见通讯的写作

（一）人物通讯

人物通讯是以报道人物为主要内容的通讯。这类通讯可以说是最常见的。它着重揭示先进人物的精神境界，通过写人物的先进事迹，反映出人物的先进思想，使之成为社会的共同财富。人物通讯所报道的人物具有特定性，他们往往具有较高的新闻价值。既可以是正面人物，也可以是反面人物，但以正面人物为主。人物通讯写作的基本要求和方法有以下几点：

（1）要体现当今的时代特征。人物通讯不是人物传记，人物通讯是新闻的一种，它有新闻性，要求报道的人物要有时代感，能反映时代的精神和面貌。因此，在写作中，既需要挖掘人物身上最能体现时代特征的东西，又要抓住现实生活中人们普遍关心的问题，来选择典型、报道典型，使通讯具有强烈的时代气息。

（2）要写出人物的特点。写人物通讯的关键是写人，把人物写活是写作的重要任务。要把人物写活，要抓住人物的特点，还要精选典型的情节和细节。

（3）人物通讯有两种写法。第一种写法是对人物一生，或某一个阶段，某一个方面，作比较全面的报道。这种通讯，人物活动和事件发展的时间跨度大，所用的材料比较多，一般情况下篇幅也比较长。第二种写法是，不对人物作全面的报道，只是抓住某个特定的情景，简单几笔，把人物的精神、特点写出来，或是对人物的精神、特点，作一些侧面的报道。这类通讯又被称为"速写"或"侧记"。

写作示例

他叫黄大年，一个让美航母舰队后退100海里的人

（二）事件通讯

事件通讯，是以重大的或不同寻常的事件为报道内容的通讯类型。事件通讯主要是报道事件，介绍事件的来龙去脉与发展过程，往往有头有尾、有情节、有细节，在事件的总画面中，为了写好事来写人。

1. 叙事要有明确的目的性

事件通讯是一种叙事文体。叙事，是它的最基本的表现方法。同时叙事要有明确的目的性，是为了说明一定的思想观点，而不是为叙事而叙事。

2. 叙事要清晰

首先，事件情节要交代清楚明了。事件通讯是报道真实的事件，要注意叙事清晰，将事件情节要交代清楚明了。其次，叙事线索要清晰。通常情况下，一篇事件通讯总要有一条主要的清晰的叙事线索。这样，即使事件错综复杂，曲折多变，但有线索在手，能让读者一目了然，形成完整的印象。

3. 叙事要生动

写事件通讯要突出重点，详略得当，要注意避免记流水账，面面俱到，不分主次。

4. 在叙事中写好人物

事件通讯一般都要写到人，因为事与人是很难截然分开的。在写作时要注意以事带人，即将事件的发展作为主线，用主线串联起与事件相关的人物，通过语言、动作和细节三方面刻画人物，烘托事件。

例文评析

10名年轻人维护检修贵州西电东送标志性工程
——"没有小岗位，只有大事业"

贵州省余庆县境内的乌江河段碧波清澈，青山环绕。湖光山色里，一群年轻人释放着青春活力……

装机容量为300万千瓦的构皮滩发电厂，是乌江水系规模最大的水电厂，也是贵州西电东送标志性工程。全厂发电机组的继电保护、稳控系统、开关操作回路等日常维护与设备检修工作，由10名平均年龄为27岁的年轻人承担着。

2009年，构皮滩发电厂集中投产5台机组，为了保障机组能安全稳定地运转，继电保护班应运而生。2013年2月，构皮滩发电厂2台机组同时检修，而工期只有2个多月。凭借着坚韧的意志和强烈的责任心，班组10名成员平均连续工作42天没有回家，有的在山沟里一口气待了71天，最终机组一次性启动成功。

"基层班组是电厂的细胞，只有班组安全才能保证电厂安全。"班长李霄介绍说。

为了能及时发现设备缺陷、排除安全隐患，保护班建立了设备责任分工管理制度，还针对危险点的预控与遏制，建立了一套安全管理系统，提高大家的专业技能、安全意识和责任心。班组继电保护定检计划完成率和优良率都接近100%，单项工作耗时降低了30%。

在保护班办公室，一张圆桌摆满了各类专业图书，每天工作结束后，这里就变成了班组的"1小时创新小课堂"。"大家都是年轻人，又有不同的学科背景，坐到一起既能探讨工作中遇到的具体问题，也能孵化出智慧的点子。"刚进班组不久的雷蓉，一直担心专业不对口。"许多挠破头也想不明白的问题，大家三言两语就让我茅塞顿开，对两个月后的实习考核我信心满满。"在这里，保护班先后诞生了"未遂控制323法"、技能等级评价模型等创新成果，多名成员在国家级技能大赛中获奖。

在日常巡检中，班组成员张纠和严意成发现10千伏系统保护装置多次出现异常显示，便翻阅设备技术资料，开展模拟试验。经过1个月的讨论和挑灯绘图，改造方案获公司通过。"改造完成后，发现问题、排除故障的周期将由1.5小时缩减至零时差。"李霄说。

"没有小岗位，只有大事业"，是这群年轻人的诺言。成立9年来，保护班创造了继电保护装置与励磁系统的零事故纪录，先后获得"全国工人先锋号""全国青年文明号"等荣誉称号。（记者程焕）

（摘自2018年5月3日《人民日报》）

资源链接

通讯的语言特点和细节描写

通讯作为一种新闻文体，语言要求准确严谨，简明扼要，鲜明生动，具体真切，通俗易懂。

1. 通讯的语言应朴实无华。通讯再现所报道的事情不能像文学作品那样渲染和夸张。这就要求记者抓住能反映通讯主题中最感人的事物，用清新朴实、具体真切的语言将它们生动地描述出来。

2. 多种多样的修辞手段。要使通讯的语言鲜明生动，方法之一就是要做到富有变化。大家都有这样的体验，再新颖生动的语言如果在一篇文章中老是一个腔调地采用它，也会使人感到单调、无味。采用多种多样的修辞手段，就可以避免出现这种现象。通讯中常用的修辞手法主要有下面几种：①在不同的题材中运用比喻的方法，使所要表现的人物鲜明生动，通俗易懂。②采用拟人化的手法表现所报道的事物，使平淡无奇的事物变得生机盎然。③引用诗歌、民谣阐明问题可以增强通讯的鲜明性和生动性。但引用时一定要少而精，最好引用大家熟知的名句，使读者一看就产生亲切感，也便于理解通讯所要表达的意思。

3. 朗朗上口的群众语言。多运用朗朗上口的群众语言写通讯，既能使通讯做到群众化、通俗化，为大多数读者所喜闻乐见，还能使通讯具有独特的风格和乡土气息。

4. 浓郁的感情色彩。一般说来，通讯的语言比新闻的语言能带有更浓郁的感情色彩。如排比句，能表达出作者的强烈的感情；议论加抒情的感叹句和反问句，能表达出作者的鲜明的爱憎感情。

第三节　评论

一、新闻评论概述

（一）新闻评论的含义

新闻评论是新闻体裁中重要的一类，它表达人们对新闻事件的判断、对由新闻引发的各类社会问题的思考。一篇好的新闻评论，既反映作者认识问题、把握新闻的能力，也反映其通过大众传播媒介有效地表达观点的能力。

相关链接

新闻报道和新闻评论的关系

新闻报道和新闻评论是新闻宣传工作中两种基本的体裁。如果说新闻报道是新闻宣传的主体和基础，那么新闻评论就是旗帜和灵魂。

1. 表现方法和写作特点不同：消息以报道客观事实为主，评论是在客观事实的基础上发议论讲道理。消息主要是传播信息、提供事实，作者的倾向、情感、意见是包含在事实的叙述之中。它的主要特点是用事实说话。评论则是在客观事实的基础上，通过分析说理，直接表明作者的思想观点。它的特点是议论说理，直抒己见。

2. 新闻宣传要以正确的舆论引导人，就要发表意见。新闻报道是无形的意见，新闻评论是有形的意见。所以，新闻宣传既要有报道，又要有评论。它们在同一思想指导下，互相配合，相得益彰，从而更好地发挥作用。

互动活动

阅读下面两则例文，试判断它们分别是哪种新闻体裁，并说明依据。

例文1

河南法院对两起涉"瘦肉精"刑事案件作出判决

新华网郑州2011年7月25日电（记者陈菲、张兴军、李鹏）　河南省焦作市中级人民法院和河南省沁阳市人民法院25日分别公开开庭审理了两起涉"瘦肉精"刑事案件，并分别以犯有以危险方法危害公共安全罪、玩忽职守罪依法对8名被告人当庭作出一审判决。

焦作市中级人民法院审理查明，被告人刘襄、奚中杰明知国家禁止使用盐酸克伦特罗（瘦肉精）饲养生猪，且使用盐酸克伦特罗饲养的生猪流入市场后会严重影响消费者的身体健康。为攫取暴利，2007年年初，刘襄与奚中杰约定共同投资、研制、生产、销售盐酸克伦特罗用于生猪饲养，其中刘襄负责研制、生产，奚中杰负责销售。被告人肖兵、陈玉伟明知盐酸克伦特罗对人体有害，仍在刘襄研制出盐酸克伦特罗后联系收猪经纪人试用，并向刘襄反馈试用效果好。随后，刘襄大规模生产盐酸克伦特罗，截至2011年3月，共生产2700余公斤，非法获利250万余元。奚中杰、肖兵、陈玉伟负责将刘襄生产的盐酸克伦特罗销售，其中奚中杰非法获利130余万元，肖兵非法获利60余万元，陈玉伟非法获利约70万元。此外，奚中杰还单独从他人处购进盐酸克伦特罗230余公斤予以销售，非法获利30余万元。刘襄之妻被告人刘鸿林明知盐酸克伦特罗的危害性，仍协助刘襄进行研制、生产、销售等活动。5名被告人生产、销售的盐酸克伦特罗经过多层销售，最终销至河南、山东等地的生猪养殖户，致使大量使用盐酸克伦特罗勾兑饲料饲养的生猪流入市场，严重影响广大消费者的身体健康，并使公私财产遭受重大损失。

焦作市中级人民法院以以危险方法危害公共安全罪，判处被告人刘襄死刑，缓期二年执行，剥夺政治权利终身；判处被告人奚中杰无期徒刑，剥夺政治权利终身；判处被告人肖兵有期徒刑十五年，剥夺政治权利五年；判处被告人陈玉伟有期徒刑十四年，剥夺政治权利三年；被告人刘鸿林因有重大立功表现，且系从犯，依法对其减轻处罚，判处有期徒刑九年。

沁阳市人民法院审理查明，被告人王二团、杨哲、王利明作为沁阳市柏香镇动物防疫检疫中心站工作人员，疏于职守，对出县境生猪应当检疫而未检疫，运输工具应当消毒而未消毒，且没有进行"瘦肉精"检测，就违规出具《动物产地检疫合格证明》及《出县境动物检疫合格证明》《动物及动物产品运载工具消毒证明》《牲畜1号、5号病非疫区证明》，其中，王二团、王利明还委托或默许不具备检疫资格的牛利萍代开证明。3被告人的行为致使3.8万头未经"瘦肉精"检测的生猪运到江苏、河南等地，造成了极其恶劣的社会影响。

沁阳市人民法院以玩忽职守罪，判处被告人王二团有期徒刑六年，判处被告人杨哲有期徒刑五年，判处被告人王利明有期徒刑五年。

河南省和焦作市人大代表、政协委员、媒体记者及社会各界等400余人旁听了两案的庭审。

例文2

坚决严惩危害食品安全犯罪

新华网郑州2011年7月25日电（记者陈菲、杨维汉）　25日，河南省焦作市中级人民法院、沁阳市人民法院分别公开开庭审理了两起涉"瘦肉精"刑事案件，当庭对8名被告人依法作出判决，其中制造销售"瘦肉精"的被告人刘襄因犯危险方法危害公共安全罪被判处死刑，缓期两年执行，其他4名制售"瘦肉精"的被告人、3名负有食品安全监管职责的被告人分别被判处有期徒刑至无期徒刑。人民法院的判决，彰显了我国打击食品安全违法犯罪的决心和力度，警示那些利欲熏心、置人民群众生命健康于不顾的食品生产销售者：任何危害食品安全的违法犯罪行为都将受到法律的严惩。

食品安全事关人民群众生命安全和身心健康。近年来，食品安全问题越来越突出，食品安全事件发生频率越来越高，影响越来越大。一些地方相继出现瘦肉精、毒奶粉、地沟油、苏丹红、假香米、染色馒头、塑化剂……种种问题危害人民群众生命健康，动摇人民群众对食品安全的信心，严重损害国家形象，人民群众深恶痛绝。

从焦作市中级人民法院的一审判决可以看出，被告人刘襄等人明知使用"瘦肉精"喂养的生猪进入食品环节后会发生危害广大群众生命健康的严重后果，但为了攫取暴利仍然大量非法生产并销售"瘦肉精"，致使使用"瘦肉精"饲养的生猪大量流入市场，严重危害了消费者的身体健康，并使公私财产遭受重大损失。只有依法严惩危害食品安全的各种违法犯罪行为，才能震慑违法犯罪分子，营造安全放心的食品环境。

加大对食品安全的监管力度，是确保食品安全的重要环节。去年9月，最高人民法院会同有关部门联合下发的《关于依法严惩危害食品安全犯罪活动的通知》中明确提出，对于玩忽职守、滥用职权、徇私枉法、不履行法定职责的国家工作人员，必须依法从重处罚。在河南"瘦肉精"案件中，人民法院对负有监管责任的动物防疫、检疫工作人员也分别处以有期徒刑6年和5年的刑罚，这个判决必将警示对食品安全负有监管职责的执法人员切实担负起监管职责，堵住食品安全生产各个环节的漏洞。

（二）新闻评论的种类

目前，我国对新闻评论的分类，有这样几种分类标准：

（1）按评论对象的内容分类，有政治评论、军事评论、财经评论、社会评论、文教评论、国际评论。

（2）按评论的性质功用分类，有解说型评论、鼓舞型评论、批评型评论、论战型评论等。

（3）按评论写作论述的角度分类，有立论性评论、驳论性评论、阐述性评论、解释性评论、提示性评论。

（4）按评论的形式分类，有社论、编辑部文章、评论、本报评论员文章、短评、编后、编者按、思想评论、专栏评论、新闻述评、论文、漫谈、专论、杂感等。

二、评论的特点

评论的特点概括起来有以下五点。

1. 针对性

所谓"文章合为时而著"，便是将现实生活中的客观事物作为评述对象的社会评论，针对性表现得尤为明显。它往往是针对某一现象、某一问题或某种思想倾向，有的放矢地发议论、谈看法。

2. 时效性

评论是要通过对社会活动中的现象和思想动态的分析解剖，帮助人们明辨是非。因此，及时地发现有代表性的社会动向和思想苗头，抓住时机，并给予正确的引导，就显得十分重要。好的评论讲究及时、迅速，讲究时效，它要及时体现党的要求和指示，及时反映群众的呼声。如果没有时效性，就没有新鲜感，就起不到指导、鼓舞、推动的作用。

3. 单一性

单一性的特点是由针对性与时效性所决定的，即在评述社会现象时，目标比较单纯，重点尤为突出。通常是"一事一议""一理一评"，针对一件事、一种情况或一个问题，讲清一个道理。

4. 理论性

一篇评论不仅需要过硬的文字功夫，关键还要有思想性，要有一些真知灼见。评论要在说理上下功夫，运用理论的力量把问题讲透讲深。一篇评论，说理有无深度，往往关系到它的成败。

5. 大众性

评论要面向广大读者，在论述方式上也要符合大众的口味。这就要求评论一方面要使思想内容与读者接近，评论大家当前关心的问题；另一方面还要注意知识性和趣味性，在写作形式上要尽量生动活泼、丰富多彩、力避老话套话，力求有点文采，做到为大众所喜爱。

三、评论的写作要求

（1）"言之成理，持之有据"。这就要求对论据的要求以及论据与论点之间的关系作进一步的分析，评论文章的观点是起统帅作用的，由论点统帅论据，而论据材料又是立论依据的基础，是支撑论点的，论点靠有说服力的论据才能得以成立。

（2）要使论据和论点达到和谐统一。论据必须做到：真实、准确、充分、典型。

（3）由事入理，理从事出，事理相融。布局合理，层次清晰，逻辑顺畅；精心开头，简化结构，紧扣报道。

（4）论题具体，一事一议。抓住新闻报道中最值得议论之处，评其一点，分析精当。

四、评论的格式写法

评论的文体结构与其他新闻文体相比基本是一致的，它包括标题、导语、主体、结尾四个部分。

（一）标题

评论的标题既可以标明论题的对象和范围，也可以直接提出评论的观点和主旨；总的要求是生动活泼、言简意赅，使标题成为引人耳目的招牌。

1. 巧用动词

强化动词在评论标题中的动态感和鲜活感。

例如，2005年11月4日《经济日报》的评论《扬起企业品牌之帆》，这篇评论的标题用动词"扬起"，既揭示出我国目前实施自主品牌的必要性，也展现了我国企业界创新品牌的信心与决心，给人以昂扬向上的感觉。

2. 合理调动句式

肯定式陈述句的标题使观点的揭示更加显豁而又鲜明；否定式陈述句的标题能够直接给受众一个非常坦率的态度；疑问句式的标题使受众始终带着一种特定的悬念去思考。

例如：《文化产业呼唤"中国创造"》，其标题运用肯定式陈述句，非常鲜明地揭示了媒体所要表达的一种态度和观点；《不该误读"平民医院"》，虽用表面否定的句式却表达了非常干脆的态度；《洋教材冲击了我们什么？》，这一个带着问号的标题首先就会给受众留下悬念：谁在用洋教材？到底怎么回事？带着种种谜团就会循文找答案了。依据评论的思想内容，善于调动不同的句式，能够造成一种特有的情感效果。

（二）导语

评论的导语，即开头部分、引论部分。导语的设计应始终以受众为着眼点，总的要求是：要把最能吸引受众兴趣、最能引起受众关注的事实、观点或问题放在前面。

1. 开门见山，提出论题

就是在评论的开头直截了当地把评论的话题方向和大致内容交给受众，使受众在阅读或观看时能够有一个明确的针对性和方向性。

2. 新闻事件，引出论题

以新闻事件为由头，简要叙述该事件的经过或特点，引出下文。有时，事件在开头部分只是作为一个由头而已，由此引出论题；有时，事件本身也是整篇评论评议的主体。

3. 交代背景，说明动因

在评论的开头部分，先交代一下与评论话题相关的背景情况，能够从新闻事件的背后揭示出评论本身的现实意义。

（三）主体

评论的主体就是本论部分，它担负着承上启下、组织论据证明论点的任务。主体写作要求做到既要结构严谨，又要曲折生动。

结构严谨，即评论在论证的过程中应科学合理地组织好材料、安排好层次结构。常见的有并列式、递进式和对比式三种结构方式。

曲折生动，即评论的主体安排应该呈现出正正反反、起起伏伏的结构，要有疑问、有辩论，有迂回、有悬念，使论证的过程能充分调动起受众的情感心理。

（四）结尾

评论的结尾是对全文的自然收束，要简明精辟、自然流畅。

评论写作既不能虎头蛇尾，也不能画蛇添足。选择什么样的结尾方式，必须根据评论的思想内容和论证的需要。通常情况下，新闻评论的结尾方式主要有总结式、点睛式、展望式。

写作示例

空白罚单，人性执法效果不会空白

综合训练

一、填空题

1. 新闻有广义和狭义两种，广义的新闻包括 _____、_____、_____、_____；狭义的新闻指的就是 _____。

2. 消息的特点是 _____、_____、_____。

3. 一般来说，消息由标题、正文、_____构成。其中正文由 _____、_____、和结尾组成。

4. 消息标题的基本形式有以下三种：_____、_____、_____。

二、单项选择题

1. 导语的写法中，先写结论，再叙述事实的是（　　）。
   A. 结论式　　　B. 直叙式　　　C. 提问式　　　D. 描写式

2. 导语的写法中，目的在于引起读者关注的是（　　）。
   A. 结论式　　　B. 直叙式　　　C. 提问式　　　D. 描写式

3. 导语的写法中，目的在于突出特色、渲染气氛，造成读者身临其境的感觉的是（　　）。
   A. 结论式　　　B. 直叙式　　　C. 提问式　　　D. 描写式

4. 标题中的（　　），它的作用是揭示全文的主要事实，概括全文的中心思想。
   A. 正题　　　B. 引题　　　C. 副题　　　D. 眉题

5. 标题中的（　　），它的作用是交代背景，烘托气氛，引出正题。
   A. 正题　　　B. 引题　　　C. 副题　　　D. 子题

6. 标题中的（　　），它的作用是对正题进行补充，标明消息的重要事实和结果。
   A. 正题　　　B. 引题　　　C. 副题　　　D. 眉题

7. 关于背景材料的说法，不正确的是（　　）。
   A. 背景材料并不是每篇财经消息都必须具有的
   B. 常见的背景材料的类型有：对比性、说明性、注释性
   C. 背景材料是为消息主题服务的
   D. 背景材料的位置在消息结构中是固定的

8. 标题新闻、一句话新闻、百字新闻都体现了消息的哪个特点（　　）。
   A. 真　　　B. 快　　　C. 短　　　D. 活

9. 评论写作至关重要的第一步是（　　）。
   A. 选题　　　B. 立论　　　C. 构思　　　D. 着眼全局

10. 消息的标志是（　　）。
    A. 主题　　　B. 导语　　　C. 消息头（电头）　　　D. 眉题

三、简析题

简析以下新闻标题的类型，并分析特色。

1. 洗衣粉也"山寨"　专门忽悠老太太
2. 过去办酒三天忙活　现在宴客一个电话
   青原农家饭店方便农家
3. "刘一手"不"留一手"
   记江津区优秀个体工商户袁明祥
4. 4万张一元零钞捉弄了谁
5. 12秒91，刘翔震惊世界
6. 唐韵一曲惊四座，梅师知音识良才
7. 八十余载"逗你玩儿"　唯愿留笑在人间
   追忆相声大师马三立
8. 黄河上游水电站建设进入新阶段

胜利截流腰斩"黄龙"
9. 西昌昨夜一箭送双星
"纳星一号"是我国研制的第一颗纳型卫星
10. 征地造房为啥等煞人？
一道公文背着39颗印章旅行
希望有关部门舍繁就简，多办实事，加快住宅建设步伐

四、写作题

下面是一则采访笔记，请据此写一篇消息，要求字数在500～600字。

时间：2011年12月20日上午　　地点：武昌任文林家

记者（以下简称记）：任文林，你好！据说你有121项申请专利，其中40多项是国家授权专利，被圈内人称"发明大王"。请你介绍一下你的情况好吗？

任文林（以下简称任）：1958年我出生于钟祥市冷水镇，当过木匠，上过大学，做过老师，也下过海。1992年，我迷上发明之后，从江汉油田辞职，做起了独立发明人。13年来，我专心搞发明，前后申请了121项发明专利，其中被国家授权的有40余项，是湖北省申请专利和拥有授权专利最多的人。

陈保国（武汉市知识产权局规划发展处副处长，以下简称陈）：称任文林是"发明大王"并不过分。在任文林的专利中，有3项是发明专利，这是国家授权专利中最高级的，这种专利，一般发明人能拥有一个就非常不错了。

记：你这几项发明的市场采用情况如何？一定给社会带来了巨大的经济效益吧？

任：我这几项发明，基本被市场采用。像《高保险叶片门锁及其制造方法与应用》和《锁》这两项发明专利，已在防盗门和防盗锁上体现。而另一项发明专利"积木地板"，市场上也有销售。

记：社会效益这么好，你自己也该收益丰厚了吧！可看你的住所并不宽裕啊！

记者这时环顾了这套简陋的房子：这是一个两室一厅，客厅里两个自制的扶手沙发已经坏了，一间房里，有张木板床，一套过时的音响和一台电视机，上面布满灰尘。另外一间房里，有一张同样的木板床，比床更显眼的，是一张很大的自制办公桌和高高的柜子。没什么其他东西可放，房间里显得空荡荡的。

任：这套房子是一位朋友支持我搞发明借给我用的。我一个人住，很安静。

在房间的墙上贴着他的专利申请统计表，已编到121号。

记：你有多少被国家授权的专利技术？

任：每年都有新的，每年也有因交不起钱而失效的。现在到底有多少个我也说不清楚。

他从柜子里翻出一大摞满是灰尘的专利授权证书，一数有37个。接着，又从墙上夹报纸的地方取下三四张刚寄来的专利授权通知书。

任：这几个要交了钱，才能办下专利证，我现在没钱，不打算要了。

陈：任文林还被人们称为"发明疯子"，原因有三：一是他埋头搞发明，不管别人用不用；二是不吃不喝，也要交专利费，13年来，他用于申请、维持专利的费用就达20多万元；三是，他自称是"家破人亡，妻离子散，一无所有"，却仍乐此不疲。

记：按理，你这个"发明大王"应该是企业竞相争夺的人才，不成百万富翁，也应是衣食无忧吧！

陈：任文林一心痴迷发明，不管别人用不用，专利不能及时转化成产品。

这显现出了发明人的思维缺陷，发明人应该针对市场搞发明。否则就无法在市场生存。如任文林，到1999年，他光对锁的专利就拥有7项，掌握着防盗锁最核心的专利技术，却没有一个产品。

而此时，许多依照他的专利生产出来的产品，已陆续上市，每年的市场价值达亿元。

这时，任文林向记者简单地介绍了自己的家庭生活：我35岁才结婚，婚后全国到处跑，偶尔跟住在娘家的妻子团聚，孩子出生后，生活还是按原样进行着。几乎没给过妻子生活费。孩子病了，上学了，都是妻子一人操心。这样的生活，妻子自然无法忍受。一年难得见几次面，每次都要吵架。2000年我们离了婚，孩子归妻子抚养，我每月承担200元的抚养费。但从1999年开始，我只埋头搞发明，就没有了固定经济来源。每月200元，对我也是巨大的压力。2001年，我和单位买断工龄后，得到几万元的补偿，我又一股脑地拿去交了专利费。迫于生计，我不得不申请了为期两年的失业救济金。

这就是任文林整整13年埋头苦苦发明的最终结果。值得吗？后悔吗？任文林很浪漫地对记者说："你不是小草，又怎么知道小草的快乐呢？"现在，已经负债30多万元的任文林，再也无钱申请专利，也没有人再愿意借钱给他。

记：你最近有什么发明没有？

任：最近我搞了一套汽车发明，可使汽车节能50%以上，安全性能提高50%以上，造价降低50%以上，而且环保。这项发明，"可使中国成为全球首富"。为了这笔专利费，我曾给省长写信。后来省长请人对我的发明进行调查。今年7月，省知识产权局在给省政府的回复中称：他们将协助我申请技术创新基金。我要维权，收回我7项锁专利的专利使用费。目前市场侵犯我《锁》专利的厂家至少有一万家，"可追溯的侵权产值达1000万元以上，每年侵权产值达50亿元，如果按提取3%～5%的国际惯例计算，有3亿多元的专利使用费可以收回"，而我只要拿回1000万元，便能将我的所有发明申请专利进行保护。

记：你目前靠什么生活啊？

任：2001年9月，我向省劳动和社会保障厅申请了失业救济金，每月300元。

五、阅读分析题

1. 阅读下面一则消息，分析其标题的特点，并分别指出其导语、主体、背景和结语部分。

中欧陆海快式联运正式开通

据新华社布达佩斯2月7日电（记者杨永前）由中远海运集团启动的第一列和第二列装载中国货物集装箱的火车于1月29日和2月5日由希腊比雷埃夫斯港先后抵达匈牙利首都布达佩斯。这标志着中国收购比雷埃夫斯港后，规划连通中国与中东欧地区货物联运的"中欧陆海快式联运"正式开通。

据中国驻匈牙利大使馆官员介绍说，这两列火车运输的货物以家具为主，从中国宁波港出发，海运抵达比雷埃夫斯港后经铁路运至布达佩斯，用时26天，这比先海运至斯洛文尼亚科佩尔港，再经公路运至布达佩斯节省了5~6天。

"中欧陆海快式联运"是中远海运集团在收购并运营比雷埃夫斯港后，将中国货物从中国国内港口先运至比雷埃夫斯港，再在比雷埃夫斯港至匈牙利现有铁路基础上开始运营的中欧陆海联合运输模式，走的是建设中的"中欧陆海快线"的线路。

匈牙利作为中国在中东欧地区货物运输的中转站，其枢纽作用不断突显。作为中国和中东欧"16+1合作"框架旗舰项目，匈塞铁路正在推进之中，预计今年将取得实质性进展，项目建成后将强力支撑"中欧陆海快式联运"的发展，促进中国货物更快、更多地进入欧洲市场。

2. 阅读下面的通讯，完成后面的习题。

悲愤的葬礼
新华社记者杨明

格里菲斯·乔伊纳的灵柩在哀乐声中缓缓地、缓缓地放落，她那洁白的面容和灿烂的微笑将永世和墓穴的黑暗做伴。

这是一个奇特得令人无法置信的葬礼；这是一个将爱心献给逝者，在悲哀中夹杂着愤怒的葬礼。

创造了震惊寰宇的10秒女子百米世界纪录的乔伊纳永别人世。她的猝死激发起新一轮的流言，其死因即使经过遗体解剖至今仍是一个谜，这更加重了世人对她服用兴奋剂的猜疑。

天幕低垂，松柏呜咽。送别乔伊纳的人们失声痛哭。

乔伊纳的亲属克西对7岁的小侄女玛丽高声喊道："孩子，你的妈妈想让你知道，那些诋毁她的恶毒谣言再也无法伤害她了。玛丽，你再也不用为那些毒蛇般致人死命的流言担心，你亲爱的妈妈再也听不到了。玛丽，看到了吧，上帝在保佑你妈妈。现在，上帝变成了她的教练。"克西声音哽咽，闻者无不动容。

在送葬的行列中，站着乔伊纳生前好友、美国奥运百米冠军德弗斯和男子400米跨栏世界纪录保持者凯文·扬；站着美国奥委会主席海德尔和国际奥委会副主席弗朗兹；站着不少美国奥运会选手和1500名想最后瞻仰她遗容的各界群众。

然而，许多该来的人没有到场，起码人们没有看到老"飞人"刘易斯和当今"飞人"琼斯的身影。但是，覆盖在乔伊纳灵柩上的那面奥运五环旗，似乎在无声地向世界证明：格里菲斯·乔伊纳无愧于五环旗，她的名字将镌刻在奥运史册上。

乔伊纳的丈夫厄尔悲凄地哭喊道："为什么你要离去，为什么呀？你把所有的爱都奉献给大家，却一句话也不说，委屈地走了。"

忽然，一个哀婉的童音唱起一首动人的歌曲。那是乔伊纳7岁的女儿玛丽。她噙着热泪唱起妈妈生前最爱听的歌"风儿何时再吹向我"。

在凄婉稚嫩的歌声中，乔伊纳的灵柩缓缓地、缓缓地沉入墓穴。

习题：

1. 这篇通讯属于哪类通讯？评析这篇通讯的写作特色。

2. 根据通讯的内容，查阅相关资料，将它改写为一篇消息。

六、写作题

请采访校园最近的一个新闻人物，可以是你佩服的一位老师，也可以是一位表现突出的同学，写一篇人物通讯。

七、简答题

1. 谈谈你对倒金字塔结构的看法。
2. 消息背景有哪几种，它有什么作用？
3. 比较通讯与消息的不同点。
4. 简述评论的写作要求。

参考文献

[1] 霍唤民. 财经写作教程 [M]. 北京:高等教育出版社,2005.
[2] 戴永明. 财经应用文写作 [M]. 北京:高等教育出版社,2011.
[3] 黄小京,赵李葳. 现代旅游企业应用文书写作 [M]. 北京:清华大学出版社,2010.
[4] 王晓红. 财经应用文写作 [M]. 北京:电子工业出版社,2010.
[5] 王永宏. 现代应用文写作教程 [M]. 沈阳:东北大学出版社,2002.
[6] 宿春礼. 市场推广管理文案 [M]. 北京:经济管理出版社,2003.
[7] 范瑞雪,刘召明. 财经应用文写作 [M]. 北京:经济科学出版社,2011.
[8] 何永刚,王文学. 财经应用文 [M]. 北京:中国财政经济出版社,2003.